한울사회복지학강좌

계급이여 안녕?

윤도현 지음

한울
아카데미

머리말

오늘날 많은 사회과학자들은 더 이상 계급을 논하는 것은 무의미하다고 말한다. 그리고 이에 동조하는 학자들도 점점 늘어나고 있는 추세다. 그러면 계급은 과연 사라졌는가? 아니면 사라지지는 않았지만 있으나 마나한 존재인가? 만약에 계급이 더 이상 사회적 실체로서의 의미가 없다면 현재의 자본주의는 '계급 없는 자본주의'라고 할 수 있을 것이다. 그런데 이는 그냥 간단하게 생각하고 넘어갈 일이 아니다. 왜냐하면 '계급'은 착취관계와 권력관계 그리고 나아가 자본주의 사회의 구조와 역동성을 이해하는 핵심범주를 의미하기 때문이다. 따라서 현대사회에서 계급이 실제적으로 사라지거나 설사 있더라도 아무 의미가 없다면 이는 오히려 '세계사적 대전환'(Ritsert, 1988: 221)에 비견되는 변화가 아닐 수 없다.

이 책의 제목은 '계급이여 안녕?'이다. 독자들도 이미 짐작은 했겠지만 필자는 "계급은 더 이상 오늘날의 사회구조와 불평등을 이해하는 데 중요하지 않다"는 주장에 반대한다. 오히려 필자는 여전히 현재의 자본주의 사회(그것이 서구사회든 우리나라 사회든)를 이해하는 데 있어서 계급이 가장 중요한 범주라고 생각한다. 따라서 이 책은 한편으로 계급론에 대한 비판들에 맞서 계급론을 옹호하면서 동시에 반비판을 가하고 다른 한편으로는 선진자본주의 사회의 구조와 불평등에 대한 계급론적 설명을 시도하고 있다.

이 책은 또 '선진자본주의 사회의 계급과 복지국가'라는 부제를 달고 있다. 부제를 이렇게 단 이유는 선진자본주의 사회에서의 계급론의 현실성과 동시에 '구조변화'에 대한 계급론적 설명 가능성을 보여주고 싶었기 때문이다. 그러나 모든 쟁점들을 일일이 다룰 수는 없었기 때문에 한편으로는 자본주의 사회의 기본구조와 계급관계 간의 내적 연관성을, 그리고 다른 한편으로는 선진자본주의 사회의 발전, 특히 복지국가적 발전에 논의를 집중했다. 복지국가에 각별한 관심을 가진 이유는 복지국가적 발전이 선진자본주의의 중요한 특징 중 하나이고, 따라서 그에 대한 이해가 없이는 '구조변화'에 대한 논의가 불가능하다고 생각되었기 때문이다.

독자들의 편의를 위하여 이 책의 구성 및 내용을 대강 소개하면 다음과 같다. 우선 1장에서는 과연 계급이라는 것이 오늘날의 일상적 삶에서, 그리고 사회과학적 논의에서 정말로 무의미한 것인가를 논하고 있다. 여기서는 렙시우스(Lepsius), 벡(Beck), 라딜(Hradil)의 이론 등 계급론에 대한 최근의 비판적 내용을 소개하고 그 비판들이 사회구조변화의 일면만을 보는 오류를 지적하고 있다. 즉 계급이 더 이상 중요하지 않다는 증거로 제시되고 있는 물질적 생활수준의 향상, 복지국가적 발전, 생활양식의 개인화 등 경험적 사실에 대해서는 동의할 수 있지만, 이러한 변화로 인해 계급 범주가 더 이상 의미가 없다는 주장은 잘못되었다는 분석을 하고 있다. 왜냐하면 이 이론들은 공히 노동중심성을 부인하고, 개인화경향에 대해 협소하게 이해할 뿐만 아니라 복지국가가 계급관계를 전제로 하고 있다는 사실을 간과하고 있기 때문이다. 그리고 이러한 오해는 대부분 '정치경제학비판'을 무조건 '경제주의'로만 오해하는 데서 비롯된다는 점을 지적했다.

2장에서는 계급에 대한 좀더 정확한 이해를 위해 개념의 정리를 시도했다. 실제로 계급에 대한 이해들이 서로 다양하기 때문에 여기서는 특히 계급관계가 물질적 생산과 어떤 관련성이 있는가를 살펴보았다. 주로 사적유물론의 주요 명제들을 비판적으로 재구성하는 작업이었는데, 여기서 얻은 결론은 계급 개념은 일차적으로 경제적 규정을 가지는 것으로 파악해야 하며, 또 광의의 의미로는 전자본주의 사회에도 적용될 수 있다는 것이다. 그러나 자본주의 계급관계를 파악하기 위해서는 자본주의에 독특한 물질적 생활과정을 이해해야 하며 또 바로 이점에서 계급론에 대한 올바른 이해는 '정치경제학비판'에 대한 이해가 필요하다는 사실을 강조했다.

3장에서는 계급론의 정치경제학적 기초를 다루었다. 적잖은 사람들이 계급론은 체계가 없고 서로 모순되는 주장들이 함께 있다는 지적들을 하는데, 여기서는 주로 원전에 근거하여 가치, 임노동 - 자본관계의 생산과 재생산, 자본주의 생산관계의 신비적 성격, 자본주의적 분배의 문제 등을 살펴보고 나아가 일반적 계급구조에 대한 나름의 서술을 시도했다. 그 결과 계급론은 결코 도덕적 신념이나 철학적 이원론에 근거한 것이 아니라 매우 체계적이며, 그 과학적 기반을 '정치경제학비판'에 두고 있다는 것을 확인할 수 있었다.

3장까지의 논의가 주로 계급론에 대한 비판과 반비판, 계급론 자체의 과학성에 대한 논증에 집중되었다면 4장에서는 계급론 내부의 쟁점들을 비판적으로 다루어보았다. 우선 특히 중간계급을 둘러싼 계급구분의 문제와 관련하여 말레(Mallet)의 신노동자계급론, 일반적 임노동자론, 독일의 IMSF와 PKA의 논쟁, 풀란차스(Poulantzas), 라이트(Wright)의 논의를 검토했다. 그 결과 계급규정과 관련한 완벽한 해답은 얻지 못했지만, 계급분석의 심화를 위한 몇 가지 중요한 시사점을 얻을 수 있었다.

한편 계급지위와 생활양식 간의 문제에 있어서는 마르크스 계급형성론의 한계를 지적하고 나온 주요 이론들을 비판적으로 검토해보았다. 베버(Weber)의 계급과 신분, 기든스(Giddens)의 계급구조화론, 리처르트(Ritsert)의 이해 개념, 그리고 부르디외(Bourdieu)의 아비투스에 대한 논의를 살펴보았는데 여기서 얻은 결론은 다음과 같다. 첫째, 마르크스의 계급론은 비록 일차적으로 '경제적' 기본범주들과 관련이 있지만, 이것을 기초로 해야만 여러 '사회적' 영역들과의 연관성을 제대로 규명할 가능성이 열린다는 점이다.

둘째, 이른바 체계통합(Systemintegration)과 사회통합(Sozialintegration)이라는 이원론적 입장을 취할 경우 경제주의적 설명은 피할 수 있어도 절충주의적 설명에 빠지는 오류를 범하기 쉽다는 것이다. 바로 이점에서 부르디외의 논의는 몇 가지 중요한 결점을 보완할 경우, 베버, 기든스, 리처르트의 논의보다 계급론의 발전에 도움이 될 수 있다고 생각한다.

5장에서는 현재 자본주의의 중요한 구조변화의 하나인 복지국가 문제를 다루었다. 그 주요 내용을 간추리면, 우선 현재의 계급구조의 발전경향을 정치경제학적 논리의 관점과 현실적 경향의 관점에서 비교·진단했으며, 이를 기초로 '새로운 시대로서의 서비스 사회'라는 명제에 대해 비판적인 검토를 했다. 둘째, 복지국가에 대한 일부 주요 이론들, 즉 마셜(Marshall)의 이론, 국가독점자본주의론, 뮐러와 노이쥐스(Müller and Neusüß)의 이론, 부시 - 글룩스만과 테르본(Buci - Glucksmann and Therbon)의 이론, 독일 SOST의 이론 등을 비교·평가하고 나아가 기존의 계급구조가 복지국가 내에서 어떠한 변화를 겪는가를 독일의 경우를 예로 들어 고찰했다. 셋째, 현재의 자본주의 생산양식이 가져온 문명적 계기들을 적극적으로 평가함과 동시에 그 모순적 한계를 추적했다.

6장에서는 5장에서의 논의를 기초로 하여 사회정책적 대안을 거시적 수준에서 탐색해보았다. 우선 신보수주의의 등장이 어떤 사회경제적 변화를 가져오며, 또 사회발전에 부정적 함의를 가지는가를 살펴보았으며, 과연 사회정책이 근본적 개혁수단의 의미를 가지는가를 검토했다. 또 미래지향적인 사회주의의 문제를 다루면서 현실사회주의 몰락의 원인을 진단하고 시장사회주의의 기본시각들을 긍정적으로 살펴보았다. 한편 노조정책 과제와 관련해서는 현재 서구의 노조가 처한 이념적·조직적 문제들을 지적하고 정책적 대안을 모색해보았다.

6장의 마지막 절에서는 노동운동과 신사회운동 간의 문제를 다루었는데, 노동운동을 포기하고 신사회운동만을 강조하는 하버마스(Habermas), 히르쉬(Hirsch) 등의 논리와 이론 내적 모순들을 비판하고 또 신사회운동의 객관적 역량이 과대평가되고 있다는 점을 지적했다. 노동운동의 현재적 한계를 인정하지만 운동의 다양성과 다차원성에 대한 필요성이 노동운동의 중심성에 대한 폐기로 연결될 수는 없다는 점을 강조하고 오히려 양자간의 유기적 협력이 필요함을 역설했다. 마지막 7장은 맺음말로서 이 책의 내용을 정리, 요약하고 이 책이 갖는 몇 가지 한계에 대해서 언급했다.

돌이켜보면 지난 1980년대에 우리의 사회과학계에서는 주로 젊은 연구자들을 중심으로 자본주의, 노동, 계급 등에 대한 학습과 연구가 무척 활발했다고 기억된다. 그러나 1990년대 초반을 넘기면서 우리 사회에서 계급, 노동 등에 대한 연구는 급격히 줄어들었다. 물론 여기에는 여러 이유가 있겠지만 무엇보다 동구사회주의의 몰락이 가장 큰 이유 중 하나라고 생각한다. 이유야 어떻든 실로 격세지감을 느끼지 않을 수 없다.

물론 서구 학계에서의 좌파적 논의 역시 동구사회주의의 몰락 이후 더욱 줄어들었다. 그러나 무엇보다 아쉬운 점은 우리의 경우 서구와 비교할 때 마치 맥주 거품이 빠지듯이 '계급' '노동'에 대한 관심이 급격히 줄어들었다는 것이다. 이러한 점에서 서구의 좌파들은 1980년대의 우리처럼 '혁명적'이지도 또 '변혁지향적'이지도 못했지만, 적어도 우리보다는 더 '근본적'이고 '진지한' 면이 있는 것 같다.

이 책을 통하여 필자는 우리 현실과 관련해 적어도 다음 두 가지를 말하고 싶다. 우선 우리사회에서 계급 또는 노동문제의 중요성에 대한 최근의 경시는 매우 우려스러운 일이라고 지적하고 싶다. 학계에서 계급, 노동에 대한 연구는 등한시하고 다수가 포스트모더니즘으로 몰리거나 또는 운동권 일각에서도 "노동운동은 이제 끝났다. 신사회운동만이 대안이다"라는 식의 주장이 종종 나오고 있는데 이는 서구에서의 논의를 너무 무비판적으로 수용한 것이 아닌가하는 의구심을 지울 수 없다. 왜냐하면 우선 포스트모더니즘, 신사회운동에 대한 논의는 서구의 경우에도 많은 비판들이 제기되고 있고, 또 서구의 경우에는 나름대로 그것들이 출현할 수 있는 사회구조적·학문적 논의의 배경이 있지만 우리의 경우는 다르기 때문이다. 필자의 말은 포스트모더니즘을 연구하지 말라거나 또는 신사회운동을 하지 말라는 것이 아니다. 다만 그것들이 마치 지금의 유일한 대안 또는 돌파구인 것처럼 부풀려서 오해해서는 곤란하다는 의미다.

두번째는 복지국가에 대한 것이다. 특히 한국에서 '사회민주주의' '복지국가' 하면 일단 '우습게' 보는 일각의 풍조가 있는데 이에 대해서는 오늘날 서구의 복지국가가 하루 아침에 형성된 것이 아니라 오랜 기간에 걸친 나름대로의 치열한 계급투쟁 산물이라는 점을 환기시키고 싶다. 한편 다른 쪽에서는 마치 복지국가가 최종적 대안인 듯이 주장하는데, 이에 대해서는 선진자본주의 사회에서도 복지국가가 얼마나 여전히 계급적 한계를 띠고 있는가를 보여주고 싶었다. 전자의 입장을 취하는 분들께는 서구의 복지국가는 저절로 얻어진 것이 아니라는 말씀을 드리고 싶다. 그리고 아직 사회적 파트너십의 정착, 서구 복지국가의 단계와는 거리가 먼 우리의 현실을 냉정하게 직시할 것을 권하고 싶다. 후자의 입장을 취하는 분들께는 서구 복지국가가 계급적 모순으로 인해 이상적인 사회라고 부르기에는 얼마나 많은 문제를 가지고 있는지 생각해보라고 말씀드리고 싶다. 사회성원의 자유와 평등을 이야기하기에 지금의 서구 복지국가는 아직도 멀었으며, 자본주의적 한계를 넘어서지 못하고 있다. 따라서 우리는 복지국가를 '과소평가'해서는 안되지만 또 '과대평가'해서도 안될 것이다.

이 책은 원래 필자가 1993년 독일 베를린 자유대학에서 학위논문으로 제출한 것을 일부 수정, 보완한 것이다. 논문이 여러 면에서 부족하고, 부끄러운 부분이 많았지만 그래도 우리말로 옮겨 책으로 내기로 결심을 하게 된 이유는 필자의 학문적 관심을 가급적 많은 분들과 공유하고, 또 독일에서의 계급이론적 논의들을 단편적이나마 소개하고 싶었기 때문이다. 아무쪼록 독자 여러분의 관심과 비판을 당부한다.

마지막으로 어려운 여건에도 불구하고 이 책의 출간을 허락해주신 한울 김종수 사장님과 편집·교정 등에 수고를 아끼지 않으신 채은해 씨께 깊은 감사를 드리고 싶다.

2000년 9월
윤도현

:
:

차 례

1
● 계급이여 안녕? ●

마르크스주의 이론은 오늘날 타당하지 않은 듯하다. 왜냐하면 서구 선진자본주의 노동운동의 약화와 현실사회주의의 붕괴 그리고 신보수주의 강화 등 시대적 변화 속에서 그 실천지향적 힘을 상실한 듯이 보이기 때문이다. 그러나 마르크스주의에 대한 이런 불신은 아주 새로운 최근의 현상은 아니다. 한편으로 서구사회 대중들의 일상적 의식 속에서 마르크스주의는 실현불가능한 것 또는 바람직하지 않은 것으로 인식되고 있다면, 다른 한편으로는 이미 오래 전부터 마르크스주의는 수많은 사회과학자들에게 선진자본주의 사회의 분석에서 그 타당성이 '의심스러운 것' 또는 '틀린 것'으로 간주되어왔다.

이런 상황에서 마르크스주의 이론체계의 핵심적 지위를 차지하고 있는 계급이론이 부정당하는 것은 어떤 의미에서는 당연한 일인지도 모른다. 실제로 최근에는 마르크스 계급이론의 완전한 종말이 선언된 듯하다.

일찍이 1960년대 중·후반에 마르크스 계급이론을 나름대로 재구성하려 시도했던 마우케(Mauke)는 당시의 마르크스 계급이론에 대한 주요 비판들을 다음의 세 가지로 정리한 적이 있다(Mauke, 1970: 7).
첫째, 자본주의 사회의 두 개의 커다란 적대진영으로의 분할, 즉 부르
주아지와 프롤레타리아로의 양극화 주장은 신중간계급의 등장으로 반
박됐다. 둘째, 마르크스의 개별 계급분석들 간에는 이론적 모순들이
존재한다. 셋째, 계급 개념 자체에 대한 모순적 사용이 발견된다. 물
론 당시의 이런 비판들은 마르크스 계급분석의 여러 추상수준들을 간
과한 것이긴 하지만, 주로 마르크스 이론 내의 논리적 불일치를 그
비판대상으로 삼고 있었던 반면, 최근의 비판들은 '질적'으로 새로운
내용들을 담고 있다. 우리는 마르크스 계급이론에 대한 최근의 비판
들을 크게 세 가지 흐름으로 나눌 수 있다(Krysmanski, 1989: 156).

1. 사회구조의 변동에 대한 사회사적 연구를 통해서, 마르크스 계
   급이론의 무용성을 증명하고 베버 이론의 약점을 보완해서 현재의
   불평등을 설명하려는 입장. 따라서 이에 속하는 연구자들은 거의
   베버 이론의 전통 위에 서 있다(Kocka, Lepsius, Mooser).
2. 오늘날의 사회불평등은 너무나 복잡해 마르크스나 베버의 이론
   만으로는 더 이상 설명할 수 없다는 입장. 따라서 이들은 현재의
   다차원적 불평등을 적절히 분석해낼 수 있는 새로운 분석모델을
   개발하는 것이 시급하다고 주장한다(Kreckel, Hradil).
3. 앞의 두 입장보다 더욱 과격한 것으로서 현재 사회구조 내의 불
   평등이 존재함에도 불구하고 복지국가의 조건하에서 개인화과정이
   계급적·계층적 특성들을 해체시킨다는 입장. 이들은 따라서 역사
   적 연속성의 '단절'을 특히 강조한다(Beck, Berger).

이제 이 세 가지 비판들의 내용을 좀더 구체적으로 살펴보기로 하
자. 첫번째 입장에 속하는 렙시우스(Lepsius)는 베버 이론을 토대로 서

독의 변화된 계급구조를 연구했다. 그의 시도는 세 가지 차원에서 이루어진다. '생활상태'는 경제적 차원, '이해'는 정치적 차원 그리고 '가치지향'은 문화적 차원과 각각 관계된다.

특히 그의 분석에서 주목할 만한 것은 그가 사회갈등의 제도화와 법적 규제라는 측면에 집중하고 있다는 사실이다. 그는 이를 통해 계급갈등은 오늘날 더 이상 사회구조에 지배적인 것이 아니라고 주장한다. 즉 그에 따르면 "사회갈등들을 해결하고 규제하는 수많은 제도들의 형성으로 인해" 광범위한 '중심적 갈등'보다는 수많은 '개별갈등'들이, 그리고 '근본적 문제'보다는 '규제의 문제'가 대두한다는 것이다(Lepsius, 1979: 194). 따라서 그에 의하면 계급운동은 현재의 다원화되고 민주적인 사회에서 구조적 중요성이 감소한다(Lepsius, 1979: 196). 또 비록 계급들 간의 가치지향의 전반적인 평균화가 이루어졌다고는 할 수 없지만, "사회화의 일부 내용들이 보편화"됨에 따라 계급들 간의 하위문화 경계들은 더 이상 커다란 역할을 할 수 없다고 진단한다(Lepsius, 1979: 205).

한편 렙시우스와 비슷한 맥락에서 모저(Mooser)는 마르크스적 의미에서의 노동자계급 개념은 산업자본주의의 구조변동과 더불어 역사적으로 '낡아버렸다'고 파악한다(Mooser, 1983: 272; 1984). 그가 말하는 구조변동이란 한편으로 "시장경제의 위기, 위험에 대한 사회정책적 안전장치 확대" 및 "생활수준 향상" 그리고 다른 한편으로는 "과거 육체노동자 중심의 시장종속적, 소외된 임노동의 성격이 흐려지는 것"을 의미한다(Mooser, 1983: 305). 따라서 사회계급들 간의 현존하는 격차에도 불구하고 이런 '연속성 단절과정'은 그가 보기에 계층적으로 특수한 생활양식과 공동의 정치 지향에 강하게 연결됐던 집단적 구속력을 해체시킨다(Mooser, 1983: 306).

두번째 입장을 표방하고 있는 크렉켈(Kreckel)은 "오늘날 사회불평등에 대한 '전통적' 이론들의 시대는 종말을 맞고 있다"고 주장한다. 그 이유로 그는 기존의 불평등이론이 오늘날 문제가 많고 더 이상 유지하기 힘든 세 가지 기본가정들에 근거해 있다고 한다. 첫째는 수직적 불평등구조, 둘째는 개별사회 또는 민족국가, 셋째는 노동관계 또는 생산관계이다.[1] 그에 의하면 전통적 이론들이 "전체 인구 중에서 상대적으로 소수인 사람들(즉 노동자)의 활동"만을 다루고 있을 때, '노동과 비노동' 간에 새로 생겨난 갈등 그리고 성차별, 사회의 주변부 집단들에 대한 차별 같은 비수직적 갈등의 사회적 중요성이 간과되게 된다(Kreckel, 1985: 308). 또 국제적 노동분업 같은 전세계 차원의 변수들이 한 국가의 불평등구조에 영향을 끼치기 때문에, 사회 불평등을 오늘날과 같은 하나의 국민국가라는 틀 내에서 분석하는 것은 적절하지 못하다는 것이다(Kreckel, 1985: 309).

그러므로 크렉켈에 따르면 전통적 이론들이 앞으로 취해야 할 대안은 두 가지밖에 없다. 즉 거시사회학(Makrosoziologie)으로서의 욕심을 포기하고 스스로 하나의 특수 연구분야로 만족하거나, 아니면 '계급과 계층의 피안(저편)'에서 사회불평등에 관한 정치사회학으로 남는 길뿐이다(Kreckel, 1989: 317). 이런 주장을 하면서 그는 사회계급 또는 계층은 더 이상 중요한 역할을 하지 못하고 여러 차원의 '집단적 행위자'만이 존재할 뿐이라고 가정하고 있다(Kreckel, 1989: 317).

---

1) R. Kreckel, "Theorien sozialer Ungleichheiten im übergang", 1983 in: Ders.(Hrsg.), *Soziale Ungleichheiten. Sonderband 2 der Sozialen Welt*, Göttigen, 1983, S.3-14, 3쪽; R. Kreckel, "Zentrum und Peripherie. 'Alte' und 'neue' Ungleichheiten in Weltgesellschaftlicher Perspektive", 1985 in: H. Strasser and J.H. Goldthorpe(Hrsg.), *Die Analyse sozialer Ungleichheit,* Opladen, 1985, S.307-323, 307쪽; Reinhard Kreckel, "Klasse und Geschlecht", 1989 in: *Leviathan 3/1989,* S.305-321, 307쪽 이하 참조.

"기존의 사회적 계급환경이 새로운 사회환경과 접목하면서(또는 경쟁하면서) 과연 유지되거나 새로이 발전될 수 있는지, 만약에 있다면 그것이 어느 정도인지"(Kreckel, 1989: 316) 알기 위해서 그는 '중심과 주변(Zentrum und Peripherie)'이라는 새로운 해석도식(Deutungs schema)을 제안한다. 그에 따르면 이 도식은 사회불평등을 분석하는 데서 "선험적인" 사고방식으로부터 자유로울 수 있게 한다(Kreckel, 1983: 8; 1985: 313).

한편 라딜(Hradil)은 크렉켈과는 달리 자신의 분석을 복지국가의 경험적 사실들을 가지고 시작한다. 그에 의하면 비록 복지국가 발전으로 인해 그동안 추구해온 평등 또는 불평등한 생활관계의 상쇄가 어느 정도 이루어졌으나 새로운 불평등이 생겨난다는 것이다. 그런데 '사회적' 관계들에 대한 개인들의 욕구(예를 들어 의사소통, 사회통합, 자아실현 등의 욕구)는 과거보다 매우 강해지기 때문에, 이 새로운 불평등들은 더 중요한 의미를 지니게 된다.[2] 그리고 이런 불평등들이 특히 종족, 성별, 나이 같은 '자연적' 속성과 잘 결합하기 때문에, 기존의 성취적 불평등보다 새로운 귀속적 불평등이 두드러지고 첨예하게 나타난다(Hradil, 1985: 61). 그는 너무 섣부른 추상화에 반대하면서 우리가 이런 새로운 불평등을 정확히 파악하기 위해서는 사회불평등의 다차원성에 주목해야 한다고 주장한다. 그러면서 그는 계층모델은 오늘날의 복잡한 불평등을 더 이상 제대로 기술할 수 없다고 보고, 그 대신 '지위(Lage)'와 '환경(Milieu)'이라는 모델을 불평등 분석에 적

---

2) S. Hradil, "Die 'neuen' sozialen Ungleichheiten. Was man von der Industriegesellschaft erwartete und was sie gebracht hat", 1985 in: S. Hradil(Hrsg.), *Sozialstruktur im Umbruch,* Opladen, S.51-68, 57쪽; Stefan Hradil, *Sozialstrukturanalyse in einer fortgeschrittenen Gesellschaft,* Opladen, 1987, 172쪽.

용할 것을 제안한다(Hradil, 1987: 139-177).

세번째 입장을 대변하는 벡(Beck)의 이론은 최근 아주 인기가 높다. 그에 의하면 마르크스 이론도 베버 이론도 오늘날의 불평등 구조분석에는 더 이상 필요가 없다. 왜냐하면 "경제성장, 교육기회의 확대 등 사회수준의 상승으로 인해 하위문화의 계급동질성은 계속 해체됐고 '신분적' 색채를 띠는 계급지위도 탈전통화됐으며, 그 대신 생활상태와 인생경로의 '다양화'와 '개인화'가 증가해 사회계급과 계층이라는 위계서열 모델을 아래로부터 흔들고, 그것의 현실적 설명력을 더욱 의심스럽게 하기" 때문이다(Beck, 1983: 36). 즉 분배의 불평등이 여전히 존재함에도 불구하고 복지국가 조건하의 '강한 개인화 경향'은 '역사적 연속성의 단절'을 초래했다는 것이다.

그러나 그에 의하면 이런 개인화과정은 계급지위의 내부분화를 의미하는 것이 아니다. 오히려 "정반대로 내적 분화의 평균화, 생활지위의 탈전통화와 단일화와 궤를 같이한다"(Beck, 1983: 52). 그런데 개인의 실존방식이 표준화됨에도 불구하고 개인들은 전통적인 계급·계층적 조건 또는 가족환경으로부터 떨어져 나오고, 따라서 자신의 실존을 보장하기 위해 더욱더 자기 자신에게 의지하기 때문에 계급특수적 연대를 형성한다는 것은 어려워진다. 즉 개인들이 생활형태와 노동형태를 독자적으로 만들어나갈 수 있는 가능성이 증가하면서 '사회적 위험들의 개인화'와 '개인과 사회 간의 새로운 직접성'이 강화된다는 것이다(Beck, 1983: 59).

따라서 그에 따르면 계급간의 경계를 가로지르는 새로운 갈등선들이 전면으로 등장하게 되는데(Beck, 1983: 66), 여성운동, 환경운동 같은 다양한 흐름들이 바로 좋은 예들이다. 벡의 명제를 간단히 정리하면, 오늘날 우리가 살고 있는 자본주의는 '계급 없는 자본주의'라는 것이다(Beck, 1986: 117).

벡과 비슷한 맥락에서 베르거(Berger) 역시 자신의 명제를 주장하는
데, 그에 따르면 취업구조의 3차산업화, 즉 서비스 사회, 화이트 칼라
사회로의 변동과 더불어 현재 독일의 사회구조에 이중적 불확정성이
존재한다. 즉 한편으로 사회불평등의 유형이 탈구조화된다면, 다른 한
편으로는 불평등 유형의 사회적 의미가 구속력과 타당성을 상실했다
는 것이다(Berger, 1987: 78; 1986: 25).

그가 볼 때 이런 불확정성은 특히 피고용자의 다수를 점하는 '중간
적 지위'에서 가장 강하게 나타난다. 이를 근거로 그는 "계급형성의
경제, 사회문화, 정치적 차원 간의 구조적 조응과 연관성은 느슨해졌
다"고 주장한다. 그에 따르면 현재는 탈구조화된 계급구조가 있는 상
태이다. 즉 계급사회의 특징들이 존재함에도 불구하고, 계급사회에 대
한 해석유형(Deutungsmuster)은 해체되는 모순적 상황이라는 것이다
(Berger, 1986: 252-255).

우리는 이제까지 기존의 불평등이론에 대한 최근의 주요 비판들을
살펴보았다. 만약에 단순화를 무릅쓴다면, 우리는 이 비판들의 주된
내용을 세 가지로 다시 간추릴 수 있다(Herkommer, 1991a: 122-147).
첫째, 생활수준의 향상, 사회환경의 복잡화와 다양화 그리고 생활기
회, 소비기회의 상대적 평등화로 계급구조는 오늘날의 불평등구조에
더 이상 본질적인 것이 아니다(Kreckel, 1989: 315). 둘째, 개인들은
전통적 계급관계 또는 가족, 성별에 따른 기존의 차별적 지위로부터
점점 분리되어 나온다(Beck, 1986: 116). 셋째, 물질적 분배투쟁은 더
이상 중요하지 않고 대신에 비물질적·상징적 차원에서의 대립이 점점
중요해진다(Eder, 1989: 381).

물론 전통적 이론에 대한 이런 시각은 현재 사회학자들 사이에 널
리 퍼져 있다. 그러나 계급이론 연구자들로부터의 반론 또한 만만치
않게 제기되고 있다. 예를 들어 리처르트(Ritsert) 같은 이는 '새로운

사회불평등이론'에 반대하는데, 특히 그 방법적 접근방식의 문제점을 지적하고 있다. 그에 따르면 경험적으로 보이는 변화들이 비록 상당한 사회적 변화의 증거가 될 수는 있지만, 그것이 사회계급구조 일반의 소멸을 증명한다고 보기는 힘들다(Ritsert, 1988: 237). 그는 일례로 프롤레타리아 하위문화와 환경들이 점점 해체되어 간다고 해서, 이것을 바로 계급으로서의 노동자가 사라진다고 보는 시각에 반대한다. 왜냐하면 가치지향성, 이해관심의 다양화가 다양한 생활양식과 이해의 핵심으로서의 물질적－자본주의적으로 형태 규정된(kapitalistisch formbestimmten)－지위들의 소멸을 바로 의미하지는 않기 때문이라는 것이다.

리처르트가 볼 때 가장 큰 문제는 '그런 경향의 사실성' 여부에 있는 것이 아니라 새로운 사회불평등이론을 주장하는 사람들의 '해석방식'에 있다(Ritsert, 1988: 241). 그들은 마르크스 계급이론 하면 오직 '계급적 개인들의 지위·의식·행동의 통일성', 즉 경제주의적 인과관계만을 머리에 떠올리기 때문에 경험적으로 확인되는 '다양화' '분화'를 보고 바로 계급소멸을 주장한다는 것이다.

그러나 리처르트에 의하면 '경제의 우선성(Primat der Ökonomie)'을 강조하는 것과 속류 경제주의의 '경제주의적 인과관계' 설명을 등치시켜서는 안되며, 그런 강조가 결코 계급구조 내의 다양화와 분화에 대한 분석을 배제하지 않는다는 것이다. 그는 이런 분석가능성은 이미 마르크스 계급이론은 물론, 베버의 계급이론에도 들어 있다고 주장한다.

리처르트가 특히 이해하기 힘든 것은 '새로운 사회불평등 이론가'들의 모순적인 설명방식이다. 예를 들어 벡의 경우 한편으로는 계급구조의 소멸을 강조하면서도, 다른 한편에서는 '임노동자 사회' '피고용자 사회'로의 가속화되는 발진을 강조한다는 것이다(Ritsert, 1988:

238). 다양화 명제와 개인화 명제를 증명하면서 벡은 노동시장이 사회적 핵심제도라는 주장을 덧붙이고 있는데, 이것은 리처르트에 의하면 한편으로 "자본주의 종말을 선언하면서도, 기존의 자본주의 분석에서 쓰는 경제 개념들로 완전히 새로운 사회를 서술하는" 혼란스러운 설명이다(Ritsert, 1988: 261; 1987: 22).[3]

리처르트가 새로운 사회불평등의 방법론적 문제점을 주로 지적하고 있다면 비숍(Bischoff)과 헤어콤머(Herkommer)는 이 이론가들과의 논쟁에서 그들이 진단하는 선진자본주의 사회의 발전경향 자체를 특히 문제삼고 있다.

우선 '취업원칙의 소멸' 명제―취업활동의 중요성이 소멸한다는 주장―에 대해 비숍과 헤어콤머는 대부분의 임금생활자들에게 해당되는 노동력의 조기마모, 노동강도의 증가 그리고 잠재적·실질적 실업 등의 현상은 개인의 생활기회가 아직도 대부분 취업활동에 좌우되고 있다는 사실을 증명하고 있다고 논박한다. 그들에 따르면 노동일의 법제화, 노동시간 단축투쟁은 "여전히 선진자본주의 사회에서도 물질적 부의 분배와 사회적으로 가용한 시간의 분배가 계급간의 세력관계에

---

3) 우리는 이와 유사한 모순적인 설명들을 크렉켈과 렙시우스에게서도 발견할 수 있다. 크렉켈은 한편으로 '노동'의 의미소멸을 강조하면서도, 다른 한편으로 '노동시장'(또는 자본과 노동의 대립)은 오늘날에도 매우 중요하다고 주장한다(Kreckel, 1989: 307-310). 그리고 렙시우스의 경우 복지국가가 가지는 정치적 역할, 물질적·비물질적 이전(Transfer)에 대해 올바로 주목하고 있음에도 불구하고, 이런 것들이 사회의 재생산과 어떤 관련성을 가지는가에 대한 이해가 불분명하다. 따라서 그가 한편으로는 기업의 기본법제가 핵심적 중요성을 가지고 있다고 강조하면서도, 다른 한편으로는 기존의 '계급적 요인'들은 점점 무의미해진다는 모순된 주장을 편 것은 어쩌면 불가피했을지도 모른다(Lepsius, 1979). 만약에 계급적 요인들의 중요성이 감소한다면 노자간의 관계를 규정하는 기업의 기본법제 역시 그 중요성이 감소해야 할 것이다.

따라 결정된다"는 것을 분명히 보여준다(Bischoff & Herkommer, 1990: 74-75).

또 많은 '새로운 사회불평등' 이론가들이 주장하는 명제, 즉 "취업구조의 3차산업화 경향이 곧 노동사회의 종말을 의미한다"는 명제 역시 비숍과 헤어콤머가 보기에는 타당하지 않다. 이 명제에서 문제가 되는 것은 물질적 생산에 대한 협소한 이해뿐만 아니라 사회재생산 토대로서의 노동의 역할에 대한 무지에 있다(Offe, 1984: 76).

비숍과 헤어콤머에 따르면 자본주의의 내재적 경향으로서 생산력의 발전은 더욱더 상대적으로 적은 노동인구로 사회의 물질적 재생산을 실제로 가능하게 했다. 그러나 여기서 간과해서는 안되는 것은 우선 비물질적 노동의 다수가 직·간접적으로 물질적 생산과 연결되어 있다는 점 그리고 비물질적 부문의 규모와 발전은 근본적으로 물질생산부문의 가치창출에 따라 규정된다는 점이라고 지적한다.

따라서 서비스 부문이 증가했느냐 아니냐 하는 문제가 아니라 왜 서비스 부문이 증가하고 또 이것이 어떻게 산업(물질적 생산부문)과의 관련 속에서 재생산될 수 있는가 하는 문제가 먼저 고려되어야 한다는 것이다. 그러므로 '생산 패러다임의 종말'을 주장하는 이론들은 사회의 노동분업이 겉으로 드러나는 현상양식에만 사로잡혀서 성급하게 '노동의 중심성'을 부인하는 오류를 저지르고 있다는 것이다.

오늘날 계급이론의 비판자들은 '노동사회의 종말' 명제 외에 '복지국가' 또는 '복지국가의 성과'를 증거로 들면서, 계급의 무의미성을 증명하려 하고 있다. 이들에 따르면 여러 복지제도들이 확대·증가되면서 계급간, 계급환경간의 경계는 사라진다는 것이다. 여기서 복지국가가 일정하게 개인의 생활기회를 확대시켜온 긍정적인 면에 대해서는 이견이 있을 수 없지만, 그렇다고 해서 '계급사회의 종말'을 선언하는 것은 전혀 납득할 수 없다는 것이 비숍과 헤어콤머의 입장이다.

그들에 의하면 첫째로 복지국가 내의 일정한 사회계층들은 여전히 절대적·상대적 저소득 등으로 고통을 겪고 있으며, 따라서 현실적으로 더 발전된 생활양식을 영위하기가 쉽지 않다는 것이다. 이 측면은 결코 과소평가해선 안된다. 그 이유는 현재 탈규제화(Deregulierung), 유연화(Flexibilisierung) 경향에 직면해 분배문제가 더욱 큰 사회문제로 부각되고 있기 때문이다(Offe, 1984: 80).

둘째로 비숍과 헤어콤머에 의하면, '복지국가' 명제를 무조건 신봉하는 자들은 복지국가의 한계, 즉 현재의 복지국가가 주로 분배의 차원에만 관련된다는 사실을 망각하고 있다는 것이다. 이것은 바로 왜 복지국가가 현존하는 계급차이를 변형시키고 은폐할 수는 있어도 지양할 수는 없는가에 대한 이유가 된다는 것이다. 다시 말해서 복지국가의 조처가 자본주의 시장경제를 전제로 하고 거기에서 나오는 일차적 소득분배에 의해 규정을 받는 한 현재 복지국가의 '사회화' 기능은 근본적으로 한계를 가질 수밖에 없다. 현재의 복지국가는 자본주의 생산관계에 기인하고 있는 계급관계, 계급특수적 불평등관계를 지양할 수 없다(Offe, 1984: 79; SOST, 1983: 88-92).

계급이론의 현재성을 둘러싼 논란에서 중요한 것은 '새로운 사회불평등' 이론가들이 서술한 경험적 사실들 자체-예를 들어 물질적 생활수준의 향상, 복지국가 혜택, 생활양식의 개인화 등-의 유무가 아니다. 문제는 이런 경험적으로 부인할 수 없는 변화를 어떻게 평가해야 하는가이다. 새로운 사회불평등 이론가들이 경험적 변화들을 가지고 자본주의 근본성격의 변화를 주장하고자 하는 반면, 계급이론가들은 이런 변화를 오히려 자본주의 발전의 결과로 진단하고 있다(Krysman-ski, 1989: 157). 이와 관련해 테슈너(Teschner)는 다음과 같이 정확하게 지적하고 있다.

 자본주의 발전에 대한 마르크스의 일부 가정이 나타나지 않았다거나 또는 저작의 일부분에서 목적론적·종말론적 냄새가 많이 난다든가 하는 이유로 마르크스의 자본주의 분석의 기본범주들을 토대로 하는 계급분석의 타당성이 상실되지는 않는다. 계급이론의 타당성 여부에 대한 결정적 시금석은 자본주의 생산양식의 중요한 구조적·역동적 특징들(일반화된 상품생산, 임노동, 자본, 자본축적, 과잉생산의 내재적 경향)이 여전히 오늘날 생산양식에도 존재하는가 아닌가이다(Teschner, 1989: 6).

 종합적으로 볼 때 계급이론을 비판하면서 나타난 새로운 사회불평등이론들은 다음과 같은 커다란 문제점들을 가지고 있다. 첫째, 이 이론들의 핵심에는 '노동중심성'에 대한 강한 부정이 들어 있다. 그들은 노동인구, 노동시간의 상대적 감소 경향으로 인해 '취업원칙' 또는 '노동 중심성 테제'는 복지국가의 조건에서 오늘날 더 이상 견지될 수 없다고 주장한다. 즉 취업노동은 오늘날 개인의 생활양식의 형성에 점점 더 의미를 가지지 못한다는 것이다.

 그러나 이러한 주장은 소재적 변화들(Stoffliche Änderungen)을 사회적 노동의 특정한 역할의 변화(Änderung der bestimmten Rolle der gesellschaftlichen Arbeit)로 혼동하고 있다. 이 주장들은 사회의 구성적·물질적 토대가 무엇인지에 대해 망각하고 있다. "물질적 생산의 옆에 분화된 비물질적 영역이 등장하고, 사회적 부의 생산과 분배영역 위에 정치적·이데올로기적 심급과 기구들로 구성된 거대한 상부구조가 만들어지며 노동영역의 저편에 비노동영역이 존재한다"(Herkommer, 1984: 139-강조는 Herkommer).

 둘째, '개인화 경향'에 대한 이해의 문제다. 벡 같은 이는 개인화 경향 속에서 개인은 점점 더 사회와 직접적으로 맞서게 된다고 주장한다. 물론 강한 개인화 경향에 대해서는 반박의 여지가 없지만, 개인과 사회를 직접적 대립으로 설정하는 것은 매우 문제가 많아 보인다.

선진자본주의에서 오늘날 개인의 재생산은 복잡한 복지국가의 그물망 (Netz)을 통해 이루어지기 때문에(SOST, 1987: 45), 벡의 모델로는 개인과 사회 간에 존재하는 미묘한 연관성을 밝혀낼 수가 없다. 오히려 현재의 개인화 경향은 우리가 자본주의 생산력의 문명적 발전들을 동시에 고찰할 때 더 잘 파악할 수 있다.

"과거에 긴 노동일, 낮은 생활수준, 비노동영역의 적은 여가가 상대적으로 확연히 구분되는 계급적 생활상태를 규정지었다는 사실, 즉 문화유형이 사회적 규정을 받는다는 것을 인정하면서도, 오늘날 이런 범주간의 연관성이 없다고 주장하는 것은 이론적으로 틀렸을 뿐만 아니라 실제적으로도 너무 안일한 사고이다. 이것은 분명히 소재적 다양성 (stoffliche vielfalt)을 마치 사회형태 규정(Soziale Formbestimmung)이 변화한 것으로 착각하는 것이다"(Herkommer, 1991a: 136).

한편 벡의 '위기사회론'은 생산관계의 문제를 단순히 자연과 현대 테크놀로지 간의 대립으로만 파악하는 오류를 범하고 있다. "벡은 역사의 결정적 변화(Einbruch)를 오로지 사회와 자연 간의 관계로만 보고 있지, 사회적 노동 자체의 생산관계와 분배관계 속에서는 보고 있지 못하다"(SOST, 1987: 42-46).

셋째, '새로운 사회불평등 이론가들'의 대부분은 복지국가를 매우 안정된 구조, 즉 역사적으로 거꾸로 돌아갈 수 없는 것처럼 간주한다. 그러나 복지국가 발전은 대부분 계급간의 세력관계에 달려 있고, 현재의 복지국가는 계급사회를 전제로 하고 있다. 따라서 복지국가에 대한 그들의 '안일한' 파악은 신보수주의 정책에 의한 복지국가의 감축 위협을 간과할 가능성이 있다(SOST, 1987: 45).

지금까지의 논의를 살펴볼 때, '노동사회의 종말' 주장은 받아들이기 힘들다. 또 자본주의 노동시장에서 개인의 위치 및 사회적 계급관계와 무관하게 전개되는 개인화는 없을 뿐 아니라 계급이론 비판자들이 상정하듯 그렇게 안정적인 복지국가는 존재하지 않는다. 간단히 말해서 계급의 종말은 '패러다임의 변화'라는 말을 특히 좋아하는 일부 사회학자들의 '개념적 조작(begriffliche Operation)'에 지나지 않는다 (Ritsert, 1987). 하지만 다양한 불평등을 가능한 한 포괄적으로 고려하려는 시도 등 일부 학자들에게서 보이는 노력들까지 단순히 쓸모없는 것이라고 보기는 힘들 것이다.

마르크스 계급이론에 대한 비판자들이 잘못된 방향으로 갈 수밖에 없었던 근본적 이유는 바로 마르크스 정치경제학 비판에 대한 오해에 있다. 그들이 마르크스주의와 동일시하는 것은 사실상 기계적 의미의 '경제주의'이다. 이런 맥락에서 그들은 생산 패러다임을 무시하고 마르크스주의를 하나의 '화석화된' 경제이론으로 격하시킨다. 그러면 마르크스 이론은 정말 '사회적인 것'의 설명에는 전혀 적합하지 않은 경제이론, 체계이론에 불과한 것인가?(Lockwood, 1985; Peter, 1989)

마르크스는 결코 '경제적인 것'을 위해 '사회적인 것' 또는 개인의 행위를 무시하지 않았다. 오히려 그에게 중요했던 것은 사회 내 인간들의 생활과정의 다양한 측면들이 어떻게 서로 연결되어 있는가 그리고 어떻게 이런 복잡한 인간관계들을 사회적 총체 속에서 설명할 수 있는가의 문제였다. '정치경제학 비판'의 진정한 의의는 바로 이점에 있다고 생각한다.

그러나 마르크스 계급이론의 종말 주장이 반박될 수 있다고 해도, 우리들 중 어느 누구도 마르크스주의 내의 이론적 발전이 오늘날의 계급관계를 이해하는 데 충분하다고는 강변할 수 없을 것이다. 마르크스주의자들 간에 현재의 계급구조(특히 이른바 '중간계급'에 대한 계급규정)에 대한 일치된 의견은 아직 없으며, 객관적 계급지위와 개인의 일상생활형태 간의 연관성을 구체적으로 증명하려는 이론적 시도들은 거의 없었다. 또한 마르크스주의 내의 적지 않은 흐름들이 지나치게 경제주의적 접근을 시도하고 토대와 상부구조 도식을 너무 단순하게 생각한 결과, 선진자본주의 계급관계의 실제적 변화들에 제대로 주목을 하지 못했다.

하지만 이런 사실들이 있다고 해서 마르크스 계급이론의 무용성(Unhaltbarkeit)을 주장할 수는 없으며 마르크스주의의 현실적 의의가 완전히 배제되는 것도 아니다. 마르크스주의가 우리들에게 자본주의 사회의 기본구조에 대한 귀중한 통찰을 보여줄 수 있었고 또 보여줄 수 있는 한 정말 중요한 것은 마르크스주의 위기가 아니라 '마르크스주의 적용의 위기'다(Seppmann, 1989: 42). 따라서 마르크스 이론에 대한 포기는 지나치게 성급한 것이다. 오히려 마르크스 이론에 대한 정확한 이론적 이해 그리고 이를 토대로 한 현실적 적용 노력이 필요하다.

이런 과제에 충실하고자 한다면, 자본주의 생산력 발전과 사회의 여러 구조 및 변화된 생활양식 간의 연관성을 구체적으로 설명하려는 시도를 해야 한다. 우선 물질적 생산과 계급관계 일반이 어떤 관계에 있는지 살펴보는 것으로 작업을 시작하고자 한다.

2
●물질적 생산과 계급관계●

　마르크스가 스스로 '계급' 개념을 일관성 없이 모순적으로 사용한 것은 사실이다. 몇 가지 예를 들어보자. 그는 이 개념을 자본주의 이전 사회의 사회관계에도 사용하기도 하고, 다른 곳에서는 '신분'과 구별하면서 오로지 자본주의 사회에만 해당하는 것으로 사용했다. 그리고 그는 개인들은 그들이 자신의 계급위치를 의식하고 대자적 계급(Klasse für sich)이 되는 한에서 하나의 계급을 형성한다고 말하고 있다(MEW 4, 471, 474쪽; MEW 8, 198쪽 참조). 이밖에도 그는 종종 한 계급의 일부 집단을 계급으로 묘사했다. 이른바 '비숙련 노동자계급(Klasse Sogenannter Ungeschickter Arbeiter: MEW 23, 371쪽)' '더 많은 돈을 받는 임금노동자 계급(Besserbezahlte Klasse von Lohn-arbeitern: MEW 25, 311쪽)' 같은 것들이 그 예다.

　이런 경우들을 살펴보면서 우리는 다음과 같은 질문들을 던지지 않을 수 없다. 과연 마르크스에게 계급 개념은 경제적 규정 외에도 정치적 그리고 의식에 합당한 규정을 포함하고 있는가? 상대적으로 작은 집단들을 지칭하는 범주로 사용될 수 있는가? 자본주의 이전 사회의 사회구조에도 적용할 수 있는가?

그러나 이런 질문들에 답하기 위해서 마르크스의 저작들에 있는 다양한 논의들을 동일한 차원에서 절충적으로 화해시키려는 시도는 별로 도움이 안될 것이다. 마르크스에게는 실제로 서술의 다양한 추상수준들이 존재하기 때문에 우리가 마르크스의 계급 개념을 그의 유물론적 역사 파악으로부터 시작해 재구성하는 것이 오히려 위의 질문들에 좀더 적절한 답변을 구할 수 있을 것이다. 유물론적 역사파악의 내용은 『정치경제학 비판 서문』에 다음과 같이 요약되어 있다.

그들 생활의 사회적 생산에 있어서 인간은 생산관계라고 하는 특정한, 필연적인, 그들의 의지와는 독립적인 관계들 속으로 들어가는데, 이 생산관계는 그들의 물질적 생산력의 특정한 발전단계에 상응한다. 이 생산관계 전체가 사회의 경제구조, 현실적 토대를 이루는데, 이 위에 법적·정치적 상부구조가 들어서게 되고, 특정한 사회적 의식형태들이 토대에 상응한다. 물적 생활의 생산양식이 사회적·정치적 그리고 정신적 생활과정 일체를 조건짓는다. 인간의 의식이 그들의 존재를 규정하는 것이 아니라 역으로 그들의 사회적 존재가 그들의 의식을 규정한다(*MEW* 13, 8쪽).

마르크스에 의하면 생산을 둘러싼 사회적 관계는 모든 사회적 관계의 기초를 이룬다. 그러므로 '경제'는 사회적 총체를 과학적으로 연구하는 데 있어 출발점으로 다루어져야만 한다. 그러나 이런 마르크스 테제의 정식화를 마치 마르크스가 상부구조의 고유한 논리를 보지 못했다거나 인간에게 하등의 주체적 독자성을 부여하지 않았다거나 하는 식으로 해석한다면 이는 마르크스의 기본사상에 대한 명백한 오해다. 토대·상부구조 관계에 대해 엥겔스는 후에 다음과 같이 힘주어 강조하고 있다.

유물론적 역사파악에 의하면 역사에서 최종적으로 규정적인 계기는 현실적 생활들의 생산과 재생산이다. 그 이상은 마르크스도 나도 주장한 적이 없다. 따라서 누군가가 경제적 계기가 유일하게 결정적인 것이라고 왜곡시키면, 그는 앞의 문장을 설명할 수 없는, 추상적인, 비합리적인 구절들로 바꾸어버리는 것이다(MEW 37, 463쪽).

나아가 마르크스와 엥겔스에게 있어 인간이 그들의 역사를 만든다는 것은 명백하다. 그리고 사회가 "인간들 상호간의 행위의 산물"(MEW 4, 548쪽)이라는 것도 자명하다. 그러나 그들에게 마찬가지로 중요했던 것은 인간들이 그들의 역사를 "자유로이 자신들이 선택한 환경에서가 아닌, 직접적으로 주어지고 물려받은 환경에서"(MEW 7, 115쪽) 만들어나간다는 사실이고 마음대로 "이 사회, 저 사회를 선택"(MEW 4, 548쪽)할 수 없다는 것이다.

따라서 인간은 한편으로는 역사의 주체(규정자)로 나타나지만, 다른 한편으로는 그들이 자신들의 의지와는 독립된 기존의 관계 속에 들어가고 그 사회관계에 의해 조건지어지는 한에 있어서 역사의 객체(피규정자)로 나타난다. 그러면 이렇게 겉으로 모순적인 두 주장 속에서 정말로 사회관계의 규명에 기여할 수 있는 사회이론의 구성이 어떻게 가능한가?

마르크스와 엥겔스는 바로 이에 대한 답변을 구하려 했다. 그리고 우리가 알고 있듯이, 인간들에 의해서 생산되면서도 인간들에게 이해되지 않고 있는 사회적 관계들을 연구주제로 삼았던 것이다. 그들은 사회분석의 출발점을 물질적 생활관계에서 찾았다. 물질적 생활관계의 규정성과 이에 대한 강조를 통해 마르크스와 엥겔스가 의도했던 것은 사회적 관계들을 스스로 기계적으로 움직이는 유기체로 파악하자는 것이 결코 아니다. 오히려 그들은 사회관계를 설명할 때, 먼저

고려되어야 하는 물질적 전제조건들의 중요성을 강조하고자 했던 것
이다(Bader, Berger, Ganßmann & Knesebeck, 1976: 36).

유물론적 역사파악에 의하면 생산은 모든 사회질서의 기초를 이룬
다. 생산하기 위해서 "인간들은 단지 자연에 대해서만 영향을 미치는
것이 아니다. 오히려 서로간에 영향을 주고 받는다"(MEW 6, 407쪽).
따라서 생산은 특정한 사회관계들이 없이는 일어나지 않는다. 그런데
어느 사회든지 생산을 하는 데 있어 두 가지 필수불가결한 요소들이
있는데, 그것은 바로 '생산자'와 '생산수단'이다. 마르크스에 의하면
생산이 이루어질때, 이 두 가지 요소가 어떻게 접목되는가 하는 방식
에 따라 각 '경제적 사회구성체'가 구분되며(MEW 24, 42쪽), 각 시
대의 계급관계가 규정된다.

그 안에서 지불되지 않은 잉여노동이 직접적 생산자로부터 짜내어지는
특정한 경제적 형태가 지배관계와 예속관계를 규정하는데, 이런 관계들
은 생산 자체에서 직접적으로 생겨나며, 역으로 다시 생산에 규정적으로
작용한다. 그러나 바로 여기에 생산관계 자체에서 나오는 경제적 공동체
의 모든 형태가 그리고 이와 동시에 그 특수한 정치적 형태가 기인하고
있다. 언제나 생산조건들의 소유자와 직접적 생산자 간의 직접적 관계(그
각각의 형태들이 항상 자연스럽게 노동방식의 특정한 발전단계, 즉 사회
적 생산력에 조응하는 관계)에서 우리는 전체 사회구성 그리고 주권관계,
종속관계라는 정치적 형태, 간단히 말해서 모든 특정한 국가형태들의 내
부적 비밀과 감추어진 토대를 발견할 수 있다(MEW 25, 799쪽).

따라서 우리가 연구해야 할 것은 잉여노동이 짜내어지는 형태이다.
그리고 이 형태를 이해하는 열쇠는 바로 생산조건의 소유자와 직접생
산자 간의 관계이다. 우리가 계급관계를 사회 내의 착취관계와 억압
관계로 이해한다면, 계급의 구성은 이런 소유자와 생산자 간의 관계

를 기초로 하는 계급으로의 사회적 분화 이외에 다름아니며, 바로 이런 계급분화는 "무엇이 어떻게 생산되고 또 생산물들이 어떻게 교환되는가에 따라" 좌우된다(*MEW* 20, 248쪽). 이렇게 볼 때, 계급은 사회적 생산체계 내에서 공동의 위치를 차지하며, 따라서 잉여노동의 수행과 잉여생산물의 분배와 관련해 공동의 지위와 이해를 가지는 커다란 '인간집단'을 의미한다(Lenin, *Werke* 29, 410쪽 참조).

한편 필요노동과 잉여노동 간의 관계 속에 모든 인간사회의 계급분화를 이해할 수 있는 핵심이 들어 있다면, 계급 또는 계급관계는 일정한 정도의 생산력 증가가 있어야만 생겨날 수 있다. 왜냐하면 그래야만 "어떤 사람의 잉여노동이 다른 사람의 실존조건"이 될 수 있기 때문이다.[1] 산출된 생산물이 생산자의 생존유지에 필요한 양을 초과해 존재하는 곳에 한편으로 오로지 공동체적 또는 사회적 기능만을 수행하는 '비생산자'가 생겨날 수 있고 다른 한편으로는 노예제의 토대가 생겨날 수 있는 것이다(*MEW* 20, 166쪽 이하).

이런 비생산자집단이 점점 자립화될수록 그리고 잉여생산물이 사유재산으로 바뀌면 바뀔수록 사회 내의 계급분화는 심화되며, 더욱 공고해진다. 이렇게 볼 때, 비록 계급관계가 노동분업을 전제하고 또 이 두 범주간에 밀접한 연관성이 역사적으로 확인되긴 하지만, 『독일 이데올로기』에서 개진된 주장, 즉 노동분업과 계급분화 또는 노동분업과 사적 소유와의 동일시는 타당하지 못하다(Bader, Berger, Ganßmann &

---

1) *MEW* 23, 535쪽. "인간들이 최초의 동물적 상태를 벗어나자마자, 즉 그들의 노동 자체가 이미 어느 정도 사회화됐을 때, 어떤 사람의 잉여노동이 다른 사람의 실존조건이 되는 그런 관계가 생겨난다. 나아가 초기에는 낯선 노동으로 먹고 사는 사회구성원들의 비율은 직접적 생산자에 비하면 없다고 해도 좋을 만큼 매우 작았다. 노동의 사회적 생산력이 진보함에 따라 이 비율은 절대적으로 그리고 상대적으로 증가한다"(*MEW* 23, 534쪽 이하).

Knesebeck, 1976: 47-49; Herkommer, 1985: 26). 계급관계가 존재하기 위해서는 노동분업은 항상 일정한 소유형태와 결합해야만 한다.

실제로 계급분화는 한편으로 사회적 노동분업을 그리고 다른 한편으로는 낯선 노동의 전유를 전제로 하고, 또 사회적 관계로서 이 양자간의 연관성은 마침내 특정한 소유형태로 표현되기 때문에 우리들은 우선 유산계급과 무산계급이라는 두 개의 커다란 계급을 구분할 수 있다. 여기서 모든 사회를 포괄하는 계기로서의 소유관계는 생산물 또는 사회적 부의 분배뿐만 아니라 생산, 즉 생산조건 처분과 생산과정 통제와도 밀접한 관련을 가진다.

따라서 이제 마르크스와 엥겔스에게 우선적으로 중요했던 것은 계급분화의 다양한 현상적 모습이 아니라 생산관계에 기인하는 근본적인 적대관계들이었다는 것을 확인할 수 있다(Mauke, 1970: 15). 그렇게 볼 때 마르크스가 '계급'이라는 용어를 어떻게 적용했는가 하는 문제 그리고 『자본론』에서 집필이 중단된 계급에 대한 장을 둘러싼 수많은 논란은 '현상적 문제들'에 불과하다. 우리는 마르크스에게 체계적인 계급이론이 없다고 주장할 수는 없을 것이다. 정치경제학 비판과 사적 유물론은 '분과학문'이 아니기 때문에 체계적인 계급이론은 이미 그 안에 들어 있다.2)

우리가 위에서 확인했듯이 계급관계가 사회적 생산관계의 표현, 즉 어떻게 사회적 노동이 분배되고 수행되는가 그리고 어떻게 잉여생산물이 분배되는가 하는 방식을 규제하는 인간들 간의 관계의 표현이라면, 마르크스의 계급 개념에서 가장 중요한 것은 경제적 규정이다. 따라서 계급관계를 그 근저에 깔려 있는 경제적 구조에 대한 이해 없이 파악한다는 것은 불가능한 일이다. 그러나 그렇다고 해서 모든 구체

---

2) 이에 대한 증명은 제3장에서 시도될 것이다.

적 계급관계들이 경제구조와 일치한다는 것은 아니다. 우리가 주의해야 할 점은 경제적 기본구조는 구체적 계급관계들에 대한 분석에 있어서도 반드시 출발점이며 기초가 되어야 한다는 것이다. 그러면 이제 이 장의 첫 부분에서 제기됐던 질문들과 관련해 계급 개념을 정리해보도록 하자.

첫째, 비록 마르크스 계급 개념이 인간집단들의 경제적 위치뿐만 아니라 생활상태 그리고 나아가 계급의식 문제와도 관련을 가지지만, 마르크스 계급 개념은 우선 경제적으로 파악해야 한다. 따라서 계급 개념이 반드시 생활상태 그리고 동일한 정치의식을 포함해야만 한다는 주장은 틀린 것이다. 이런 주장은 처음에 얼핏 들으면, 사회적 총체 속에 있는 계급관계를 마치 더 잘 설명하는 듯한 인상을 줄 수 있다. 그러나 곧 자의적인 설명으로 빠질 수밖에 없다. 왜냐하면 사회적 총체의 다양한 측면들을 "하나의 단일한 범주로 억지로 꾸겨넣을" 수는 없기 때문이다(Hagelstange, 1988: 32).

하지만 이런 입장을 "계급분석은 오로지 경제적 계급규정으로 충분하다"는 의미로 받아들여서는 결코 안된다. 오히려 '경제적인 것'과 '사회적인 것' 그리고 '정치적인 것' 간의 연관성을 내용적으로 밝히기 위해서도 '경제적인 것'이 우선 고려되어야 한다는 의미로 이해해야 할 것이다.

둘째, 계급들은 사회적 생산의 특정한 성격에 따라 나뉜다. 여기서 우리는 모든 사회구성체에서의 핵심적 착취관계를 표현하는 두 개의 주요계급을 주목하게 된다. 이것은 이 두 계급 사이에 다른 계급들이 존재한다는 사실을 전혀 배제하지 않는다. 나아가 각 계급의 내부분화에 대해서도 생각못할 이유가 하나도 없다. 비록 마르크스가 종종 한 계급 내의 부분집단들을—그들 간의 특정한 차이를 유달리 강조하고자 할 때—계급으로 묘사하긴 했지만, 이들은 계급이 아니라 한 계급 내 '계층(Schicht)' 또는 '분파(Fraktion)'로 파악되어야 할 것이다.

셋째, 마르크스는 계급개념을 이중적으로, 즉 한편으로는 모든 착취 사회에 타당한 것과 다른 한편으로는 오직 자본주의 사회에만 타당한 것으로 사용했다. 그러나 계급관계가 물적 생산조건들의 소유자가 비소유자의 잉여노동을 전유할 수 있는 '생산의 특정한 역사적 발전단계들'과 맞물려 있다면, 계급 개념의 폭을 자본주의 사회에만 국한시키기는 힘들 것이다.

따라서 마르크스가 '신분제 사회'와 다른 자본주의 '계급사회'의 특징을 강조했다면, 그것은 인격적 개인(persönliches Individuum)과 계급적 개인(Klassen Individuum)의 차이, 즉 '개인에게 있어 생활조건의 우연성'이 비로소 자본주의와 더불어 등장했고(*MEW* 3, 76쪽), 그럼으로써 경제적 요소들에 의한 계급분화가 자본주의 시대에서 그 이전 시대들보다 훨씬 분명하게 드러났기 때문이다.

우리는 지금까지 계급관계 일반이 생산관계와 어떤 관계에 있는지를 위에서 살펴보았다. 하지만 자본주의 사회의 계급관계를 설명하기 위해서는 우선 자본주의적 생산을 특정한 형태 속에서 파악하는 것이 필요하다. 왜냐하면 물적 조건들의 생산과정은 항상 특정한, 역사·경제적 생산관계 속에서만 일어나기 때문이다.

정신적 생산과 물질적 생산의 연관성을 고찰하기 위해서는 물질적 생산 자체를 보편적 범주가 아닌, 특정한 역사적 형태로 파악하는 것이 특히 필요하다. 가령 자본주의 생산양식에는 중세의 생산양식 때와는 다른 종류의 정신적 생산이 상응한다. **물질적 생산 자체가 특정한 역사적 형태** 속에서 파악이 되지 않으면, 그에 상응하는 정신적 생산의 특정한 내용 그리고 양자간의 상호작용을 파악하는 것은 불가능하다. … **물질적 생산의 특정한 형태로부터 특정한 사회분화**가 생겨난다. 이것이 첫번째이고 둘째로 인간과 자연 간의 특정한 관계가 생겨난다. 그들의 국가제도와 정신적 세계관은 바로 이 양자에 의해 규정된다. 그리고 그들의 정신적 생산방식도 마찬가지다(MEW 26.1, 256쪽 이하: 강조는 인용자).

따라서 자본주의 사회의 자립화된 사회관계들을 설명하기 위해서는 토대와 상부구조라는 보편적 공식에 단순히 매달리는 것만으로는 충분하지 않다. 오히려 우선 자본주의하의 물질적 생활과정을 역사적으로 특수한 형태 속에서 파악해야만 이를 통해 자본주의 사회구성체의 '토대·상부구조 관계'가 구체적으로 설명될 수 있을 것이다.

마르크스의 '정치경제학 비판'은 바로 이런 과제를 설정한 것이고, 자본주의 경제구조에 대한 분석을 통해 자본주의 사회에 사는 인간들 삶의 다양한 측면들이 어떻게 연관되어 있는가를 이론적으로 재구성해보려는 시도이다.[3] 여기서 우선 부르주아 사회의 경제적 구조로의 환원이 당연히 중요시된다. 인간역사를 이해하는 데 물질적 생활관계들을 출발점으로 삼고자 한다면 이런 환원은 과학적 분석에 있어서 불가피하고 또 필요하다. 왜냐하면 인간 삶의 다양한 측면들은 표면 위에서는 매우 복잡하고 또 '혼란스럽게(chaotisch)' 현상하기에 그 감추어진 내적 연관성을 추적하기 위해서는 일정한 환원이 불가피하기 때문이다. 따라서 여기서 방법론적으로 중요한 출발점 및 핵심점으로서의 경제주의와 기계적 의미에서의 경제주의는 분명히 구분되어야 한다.

---

3)『정치경제학비판 서문』이 자본주의 사회구성체를 대상으로 다루고 있긴 하지만, 이런 연구는 마르크스에 의하면 다른 사회구성체들에 대한 분석에 있어서도 방법적으로 커다란 의미를 가진다. 왜냐하면 "부르주아 사회는 가장 발전되고, 다양하게 전개된 역사적 생산조직"이며, 따라서 "그 관계들을 표현하는 범주들"은 "그 사회의 분화(구조, 조직)에 대한 이해" 뿐만 아니라 "모든 과거의 사회형태들의 분화와 생산관계들에 대한 통찰"을 가능하게 해주기 때문이다. "인간에 대한 해부는 원숭이를 해부하는 데 열쇠가 된다"(Grundrisse, 26쪽).

마르크스주의 진영 안팎에서 경제주의를 비판하는 많은 사람들은 바로 이런 측면을 간과하고 있다. 그들은 마르크스의 '정치경제학 비판'을 분과경제학적 인식으로 간주하거나 경제라는 것이 단지 사회의 '아래 반쪽'을 차지하는 것쯤으로 생각하기 때문에 마르크스에게 있어서는 '사회적인 것'에 대한 개념이 결여되어 있다고 주장하기에 이르렀다(Lockwood, 1985; Peter, 1989).

그러나 이미 앞에서도 여러 번 시사했듯이 마르크스에게 중요했던 것은 '경제적인 것'을 위해서 '사회적인 것'을 무시하는 것이 아니었다. 그에게 항상 중요했던 것은 사회적 총체의 내적 구성이고 여기서 '경제'라는 범주가 방법론적·내용적 우선성을 갖는 것이다. 바로 이런 의미에서 마르크스의 정치경제학 비판은, 자립화된 '사물들의 운동'과 개인들의 '의식적·무의식적' 행위의 원인이 자본주의 생산관계라는 특수한 형태 속에서 규명될 수 있는 한, 동시에 '사회적인 것'에 대한 이론이다(Herkommer, 1985: 31).

경제는 사물들이 아니라 인간들 간의 관계들 그리고 결국은 계급들 간의 관계들을 다룬다. 그러나 이런 관계들은 언제나 사물들과 얽혀 있고 사물들로 현상한다(*MEW* 13, 476쪽: 강조는 인용자).

3
● 계급론의 체계적 기초 ●

지금까지 우리는 사회관계들은 반드시 물질적 생활과정으로부터 밝혀져야 한다는 것과 바로 그렇기 때문에 역사적으로 특수한 생산형태가 중요하고 또 이에 대한 분석을 해야만 계급관계의 비밀이 풀릴 수 있다는 것을 살펴보았다. 이제 정치경제학 비판에 기초해 계급관계를 분석하기에 앞서 마르크스가 정치경제학 비판에서 사용한 방법을 이해할 필요가 있다.

만약 사람들 간의 관계들이 엥겔스가 말하듯이 사물로 현상한다면, 과학의 과제는 사물의 현상형태 속에 감추어져 있는 내적 연관성을 본질로부터 밝혀내는 것이다. "만약 사물의 현상형태와 본질이 직접적으로 맞아떨어진다면, 모든 과학들은 불필요한 것이 될 것이다" (*MEW* 25, 825쪽). 그러나 마르크스에 의하면 이런 내적 연관성을 해명하기 위해 우리는 현상하는 실재를 가지고 바로 설명을 시작할 수는 없다.

실재적인 것, 구체적인 것, 그리고 현실적인 전제를 가지고 시작하는 것이 올바른 것처럼 보인다. 즉 예를 들어 경제에서는 모든 사회적 생산 행위의 토대이며 주체인 인구를 가지고 시작하는 경우처럼 말이다. 그러나 이런 접근은 좀더 가까이 고찰해보면 그릇된 것으로 판명된다(*Grundrisse*, 21쪽).

만약에 '인구'로부터 시작할 경우에는 '전체에 대한 혼란스러운 표상'이 생겨나기 때문에 이 '전체'는 일차적으로 단순하고, 추상적인 개념들 또는 규정들로 인도되어야만 한다. 만약에 우리가 일단 추상력의 도움으로 단순한 범주들을 획득했다면 그리고 그 범주들 간의 내적 연관성을 발견했다면, 이제 비로소 각 개별 범주들을 연관성 속에 위치지우면서 구체적 총체성을 재구성하는 쪽으로 발전시킬 수 있게 된다.

구체적인 것은 구체적이다. 왜냐하면 그것은 많은 규정들의 종합(Zusammenfassung), 즉 다양한 것들의 통일체이기 때문이다. 따라서 그것은 비록 현실적인 출발점이고 관조와 상상의 출발점이긴 하지만, 사유 속에서는 출발점이 아니라 종합의 과정으로, 결과물로 나타난다. 첫번째의 경로에서 모든 표상들은 추상적인 규정들로 도피하게 됐다. 두번째의 경로에서 추상적 규정들은 사유의 길에서 구체적인 것의 재생산으로 나아간다(*Grundrisse*, 21쪽).

따라서 추상에서 구체로의 상승이라는 이 과학적 방법을 유추해 마르크스는 연구방법(Forschungsweise)과 서술방법(Darstellungsweise)을 구분했다.

연구는 소재를 상세한 부분들까지 이해하고 상이한 발전형태들을 분석하고 내적 연관고리들을 감지해야만 한다. 이런 작업이 완성된 후에라야 비로소 현실적인 운동이 그에 상응해 서술될 수 있다. 이것이 성공하고

이제 소재의 생명활동이 관념적으로 반영되면, 마치 사람들이 이를 선험
적으로 구성한 것처럼 보일 수도 있을 것이다(*MEW* 23, 27쪽).

따라서 비록 서술된 내용들 또는 구체적인 것의 재생산이 개념들의
자기발전의 결과처럼 보일 수 있을지는 몰라도 (그것은 엄밀히 따져)
범주들의 운동이 아니라 실제에서 구체적 총체성을 구성하는 내용들
의 운동이다. 즉 달리 말하자면 방법론적 측면에서는 '가치'라는 범주
는 이미 처음부터 총체성으로 발전하게 될 계기들을 스스로 내포하고
있다. 그러나 이런 개별 계기들은 "사회의 역사적 생산과정의 이전
단계들에서 발전하고 또 그 결과로서 나타난 것이다."[1]

1. '사회적 노동'의 특수한 표현으로서의 가치

주지하다시피 마르크스에게 자신의 서술의 출발점은 가장 단순한
경제적 구체물로서의 '상품'이다. 그러므로 위에서 살펴본 마르크스
방법을 다시 끌어들여 생각해본다면 부르주아 사회의 내적 연관성은
'상품'이라고 하는 단순한 범주에 대한 분석에서부터 시작하면서 점
점 드러나지 않으면 안된다. 그러면 이제 '상품'에서부터 시작해보기
로 하자.

상품은 마르크스에 의하면 한편으로는 사용가치를 갖고 있고 다른
한편으로는 교환가치를 갖고 있다. 그러나 사용가치가 상품의 '소재적
내용(stofflichen Inhalt)'을 구성하는 반면, 교환가치는 결코 상품의 소재

---

1) *Grundrisse*, 163쪽. 또 다음을 참조할 것 *MEW* 13, 31쪽; V. M. Bader, J.
Berger, H. Ganßmann, T. Hagelstange, u.a., *Krise und Kapitalismus bei
Marx*, Frankfurt/M, 1975, 137쪽.

적 특성이 아니다. 교환가치는 오로지 두 개의 서로 상이한 상품들 간의 비교관계에서 나타나기 때문에 두 개의 상품 안에는 각각 어떤 "같은 크기의 공통적인 것(Gemeinsames von derselben Größe)"이 존재해야만 한다(MEW 23, 51쪽). 그것은 바로 인간노동의 생산물이라는 속성이다. 그러나 더욱더 자세히 노동생산물의 근저에 남아 있는 것을 살펴보면, 그것은 "그 지출형태가 어떠하든 간에 지출된 인간 노동력", 즉 추상적 인간노동이다. "그것들에게 공통적인 실체의 결정체(結晶體)로서 그것들은 가치·상품가치이다"(MEW 23, 52쪽).

우리가 상품을 사용가치와 (교환)가치로 나눌 수 있다면, 이제는 이런 이중적 성격을 상품에 표현된 노동의 이중적 성격으로 환원시킬 수 있다. 즉 그 이중적 성격은 "특정한 목적규정적 형태로 행해지는 인간 노동력의 지출"로서의 구체적 유용노동과 "생리학적 의미에서의" 노동으로서의 추상적 인간노동이다(MEW 23, 61쪽).

노동이 구체적 유용노동으로 고찰되는 한에 있어서, 추상적 인간노동으로서의 노동의 규정은 사라지고, 또 역으로 인간의 노동이 추상적 인간노동으로 간주되는 한 구체적 유용노동으로서의 노동 규정은 사라진다(Bader, Berger, Ganßmann & Hagelstange, 1975: 130). 그런 한에 있어서 추상적 인간노동 그리고 구체적 유용노동으로서의 노동 규정에는 사용가치와 (교환)가치로서의 상품 규정에서와 마찬가지로 이미 잠재적으로 대립적인 계기들이 존재하고 있다고 말할 수 있다. 그러나 이런 대립성은 가치형태에 대한 분석을 시작해보면 더 분명하게 드러나게 된다.

이미 단순가치형태에서, 즉 두 개의 상품들 간의 교환관계에서 나타나듯이 첫째로 한 상품의 사용가치는 다른 한 상품의 가치의 현상형태가 된다(MEW 23, 70쪽). 둘째, 구체적 노동은 추상적 인간노동의 현상형태가 된다. 셋째, 사적 노동은 직접적으로 사회적 노동의 형태가 된다(MEW 23, 73쪽).

바로 여기에서 우리는 우선 한 상품 속에 내재하는 사용가치와 (교환)가치의 대립이 두 개의 상품들 간의 외적 대립으로 발전했음을, 즉 하나의 상품은 직접적으로는 오로지 사용가치로서 그리고 다른 하나의 상품은 오로지 (교환)가치로서만 타당하게 됨을 알 수 있다. 그러나 이렇게 됨으로써 필연적으로 허상이 생겨나게 되는데, 그 허상의 내용은 (교환)가치를 표현하는 상품이 마치 "원래부터 가치형태를 지니는 것"처럼 보이는 것이다(MEW 23, 72쪽). 따라서 (교환)가치가 실제로는 단지 상이한 상품들 간의 그리고 이 상품들을 생산한 사적 노동들 간의 특정한 관계에 지나지 않음에도 불구하고, 이런 가치는 상품형태로, 즉 사물의 속성인 것처럼 현상한다(MEW 23, 72쪽).

만약에 단순 가치형태에 있는 가치가 등가물로 기능하는 상품의 속성으로 현상한다면, 화폐의 수수께끼에 대한 해답은 단순 가치형태에 대한 분석에 이미 들어 있다. 왜냐하면 화폐형태라는 것은 결국 단순 가치형태의 발전된 형태에 지나지 않기 때문이다.

따라서 상품의 이중화가 그것이 상품의 본질에서 나오는 것이기 때문에 불가피하다면, 이런 상품의 이중화가 "교환이 역사적으로 확대되고 심화되는 과정" 속에서 상품과 화폐로 다시 이중화되는 것도 불가피한 것이다. "이런 대립을 교역에 있어서 외부적으로 표현하고자 하는 욕구는 끊임없이 상품가치를 독자적인 형태로 만들어가려 노력하면서, 마침내 상품의 상품과 화폐로의 이중화를 통해 이것이 이루어질 때까지 멈추거나 쉬지 않는다"(MEW 23, 102쪽).

사용가치와 가치 간의 내적 대립의 전개에 대한 이해를 통해 이제 상품생산 사회에서의 노동의 특수한 성격을 파악할 수 있다. 구체적 유용노동과 추상적 인간노동, 사적 노동과 직접적 사회노동 간의 대립은 바로 상품을 생산하는 생산자들 간의 특수한 사회관계들을 표현한다.

생산물들이 상품형태를 취하는 사회에서는 모든 개별 생산자들은 사적 생산자로 나타나며, 따라서 그들은 자신의 생산물들을 직접적으로는 자신의 욕구충족을 위해서가 아니라 다른 사람들의 욕구를 위해서 생산한다. 그러나 그들의 생산물들은 그것들이 교환되기 전까지는 직접적으로는 사회적으로 인정받을 수 없기 때문에, 사적 생산자들은 그들의 생산물들을 서로 교환해야 한다. 다시 말하자면 그들 개개인들의 사적 노동을 사회적 총노동의 한 부분으로 인정받기 위해서 사적 생산자들은 서로 그들의 생산물을 교환하는 것이다(MEW 23, 87쪽).

그러나 모든 개별 생산자들은 사적으로 노동을 해야만 하기 때문에 그리고 오로지 그들의 생산물들의 교환을 통해서 서로 관계를 맺을 수 있기 때문에, 즉 그들의 사적 노동은 오직 "사적 교환의 과정 속에서 자신들의 외화(Entäußerung)를 통해 일반적 사회적 노동으로 확증되어야만 하기 때문에"(MEW 13, 67쪽) "그들의 그 자체로서의 사적 노동들의 사회적 관계들은 그들 노동 자체 속의 사람들 간의 직접적인 사회적 관계들 자체로 나타나지 않고, 오히려 사람들 간의 물적 관계 그리고 사물들의 사회적 관계로 나타난다"(MEW 23, 87쪽; Grundrisse, 74쪽 이하 참조).

만약에 사회적 관계들이 물적 관계들로 전도되어 나타난다면, 인간들의 의식 역시 마찬가지로 전도되어 나타난다.

사람들은 그들의 노동생산물을 그것이 그들에게 단지 동일한 인간노동의 물적 외피에 지나지 않기 때문에 가치로서 생각하면서 서로 교환하지는 않는다. 오히려 정반대다. 그들은 그들의 상이한 생산물들을 교환 속에서 가치로서 비교함으로써 그들의 상이한 노동들을 인간적 노동으로 비교한

다. 그들은 그것을 모른다. 그러나 그들은 그렇게 한다(*MEW* 23, 88쪽: 강조
는 인용자).

이렇게 볼 때, 이제 가치관계에 감추어진 사적 노동과 사회적 총노
동 간의 연관성은 자본주의 생산양식하의 인간들 간의 특정한 사회관
계들을 이해하는 열쇠가 된다. 다시 말해서 사적 노동과 직접적으로
사회적인 노동 간의 모순이야말로 왜 사회적 관계들이 필연적으로
'사물들 간의 관계들'로 나타날 수밖에 없는가 그리고 "왜 노동이 가
치로 그리고 노동시간에 따른 노동의 양이 노동생산물의 가치크기로
표현되는가"(*MEW* 23, 95쪽) 하는 질문들에 대한 답변이 된다.

따라서 가치형태에 대한 분석들을 통해 이제 가치라는 것은 어떤
사물이 아니라 그 안에서 생산자들이 일반적으로 상품생산자로서 서
로 교류하는 자본주의 생산양식에서의 사회적 관계라는 것을 알 수
있게 된다(Backhaus, 1973: 183-193).[2] 다시 말해 그것은 자본주의 상
품생산하에서의 사회적 노동의 특수한 성격을 표현하는 것이다.[3]

---

2) 박하우스(Backhaus)에 의하면 "가치형태 분석은 마르크스의 사회이론 구
   성에 세 가지 측면에서 중요한 의미를 차지하고 있다. 그것은 우선 사회
   학과 경제이론을 연결해주는 것이다. 그것은 또 마르크스의 이데올로기
   비판과 특수한 화폐이론의 시작을 알린다. 이 화폐이론은 유통영역에 대
   해 생산영역의 우선성을, 그리고 '상부구조'에 대한 '생산관계'의 우선성
   을 증명한다(Backhaus, 1969: 146). 그러나 박하우스는 가치형태에 대한
   자신의 분석에서 화폐형태에 집중한 나머지 이미 사회적 관계들이 물화되
   는 계기가 존재하는 단순가치 형태의 의미를 간과했다. 그는 상품물신과
   화폐물신을 하나로 묶어버렸기 때문에, 즉 전도된 사회적 관계들의 생성
   을 그것의 고착화와 구분하지 않았기 때문에, 왜 정말로 사회적 관계들의
   전도가 발생하는지를 제대로 설명할 수가 없었다.
3) "만약에 이론에서 가치 개념이 자본 개념보다 선행해 나타나고, 그러나
   다른 한편으로는 가치의 순수한 발전을 위해서는 다시 자본에 기초한 생
   산양식을 가정하고 있다면, 실제에 있어서도 동일한 일이 일어난다. …

그러나 상품들이 서로 교환되기 위해서는 상품소유자들이 서로 교류해야 한다. 모든 각 상품소유자들은 오로지 자신의 상품을 타인에게 양도함으로써만 타인의 상품을 가질 수 있기 때문에 "그들은 서로를 사유재산자로 상호인정하지 않으면 안된다"(*MEW* 23, 99쪽). 평등, 자유와 자신의 노동에 기초한 재산은 전제되어 있다.

"어느 누구도 타인의 재산을 폭력으로 빼앗을 수는 없다"(*Grundrisse*, 155쪽). 이런 자본주의 법률관계는 비록 인간들 간의 의지관계이지만 그 내용은 "경제관계 자체에 의해서 주어져 있다"(*MEW* 23, 99쪽). 그러므로 이 법적 관계 속에서의 범주들은 개인들 간의 사회적 관계가 자립화되어 있음을 표현하는 것이다. 그리고 이런 자립화된 관계는 비록 "개인들이 의식적 의지와 특정한 목적을 가진 데서 생겨나기는" 하지만 "출발점은 자유로운 사회적 개인이 아니라는 사실"의 "필연적인 결과물"이다(*Grundrisse*, 111쪽). 그러나 모든 각 개인들은 이런 교환관계에서 실제로 "타인에게 자신이 수단이 되는 한에서 자신의 목적을 달성"(*Grundrisse*, 155쪽)할 수 있기 때문에 현실적으로 추동하는 동기는 개인들 간의 공동이해(das Gemeinschaftliche Interesse)가 아니라 각 개별 이해(das Individuelle Interesse)이다.

모든 행위의 동기로 나타나는 공동의 이해는 비록 사실로서 양자간에 인정이 되긴 하지만 그 자체는 실제의 동기는 아니다. 공동의 이해 배후에는 스스로 반영한 특수이해, 타인의 개별이해와 대립되어 있는 개별이해가 먼저 존재한다. … 보편적 이해라는 것은 바로 자기추구적(이기적 ─인용자) 이해의 보편화에 지나지 않는다(*Grundrisse*, 155쪽).

그 순수성과 보편성에서의 가치의 존재는 하나의 생산양식을 전제하는데, 그 안에서 각 개별 생산물들은 생산자 일반을 위한 그리고 개개 노동자를 위한 생산물이기를 그치고, 또 유통을 통한 가치실현이 안될 경우 아무 쓸모도 없는 물건이 되는 것이다"(*Grundrisse*, 163쪽: 강조는 인용자).

우리는 앞에서 상품에 내재한 모순이 필연적으로 상품의 상품과 화폐로의 이중화로 나아갔음을 살펴보았다. 그러나 화폐상품이 일단 화폐로 정착이 되면 사람들은 이 화폐가 사용가치와 (교환)가치 간의 내적 대립에서 생겨났다는 사실 그리고 사회적 노동을 오직 물적인 형태로 표현하고 있다는 사실을 전혀 볼 수가 없다. 따라서 비록 화폐형태라는 것은 "모든 다른 상품과의 관계가 하나의 상품에 확고히 반영된 것"(MEW 23, 105쪽)에 지나지 않음에도 불구하고 이제 화폐는 독립적인 존재의 지위를 누리며, 따라서 화폐 속의 교환가치는 자립화된다.

다른 모든 상품들이 한 상품에 그들의 가치를 표현하기 때문에 한 특정상품이 비로소 화폐가 되는 것처럼 보이지는 않는다. 오히려 역으로 그 특정상품이 화폐이기 때문에 다른 모든 상품들이 그것을 통해 자신들의 가치를 표현하려는 것처럼 보인다. 매개하는 운동은 그 자체의 결과물 속에서 사라지고 어떤 흔적도 뒤에 남기지 않는다(MEW 23, 107쪽).

화폐는 가치 척도 및 가격의 척도로 기능한다. 그러나 여기서 우리가 주목해보아야 할 것은 화폐 그 자체가 자기목적이 되어버리는 것이다. 물론 이런 규정은 선행하는 두 개의 규정들(가치척도와 가격의 척도)을 전제한다. 화폐 자체가 자기목적이 되면서 화폐축장(Schatz-bildung)의 가능성이 생겨나는데, 여기서는 화폐가 수단이 아니라 "부의 보편적 대표자로서" 나타난다. 따라서 화폐는 비록 실제에 있어서는 "그 자립성 자체가 유통과의 완전한 관계단절이 아니라 그것과의 부정적인 관계"를 의미함에도 불구하고(Grundrisse, 130쪽) 이제 "단순한 유통수단이라는 하인적 모습에서 상품세계의 지배자이며 신"(Grundrisse, 133쪽)으로 변하게 된다.

그러나 비록 자본으로서의 화폐라는 규정이 자기목적으로서의 화폐 규정에 이미 '잠재적으로' 내포되어 있지만(*Grundrisse*, 130쪽) 그리고 자본은 끊임없는 가치증식을 추구한다는 측면에서 화폐축장과 비슷하지만(*MEW* 23, 168쪽) 자본은 유통과의 관계에 있어서 화폐축장과 구분된다. 즉 "화폐축장자가 유통으로부터 화폐를 꺼내려고 추구하는 반면 자본가는 화폐를 항상 새로이 유통에 집어넣는다."[4]

화폐는 유통이 <화폐-상품-화폐>의 형태를 취할 때 비로소 자본이 된다. <상품-화폐-상품>이라는 상품유통의 직접적 형태와는 달리 여기서는 화폐가 이런 순환과정의 처음과 마지막을 이루고 있다(*MEW* 23, 166쪽과 161쪽 이하). 따라서 여기서의 목적은 사용가치, 즉 구매를 위한 판매가 아니라 교환가치 자체, 즉 판매를 위한 구매이다. 그러나 만약에 처음에 투하된 화폐의 양이 순환과정의 마지막에 변하지 않고 동일하게 남아 있다면, 이런 우회를 통한 교환은 "목적도 없을 뿐만 아니라 흥미도 없는 작업"에 지나지 않게 된다(*MEW* 23, 165쪽).

그러므로 화폐는 원래의 투하된 화폐가 증대했거나 가치가 잉여가치를 추가할 때에만 자본으로 전화한다(*MEW* 23, 165쪽). 그리고 가치증식된 마지막의 가치가 다시 새로 시작하는 순환운동에서는 "원래의 가치"가 되기 때문에 그 자체 가치증식하는 가치로서의 자본의 운동은 끝이 없다(*MEW* 23, 167쪽). 그러나 여기서 문제는 잉여가치는 유통과정에서 나올 수도 없고 또 유통과정을 벗어나서 나올 수도 없다는 점이다(*MEW* 23, 179쪽 이하).

---

4) *MEW* 23, 168쪽. "화폐는 유통에 부정적으로 관계하면서, 즉 유통을 벗어나려고 하면서 영생불사(Unvergänglichkeit)를 추구한다. 반면 자본은 유통에 스스로를 던져, 이를 통해 자신을 유지함으로써 영생불사에 도달한다"(*Grundrisse*, 172쪽).

그러면 잉여가치는 어떻게 생겨나는가? 마르크스는 이 어려운 "일반적 정식의 모순(Widerspruch der allgemeinen Formel)"을 '노동력'이라고 하는 상품의 특수성에 대한 분석으로 풀이했다. 즉 노동력 상품의 특수한 속성은 생산과정에서 그것의 사용이 투하된 가치를 유지시킬 뿐만 아니라 나아가 새로운 가치를 창출한다는 점이다.

그러므로 노동력의 사용가치는 가치의 원천이라는 속성을 가지고 있다(*MEW* 23, 181쪽). 노동력은 따라서 자신의 가치재생산뿐만 아니라 거기에 더해 잉여가치를 창출하는 하나의 '특수한' 상품이다. 따라서 화폐의 자본으로의 전화는 '이중적 의미에서' 자유로운 노동자를 전제하고 있다. 다시 말해서 한편으로 노동자는 이제 과거의 봉건제 하의 인신 구속에서 해방되어 노동시장에서 자신의 노동력을 마음대로 처분할 수 있고, 또 다른 한편으로는 모든 생산수단으로부터 자유롭기 때문에(생산수단을 전혀 소유하고 있지 않기 때문에) 노동시장에서 자신의 노동력을 팔지 않을 수 없다는 것이다(*MEW* 23, 183쪽, 742쪽; *Grundrisse*, 406쪽).

우리는 단순유통을 고찰하면서 상품을 이미 생산된 것으로 간주하면서 다루었다. 그러면 이제 우리는 상품의 진정한 형성과정을 해명하기 위해서 생산영역을 살펴보아야 할 것이다.

단순유통은 오히려 부르주아적 총생산과정의 추상적 영역이다. 이 영역은 그 자체의 규정을 통해 그것의 배후에 놓여 있는, 그것으로부터 연유하면서 동시에 그것을 산출하는 더 심원한 과정, 즉 산업자본의 계기며 그것의 단순한 현상형태임을 보여주고 있다(*Grundrisse*, 922쪽).

2. 자본주의의 기본적 계급관계로서 임노동과 자본

1) 자본주의 생산과정에서의 임노동과 자본

노동력의 가치와 노동력을 통해 생산에서 만들어진 가치가 두 개의 서로 다른 크기를 가진다는 사실은 유통의 측면에서 볼 때 자본가에게는 '하나의 특별한 행운'이지 결코 노동자에 대한 '부당함'은 아니다(MEW 23, 208쪽). 왜냐하면 노동자와 자본가 양자간의 상호교류는 등가교환의 토대 위에서 이루어지기 때문이다. 그러나 화폐소유자(자본가)는 노동자에게 노동력의 가치를 지불함으로써 이제 사용가치로서의 노동력을 이용할 권리 그리고 그와 동시에 잉여가치에 대한 권한을 가진다. 이에 반해서 노동자는 자신이 판매한 노동력의 이용에 대한 하등의 권리가 없으며, 또 가치생산물의 일부만을 지급받는다. 이 부분은 자신의 노동력을 재생산하는 데 필요한 정도인데, 이는 노동력 상품의 가치 역시 다른 모든 상품들과 마찬가지로 그 상품의 재생산에 필요한 노동시간에 의해 규정되기 때문이다.5)

실제로 노동력은 자본가에 의해서 구매된 상품에 지나지 않기 때문에 노동과정으로서의 자본주의 생산과정에서는 두 가지 독특한 현상이 나타난다. 첫째, 노동자는 자본가의 통제하에서 노동한다. 둘째, 노동생산물은 자본가의 소유지 노동자의 소유가 아니다(MEW 23, 199쪽 이하).

이렇게 볼 때, 노동력 상품의 구매와 판매가 이루어지면서, 즉 일단 계약이 끝나고 노동자가 생산영역으로 들어서면서 자유로운 상품소유

---

5) MEW 23, 184쪽. "다른 상품들과는 반대로 노동력의 가치규정에는 역사적·도덕적 요소들이 포함되어 있다. 하지만 어떤 특정한 나라의 일정한 시기에는 생활필수품의 평균적 범위가 주어져 있다"(MEW 23, 185쪽).

자 또는 계약당사자로서의 노동자와 자본가 간의 평등은 곧 사라지게
된다. 생산과정에서 노동자의 의지는 자본가의 의지에 복속된다.6)

가치증식과정으로서의 자본주의 생산과정은 이미 가치형태에 대한
분석에서 발견된 사회관계들의 전도가 더욱 진전됐음을 보여주고 있
다. 가치유지와 가치창출의 원천으로서의 산노동(lebendige Arbeit)은
대상화된 노동(vergegenständlichten Arbeit)에 복속됐다. "노동의 가치
를 유지하는 능력은 자본의 자기유지 능력으로 나타나고 노동의 가치
창출능력은 스스로 가치증식하는 자본의 능력으로 나타난다. 그리고
전반적인 개념상으로 볼 때 대상화된 노동은 산노동의 사용자로 나타
난다"(Marx, 1969: 47).

가치와 잉여가치의 생산이 자본주의 생산의 목적이기 때문에 자본
은 잉여가치의 양을 증대하려 꾸준히 노력한다. 이런 시도의 첫번째
형태는 절대적 잉여가치의 생산인데, 여기서 잉여가치는 노동일의 연
장을 통해 증대된다. 그러나 이런 잉여노동을 향한 '엄청난 굶주림'은
노동일의 도덕적·물리적 한계에 부딪치게 된다(*MEW* 23, 280쪽). 따
라서 자본은 상대적 잉여가치의 생산에서 새로운 출구를 발견하게 된
다. 여기서의 목표는 잉여노동에 대한 필요노동의 상대적 비율을 가
급적 최소화하는 것이다. 그러나 필요노동의 상대적 비율을 줄이기

---

6) 여기서 노동자의 '의지' 문제와 관련해 간과해서는 안될 것은 마르크스가
"지배관계를 전유의 본질적 관계"로 표현했다는 사실이다. "동물, 토지 등
과의 관계에 있어서는 비록 동물이 복종한다 해도 근본적으로 전유에 의
한 지배관계가 전혀 성립할 수 없다. 타인의 의지의 전유야말로 지배관계
의 전제조건이다. 따라서 의지가 없는 것들, 예를 들어 동물들은 비록 복
종을 할 수는 있지만 그 동물의 소유자를 상전으로 만들지는 않는다. 그
런 한에 있어서 우리는 여기서 어떻게 **지배**, 예속관계가 마찬가지로 생산
도구들의 전유라는 정식에 속하는지를 보고 있다"(*Grundrisse*, 400쪽: 강조
는 마르크스).

위해서는 우선적으로 노동력의 재생산에 필요한 생활필수품의 가치가
하락하지 않으면 안된다. 이런 필연성은 결국 생필품 그리고 이와 관
련된 생산수단을 생산하는 데 소요되는 사회적 평균노동시간의 감축
을 야기한다. 이것은 다시 말해 노동생산성이 증대되는 것을 의미한
다(MEW 23, 334쪽).

한편 생산력의 발전과 동시에 '특별 잉여가치'를 실현할 가능성이
생겨난다. 이 잉여가치는 상품의 '개별적' 가치와 '사회적' 가치 간의
괴리에서 생겨나는데 새로운 생산방식이 일반화되면 다시 사라지게
된다(MEW 23, 336쪽 이하). 따라서 모든 자본가는 다른 자본가들과
의 끊임없는 경쟁관계 속에서 자신의 상품을 더 싸게 시장에 내놓으
려 노력한다. 여기서 자본가들은 경쟁의 강제로 인해 직접적으로는
특별 잉여가치의 실현만을 의식하고 또 목표로 하지만, 그들은 동시
에 무의식적으로 노동생산력의 발전을 가속화시키게 만든다. 그러므
로 우리는 사람들이 원하든 원치 않든 간에 상관없이 노동생산력이
지속적으로 발전하는 것은 자본의 내재적 경향이라고 말할 수 있다
(MEW 23, 338쪽).

자본주의 생산은 "동일한 개별자본이 더 많은 수의 노동자들을 고용
해 노동과정의 규모를 확대하고 더욱 많은 양의 생산물들을 생산할 때"
비로소 발전된 형태를 취한다(MEW 23, 341쪽). 그러나 결합된 노동
(kombinierte Arbeit)은 그 결과물이 각 개별노동의 단순한 산술적 총합
보다 더 많게 되는 나름의 독특한 성격을 가지고 있다. 따라서 더욱더
많은 수의 노동자가 생산에 투하될수록 그리고 노동자 개인의 잠재력
이 시간이 지나면서 더욱 발전할수록, 이 결합노동의 효과는 그만큼 더
커지게 된다.

우리는 여기서 또 여러 노동자들이 노동과정에서 생산수단을 공동
으로 사용함으로써 나오는 "생산수단의 경제적 이용"을 쉽게 생각할

수 있다(*MEW* 23, 334쪽). 따라서 자본가는 많은 노동자를 "같은 시간에, 동일한 공간에서" 노동을 시킴으로써 한편으로 수많은 노동자들의 결합노동에서 나오는 장점들에서 이득을 볼 뿐만 아니라 다른 한편으로 생산수단의 공동 이용에서도 경제적 절약을 취할 수 있다(*MEW* 23, 343쪽). 그러나 가치를 생산하는 것으로서의 노동은 자본에 대해 "항상 각 개별 노동력의 노동, 고립화된 노동자의 노동"으로(*MEW* 261, 370쪽) 존재하고 또 그들의 생산수단을 이용한 공동작업은 사실상 자본을 통해서만 가능하기 때문에 사회적 노동의 생산력은 자본의 생산력으로 자본의 내재적 생산력으로 나타나게 된다(*MEW* 23, 352쪽 이하, 633쪽 이하).

기계 또는 대공업 시스템의 도입과 더불어 자본은 자신의 가치증식의 물적 토대를 확고히 한다. 노동수단들은 노동력의 주체적 한계로부터 자유로워지고 노동자들은 기계의 작동속도에 맞추어 그들의 노동을 해야만 한다. 따라서 산노동과 대상화된 노동의 전도된 관계는 모든 자본주의 생산에서 공통적인 현상이지만 "그러나 기계의 출현과 더불어 이런 전도는 이제 기술적으로 쉽게 파악할 수 있는 현실이 된다"(*MEW* 23, 446쪽).

한편 노동의 실질적 포섭과정은 육체노동으로부터 정신적 노동의 분리를 야기했지만 그렇다고 해서 동시에 공장 내에서 새로운 분업이 생겨나는 것을 배제할 수는 없다. 과학과 새로운 기계들이 점점 더 대규모로 이용되는 자본주의적 기계 시스템을 토대로 한편으로는 기술적 분업, 즉 생산적 '총노동자(produktiver Gesamtarbeiter)'의 분화(Marx, *Resultate*, 65쪽)가 가속화되고 다른 한편 '공장정권(Fabrikregime)'이 들어서게 되는데, 이것은 총노동과정에 대한 성공적인 통제를 목표로 하기 때문에 다소간 군대의 병영모델에 따라 운영된다(*MEW* 23, 447쪽).

2) 자본주의적 계급관계의 재생산으로서 자본의 재생산

만약에 어떤 사회도 그 사회의 유지에 필요한 물질의 재생산 없이 지속될 수 없다면 자본주의 사회 역시 예외가 될 수는 없다. 따라서 생산의 연속성의 측면에서 고찰할 경우, 자본주의 생산과정은 동시에 자본주의 재생산과정이다(MEW 23, 591쪽). 이미 앞에서 언급했듯이 생산은 언제나 생산을 둘러싼 특정한 사회적 관계, 즉 생산관계하에서 일어난다. 이렇게 볼 때, 자본주의 재생산과정은 바로 자본주의 생산관계의 재생산과정이다.

마침내 생산과정과 가치증식과정의 결과로 무엇보다도 자본과 노동관계 자체, 자본가와 노동자의 재생산과 새로운 생산이 나타난다. 이 사회적 관계, 생산관계는 사실상 이 과정의 물질적 결과들보다 훨씬 더 중요한 결과물로 나타난다. 게다가 노동자는 이 과정 안에서 노동력으로서의 자기 자신과 그에게 맞서 있는 자본을 생산한다. 이것은 다른 한편으로 자본가가 자본으로서의 자신을 그리고 그에게 맞서 있는 산노동능력을 생산하는 것과 비슷하다(Grundrisse, 362쪽; MEW 25, 879쪽 참조).

이제 어떻게 이런 자본 - 노동관계가 지속적으로 재생산되는지 좀더 구체적으로 살펴보자. 이중적 의미에서의 '자유로운' 노동자는 죽지 않고 자기 자신을 재생산하기 위해서는 자본가에게 자신의 노동력을 팔아야만 한다. 그 대가로 그는 자본가로부터 자신의 생산물의 일부, 즉 자신의 노동력 재생산에 필요한 부분을 화폐의 형태로 지급받는다. 노동자에게 임금은 "그의 노동력이 사용되고 잉여가치로서의 노동력의 고유한 가치가 상품 속에 실현되고 난 뒤에야" 지급되기 때문에 (MEW 23, 592쪽) 노동자는 실제로 "자신에게 지급되는 기금"도 생산하는 것이다.

그러나 노동자는 받은 임금을 자신의 노동력 재생산을 위해서 지출해야만 하기 때문에 계속 죽지 않고 살아가기 위해서는 다시 자신의 노동력을 상품으로 팔지 않을 수 없도록 강제당하고 있다. 자본가는 이에 반해서 노동자에게 지불한 임금을 다시 화폐형태로 회수하고 이 화폐를 새로이 노동력을 구매하는 데 사용한다. 그러므로 자본가는 한편으로는 노동자의 '생산적 소비'로부터 잉여가치를 획득하는 한편, 다른 한편으로는 노동자의 '개인적 소비' 덕분에 새로이 착취할 노동력과 이 노동력의 구매에 필요한 화폐를 힘들이지 않고 발견한다. "그[자본가]는 한 개의 파리채로 두 마리의 파리를 잡는다. 그는 그가 노동자로부터 받은 것뿐만 아니라 그가 노동자들에게 준 것으로부터도 이익을 얻는다"(MEW 23, 597쪽).

이런 자본주의 재생산과정은(그 안에서 노동자들은 비록 의식적으로 행위하기는 하지만 그 과정에 복속되어 있다) 반복되고, 또 일단 한번 정착되면 보이지 않는 강제적 관계로서 확산되어 간다. 이것은 그 안에서 한편으로는 자본가계급이, 그리고 다른 한편으로는 노동자계급이 지속적으로 재생산되어가는 자본관계의 재생산과정이다.

이로써 우리는 시장에서의 '자유' '평등'에 기초한 자본과 노동의 관계는 결국 상품 - 화폐관계를 통해 매개되고 은폐된 지배관계, 즉 자본주의 계급관계에 다름아니라는 사실을 간과할 수 있다. "로마시대 노예는 쇠사슬로 노예주에게 종속됐으나 임노동자는 보이지 않는 실로 그들의 소유자에게 종속됐다. '임노동자들은 독립적이다'라는 허상은 그들 각자가 섬기는 '임금주인들(Lohnherren)'이 계속 바뀐다는 점과 기만적인 법률계약(die fictio juris des Kontrakts)에 의해서 유지되고 있다"(MEW 23, 599쪽).

자본주의 계급관계의 재생산논리가 자본가계급에 유리하게 치우쳐 있다는 사실은 자본의 확대재생산과정을 고찰하면 더욱 분명해진다.

이미 앞에서 살펴보았듯이 자본은 언제나 끝없이 자기 가치증식을 하
려고 노력하기 때문에 결코 단순재생산으로 만족하지 못한다는 사실
은 자명하다. 자본가는 따라서 잉여가치의 일부를 자본으로 전화시킨
다. 마르크스는 이런 잉여가치의 자본으로의 전화를 '자본의 축적'이
라고 불렀다(MEW 23, 605쪽). 자본의 축적으로 자본가는 추가 노동
력과 그에 상응하는 생산수단을 구매하고 또 결합시킬 수 있다.

만약에 이런 생산과정이 계속 확대재생산된다면 "과거의 부불노동
의 소유는 이제 더욱더 큰 규모로 증대되고 살아 있는 부불노동을 전
유하는 데 있어서 유일한 조건으로 나타난다"(MEW 23, 609쪽). 자본
의 이런 재생산과정에서 자신의 노동에 기초한 전유 법칙은 타인 노
동의 전유 법칙으로, 즉 그 원래 법칙의 정반대로 전화한다. 이런 "교
환과는 질적으로 상이한 과정"에 대해 마르크스는 다음과 같이 정리
하고 있다.

그러므로 자본가와 노동자 간의 교환관계는 유통과정에 속하는 허상이
며 순전한 형식이 되는데, 그 형식은 내용 자체와는 맞지 않는 낯선 것
이며 또 그 내용을 신비화시키기만 한다. 노동력의 지속적인 구매와 판
매는 형식이다. 그 내용은 자본가가 계속해서 등가물도 주지 않고 차지
하는, 이미 대상화된 낯선 노동의 일부를 항상 다시 더 많은 양의 살아
있는 낯선 노동을 사용하기 위해서 쓴다는 사실인 것이다. … 소유는 이
제 자본가 입장에서 보면 낯선 부불노동 또는 그것의 생산물을 전유할
권리로, 노동자 입장에서 보면 자신의 생산물을 전유할 수 없는 불가능
성으로 나타난다. 소유와 노동 간의 분리는 겉으로 보기에 소유와 노동
은 동일한 것으로 출발했던 한 법칙의 필연적 귀결이다(MEW 23, 609
쪽).

이제 앞의 논의들을 요약해보자. 만약에 자본이 노동의 도움 없이

는 결코 생산되거나 재생산될 수 없다면 노동자가 무산자로서 임노동자로서 계속 재생산되는 것은 자본주의 생산의 '필수적 전제조건(sine qua non)'이다(*MEW* 23, 596쪽). 자유로운 계약 당사자로서 임노동자는 물론 이 자본가 또는 다른 어떤 자본가가 자신의 마음에 들지 않으면, 그들로부터 떠날 수 있다. 그러나 노동자는 오로지 자신의 노동력 판매를 통해서만 살아갈 수 있기 때문에, 그는 노동력을 사는 "구매자계급 전체, 즉 자본가계급"을 떠날 수는 없다(*MEW* 6, 401쪽).

이것은 자본가의 경우도 마찬가지다. 자본가는 이 노동자 또는 저 노동자를 해고시킬 수는 있지만 자신이 자본가로서 계속 남아 있고자 한다면, 노동자계급 전체를 해고시킬 수는 없다. 따라서 이런 의미에서 이 개인 또는 저 개인이 문제가 아니라 사회적 집단으로서의 계급이 문제다.

3. 임노동 - 자본관계에 기초한 신비화의 전개

1) 임금형태(Lohnform)의 신비화

앞에서 자본주의 계급관계가 자본주의 생산과정·재생산과정과 어떤 밀접한 관계에 있는지를 살펴보았다. 임노동과 자본관계는 다른 생산양식들에서의 계급관계와 마찬가지로 결국에는 필요노동과 잉여노동 간의 관계 이외의 다른 것이 아니다. 따라서 직접생산자가 잉여노동을 수행해야만 한다는 사실이 자본주의 계급사회를 다른 생산양식들의 계급사회와 구별짓지 않는다. 자본주의 사회구성체를 다른 사회구성체와 구별짓게 하는 것은 바로 '잉여노동 짜내기'(*MEW* 23, 231쪽)의 형태뿐이다.

자본주의 생산양식에서는 상품 - 화폐관계를 매개로 해 잉여노동이 '짜내어진다'. 이런 형태하에서는 타인노동의 전유는 등가교환의 법칙을 손상시키지 않고도 일어날 수 있다. 노동자가 판매하는 노동력의 가치는 노동자가 실제로 수행한 '노동의 가치'로 전화한다. 그러므로 진정한 관계는 개인의 의식 속에 전도되어 나타난다. 즉 노동자가 자본주의 생산에서 행하는 노동은 실제로는 지불노동(노동력의 가치)과 부불노동(잉여가치)으로 구성되어 있음에도 불구하고 "마치 모든 노동이 지불노동으로 구성된 것 같은 외양을 띠게 된다"(MEW 16, 134쪽).

마르크스에 의하면 바로 이런 허상 속에 "다른 역사적 시기의 노동형태들과 자본주의 임노동을 구별짓는 특징"이 존재한다(MEW 16, 134쪽). 봉건시대 농노의 노동이 자신을 위한 필요노동과 봉건영주를 위한 잉여노동으로 분명히 구분될 수 있었던 반면, 노예제하의 노예에게 있어서는 모든 노동은 부불노동으로 나타나고, 또 이와는 정반대로 자본주의하의 임노동자에게 모든 노동은 지불노동으로 나타난다.

따라서 노예에게는 지불노동이 보이지 않는다면, 임노동자에게는 자기가 무상으로 행하는 노동이 보이지 않는 것이다(MEW 16, 134쪽; MEW 23, 562쪽 참조). 이런 임금형태의 환상은 한편으로 노동자가 자신의 노동을 일정기간 행한 후에 임금을 지급받는다는 사실 그리고 다른 한편으로는 임금지급의 여러 형태들(예를 들어 시간임금, 개수임금 등)이 계속 발전됨으로 인해 더욱 공고화된다(MEW 23, 563쪽 이하 참조).

'임금'이라는 현상형태에서는 노동일의 필요노동과 잉여노동 또는 지불노동과 부불노동으로의 구분은 더 이상 존재하지 않는 것처럼 보이고, 따라서 자본주의 생산양식의 착취관계도 보이지 않는다. 따라서 임금이 마치 '노동의 가치'를 표현하는 듯한 형태를 취하는 것은 모든 '자본주의적 신비화(Kapitalistische Mystifikationen)'의 토대를 이룬다.

    진정한 관계를 안 보이게 하고 오히려 정반대로 보여주는 이 현상형태 위에 자본가는 물론, 노동자의 모든 법률적 표상이, 자본주의 생산양식의 모든 신비화들이, 그들 모두의 '자유에 대한 환상'이, 속류경제학의 모든 변호론적인 헛소리가 기초하고 있다(MEW 23, 562쪽).

그러면 이제 임금형태의 신비화가 어떻게 전개되는지 살펴보자.

2) 총재생산과정의 토대 위에서의 신비화

    자본주의 재생산과정은 자본의 유통과정에 의해 매개된다(MEW 25, 33쪽). 스스로 가치증식하는 가치로서 자본은 비록 임노동에 그 토대를 두고 있지만 자본이 중단없이 잉여가치를 생산하기 위해선 세 가지 자본형태들(화폐자본, 생산자본, 상품자본)을 포함하는 운동, 순환과정이 존재해야만 한다(MEW 24, 10쪽). 그러나 잉여가치는 오로지 생산영역에서만 생산될 수 있기 때문에 자본은 총자본 중의 더욱더 많은 부분이 잉여가치의 생산에 투하되도록 유통시간을 가능한 한 줄이려고 노력한다.
    이런 "가치와 잉여가치의 형성에 있어서" 필연적인, 그러나 "부정적인 한계"를 최소화하기 위한 시도 속에서 상업자본은 점점 생산자본에서 떨어져나와 자립화되며, 따라서 이와 동시에 유통영역에서의 구매와 판매라는 행위 자체도 잉여가치를 창출한다는 환상이 생겨난다(MEW 25, 835쪽 이하, 304쪽 이하).
    오직 생산자본의 상이한 회전 속도를 기준으로 나오는 고정자본(Fix-

es Kapital)과 유동자본(Zirkulierendes Kapital)의 구분(*MEW* 24, 167쪽) 속에서 가치증식 관점에서의 구분인 불변자본(Konstantes Kapital)과 가변자본(Variables Kapital)의 차이는 사라지고 잉여가치의 원천도 더 이상 보이지 않게 된다.

생산과 유통의 통일로서 자본주의 생산의 총재생산과정을 보면 신비화는 더욱 진전된다(*MEW* 25, 836쪽). 이미 '임금형태'에 대한 분석에서 지불노동(bezahlte Arbeit)과 부불노동(unbezahlte Arbeit)의 구분이 완전히 사라지는 것을 보았다면 이 신비화는 사용된 생산수단 가격과 노동력 가격의 합인 '비용가격(Kostpreis)'이라는 범주에서 더욱 진전된다. 이 상이한 종류의 자본부분들의 합인 '비용가격'에서는 살아 있는 노동 외에도 생산과정에서 대상화된 조건들 역시 가치의 원천이라고 하는 환상이 필연적으로 생겨나게 된다.

여기서 불변자본과 가변자본 간의 형태구분은 전혀 보이지 않는다. 자본주의 상품의 비용가격은 양적으로 볼 때 그 가치와 차이가 나기 때문에(*MEW* 25, 34쪽) 이제 잉여가치는 '이윤(Profit)'의 형태로 나타나는 것이 가능하게 된다. 잉여가치율(Mehrwertrate)이 가변자본에 대한 잉여가치의 비율로 측정된다면(m/v), '이윤율(Profitrate)'은 총투하된 자본에 대한 잉여가치의 비율로 측정된다(*MEW* 25, 53쪽). 따라서 잉여가치율과는 달리 이윤율에서는 불변 - 가변자본의 구분은 사라지고 모든 자본 부분들이 "초과된 가치(이윤)의 원천"으로 현상한다(*MEW* 25, 55쪽).

그러나 만약에 자본의 유기적 구성이 다를 경우 각 개별 생산영역에서의 이윤율은 동일한 잉여가치율하에서도 매우 다를 수 있다(*MEW* 25, 79쪽). 따라서 생산된 상품이 그 가치대로 팔린다고 가정한다면, 동일한 잉여가치율은 불균등한 이윤율로 바뀌어서 나타날 것이다. 그러나 자본가의 행위를 결정짓는 것은 잉여가치율이 아니라 이윤율이다. 그러므로 자본은 낮은 이윤율이 나오는 영역에 그냥 머무르지 않고 더 높은 이윤율이 보장되는 생산영역으로 이동하게 될 것이다.

이런 경쟁을 통한 자본의 운동은 상이한 이윤율을 일반적 이윤율로 바꾼다. 이 일반적 이윤율은 바로 "모든 상이한 이윤율들의 평균이다"(*MEW* 25, 167쪽). 개별상품의 '생산가격'은 이제 비용가격과 그에 상응하는 '일반적 이윤율'에 의해서 결정되고 상품의 원래 가치와는 동일하지 않다. 각 개별자본들의 총자본과의 사회적 관계가 외적인 강제로 나타나는 이 '생산가격'에서 가치는 그 자신의 원천으로부터 더욱더 자립화되어 있다.

가치 자립화의 완성 그리고 자본주의 생산의 신비화의 완성은 이윤이 기업가 이윤과 이자로 분리될 때이다(*MEW* 25, 837쪽). 이런 분리에서 기업가 이윤은 마치 "임노동에 대한 착취기능에서가 아니라 자본가 자신의 임노동에서"(*MEW* 25, 837쪽) 나온 것, 즉 마치 "착취하는 노동과 착취당하는 노동이 둘 다 노동으로서 같은 것"(*MEW* 25, 396쪽)인양 표현된다면, 이자는 임노동과는 상관없이 "자신의 독자적인 원천으로서의 자본에서 나오는 것" 같은 환상을 가져다준다(*MEW* 25, 395쪽 이하, 837쪽 참조). 이런 이자 낳는 자본의 형태에서 자본은 자신의 "가장 소외된 그리고 가장 본성에 고유한 형태"(*MEW* 25, 837쪽, 405쪽)를 취한다.

그러나 이자 외에도 이윤에서 빠져나가야 하는 것이 있다. 그것은 바로 지대이다. 이자가 자본 자체에서 나오는 것 같은 환상을 주듯이 지대 역시 마치 토지라는 자연적 요소에서 나오는 것 같은 환상을 불러일으킨다.

'자본 - 이자' '토지 - 지대' '노동 - 임금'이라는 자본주의 경제의 삼위일체정식에서 "자본주의 생산양식의 신비화, 사회적 관계들의 물화, 소재적 생산관계들과 그것의 역사적·사회적 규정성 간의 직접적인 혼동은 완성된다"(MEW 25, 538쪽). 가치가 이렇게 자립화된 형태들 속에서 잉여가치 생산의 내적 연관성은 결국 갈기갈기 찢어지고 사라져 버렸다. 대신에 마치 서로 독립적으로 존재하는 세 가지 가치 원천이 있는 듯한 환상이 생겨난다(MEW 16, 136쪽 이하 참조). 이자·지대·임금이라는 가치의 화석화된 형태들이 각각의 가치원천으로 환원되기 때문에 착취관계로서의 자본주의 계급관계는 철저히 은폐될 뿐만 아니라 오히려 공정하고 조화로운 것으로 나타난다.

그러므로 여기서 다음과 같은 점을 인식해야만 한다. 그것은 비록 자본주의 생산양식이 한편으로 이전의 "종교적·정치적 환상으로 가리어진 착취를 공공연하고, 파렴치한, 직접적이고 노골적인 착취로 대체했다" 하더라도(MEW 4, 465쪽) 자본주의적 착취는 필연적으로 전도된 형태를 취하고, 따라서 자본주의적 지배관계와 예속관계 역시 은폐되어 나타난다는 점이다.

4. 자본주의적 분배관계

임금이 나오려면 임노동이, 이자와 이윤이 나오려면 자본이 있어야한다면 자본주의 분배관계는 본질적으로 볼 때 자본주의적 생산관계의 뒷면에 지나지 않는다(MEW 25, 885쪽; Grundrisse, 16쪽 참조). 따라서 자본주의 재생산과정은 물질적 생산의 측면을 도외시한다면, 한편으로는 자본주의 생산관계를 그리고 다른 한편으로는 자본주의 분배관계를 재생산하는 것이다.[7]

---

7) 따라서 분배와 관련해 마르크스가 "생산은 영원한 진리로 파악, 발전시키면서 역사는 분배의 영역에 국한시키는"(Grundrisse, 18쪽) 경제학자들의 오류를 비판한 것은 매우 당연한 것이었다.

이 자본주의 분배관계에서 '사회적 욕구', 즉 지불능력이 있는 욕구는 "여러 계급 서로간의 관계 및 그들 각각의 경제적 지위"에 의해 기본적으로 규정된다(MEW 25, 191쪽). 노동자계급은 사회적 총생산물 중에 그들 자신의 생산에 필요한 부분만을 받기 때문에 특정 상품들을 구매할 입장이 못 된다. 반면에 자본가계급은 이와 반대로 여러 종류의 수입들을 가지고 이런 상품들을 구입할 수 있다.

분배에서 자본가계급은 노동력의 가격을 가급적이면 낮게 유지하려 노력한다. 왜냐하면 이윤과 임금은 언제나 서로 반비례관계에 놓여 있어서 서로 반대 방향으로만 변화할 수 있기 때문이다. 따라서 자본가계급은 노동자계급에게 절욕, 근면, 절약 등을 하라고 요구한다.

> 지금 사회는 바로 역설적인 요구를 하고 있다. 그들이 교환하는 대상이 생활필수품인 자들에게는 절약하라고 하고 교환의 대상이 그들의 치부인 자들에게는 절약할 필요가 없다고 한다(Grundrisse, 196쪽).

그러면 자본주의 분배관계에서 자본가들의 이런 요구는 과연 무엇을 의미하는가? 노동자의 근면과 절욕을 극대화하는 것은 "노동자가 최대의 노동을 하고 최소한의 임금을 받는 것 이외에 다름아닌 상황으로 이어질" 것이다(Grundrisse, 197쪽). 그리고 절약에 대한 자본가들의 요구 속에는 한편으로 노동자들이 곤경에 처했을 때 노동자 스스로 그 비용을 지불토록 하고 다른 한편으로는 노동자들의 생활수준을 최저한도로 유지함으로써 노동력의 가치를 최소화하려는 자본가계급의 은밀한 의도가 숨어 있다(Grundrisse, 197쪽).

노동력의 가치는 이미 보았듯이 그 규정에서 역사적·도덕적 요소들을 포함한다. 따라서 특정 시점에서의 평균 노동임금은 주어진 문화적 단계에서의 '정상적인' 생활수준, 생산력 발전과 계급투쟁에 의해서 영향을 받는다. 그러나 노동임금은 한편으로는 특정한 화폐량으로 표현되는 노동력 가치로, 다른 한편으로는 노동자 자신의 재생산에 필요한 생활필수품의 특정한 사용가치들의 양으로 표현될 수 있다.

따라서 노동임금의 발전을 고찰하는 데 있어서는 우선 명목임금과 실질임금을 구분해야만 한다(MEW 23, 565쪽과 MEW 6, 412쪽 참조). 오로지 가격의 크기만을 다루는 명목임금은 생필품의 가격이 명목임금보다 더 빠른 속도로 인상되면 실질임금이 하락해도 오를 수 있다. 또 역으로 명목임금이 변동이 없거나 하락할 경우에도 생활필수품의 가격이 명목임금보다 빠르게 하락하면 실질임금은 상승할 수 있다.[8]

이렇게 임금을 두 가지 관점에서 고려하는 것은 우리가 둘 중의 하나만을 가지고 판단할 경우 더욱 균형잡힌 시각을 제공할 수 있기 때문이다. 그러나 노동자계급과 자본가계급 간의 분배문제와 관련해 불행하게도 명목임금도 실질임금도 정확한 지표는 될 수 없다. 자본주의 분배관계에서 노동자계급의 지위는 생산물의 총가치에 대한 임금의 상대적 비율을 비교할 경우에 비로소 올바로 파악할 수 있다.

　노동임금의 가치는 노동자가 받는 생활수단의 양에 의해서가 아니라 이 생활필수품을 만드는 데 들어간 노동의 양(실제로는 전체 노동일 중에서 노동자가 가져가는 부분), 즉 노동자가 총생산물 또는 이 생산물의 총가치에서 가지게 되는 **비율적 몫**에 따라 평가해야만 한다. … 계급들 서로 간의 위치는 임금의 절대적 양보다는 비율적 임금(proportionate wages)에 의해 더욱더 좌우된다(MEW 26.2, 420쪽: 강조는 마르크스).

만약에 비율적 임금이 이제 논의의 관건이라면 이 임금의 발전경향

8) V.M. Bader, J. Berger, H. Ganßmann, T. Hagelstange, u.a., 앞의 책, 253쪽 이하 참조.

은 어떻게 되는가? 생산력의 증가와 더불어 잉여노동에 비해 필요노동의 부분이 감소한다면, 즉 실질임금의 상승에도 불구하고 노동력 가치가 하락한다는 것이 자본의 내재적 경향이라면 우리는 일반적으로 노동력 가치가 장기적으로 하락하고, 따라서 노동자계급의 비율적 임금도 시간이 지나면서 하락하리라는 결론을 조심스럽게 끌어낼 수 있을 것이다(Bader, Berger, Ganßmann & Hagelstange, 1975: 258).

자본주의 분배관계에 대한 분석을 통해 우리는 '비율적 임금'의 인상을 위한 노동자계급의 투쟁이 매우 필요하며, 또 계속돼야만 한다는 것을 도출할 수 있다. 그러나 이런 투쟁은 매우 중요함에도 불구하고 마르크스가 지적했듯이 과대평가해서는 안된다. 왜냐하면 노동자계급이 이 투쟁에서 실제로 맞서 싸우는 대상은 어떤 '결과'이지 그 '결과의 원인'은 아니기 때문이다(MEW 16, 152쪽). 따라서 '임금 시스템' 자체의 폐지가 궁극적인 목표가 되지 않을 수 없다.

노동자계급에게 유리한 상황, 즉 가능한 한 자본의 급속한 성장조차도 그것이 비록 노동자들의 물질적 생활을 개선시킬 수 있을지는 몰라도 노동자계급의 이해와 부르주아의 이해, 자본가들의 이해 간의 대립을 지양하지는 못한다. 이윤과 노동임금은 예나 지금이나 정반대의 관계에 있다(MEW 6, 416쪽).

5. 일반적 계급구조

지금까지 자본주의 생산관계의 재생산과 더불어 자본주의 계급관계가 지속적으로 재생산된다는 것을 고찰했다. 그리고 또 이런 계급관계 재생산, 즉 자본주의 생산관계 내에서 각 계급들 위치의 재생산은 하나의 객관적 과정이라는 것, 다시 말해서 그 안에서 개인들의 의식

적·주관적 행위들이 그들을 규정하는 객관적 전제들을 반복해서 만들
어내며, 개인들은 그 전제에 포섭된다는 사실을 살펴봤다.

 따라서 자본주의 계급관계를 더욱 자세히 고찰할 경우에는 우선 각
계급의 경제적 지위를 연구해야만 한다. 이렇게 볼 때 경제적 계급구
조 분석은 결코 계급분석가의 추상적 관심으로 평가절하해서는 안된
다. 물론 이런 분석으로 모든 구체적 계급관계를 설명할 수도 없고
또 해서도 안되지만 이런 분석에 대한 철저한 매개 없이 구체적 계급
관계에 대해 정확히 파악한다는 것은 힘들다.

 비록 '수입과 수입원의 동일성'(같은 수입과 수입원천)이 하나의 계
급을 형성하는 기준인 듯이 보이지만(MEW 25, 893쪽) 이런 기준이
나 또는 '돈지갑의 크기'(MEW 4, 349쪽)는 결코 경제적 계급구조를
이해하는 열쇠가 될 수 없다. 왜냐하면 앞에서 보았듯이 '경제적 삼위
일체 정식'에서의 '수입과 수입원천의 동일성'은 생산에서의 수입의
진정한 원천을 은폐시키며 '돈지갑의 크기'는 생산관계 내의 사람들
간의 질적인 차이들이 아니라 오직 분배관계 내의 양적인 차이들만을
표현하기 때문이다. 이렇게 본다면 경제적 계급규정에서는 그것으로
부터의 출발이 수입과 진정한 수입원천 간의 감추어진 연관성을 밝혀
내줄 수 있는 어떤 범주가 필요하다.

 따라서 잉여가치 생산이 자본주의 생산양식을 이해하는 핵심이라면
경제적 계급구조 분석은 반드시 다음과 같은 질문, 즉 각 사회구성원
들은 잉여가치 생산과 관련해 어떤 위치에 있는가 하는 문제제기와
더불어 시작해야 할 것이다. 여기서 무엇보다 먼저 살펴보아야 할 중
요한 범주는 잉여가치를 생산하는 활동으로서 '생산적 노동'이다.

1) 계급분석의 핵심적 개념으로서 생산적 노동

자본주의 생산과정은 노동과정과 가치증식과정의 통일이다. 그러나 노동과정으로서 자본주의 생산과정은 인간노동의 객관적 생산조건들과 결합해 유용한 생산물 또는 물질적 재화의 사용가치를 창출한다는 점에서 다른 사회구성체들의 생산과정과 공통점을 가지고 있다. 따라서 단순노동과정의 관점으로 볼 때는 유용한 물건을 생산하는 노동이 생산적 노동이다(MEW 23, 196쪽).

그러나 "생산적 노동에 대한 이런 규정은 … 결코 자본주의 생산과정에서는 충분치 못하다"(MEW 23, 196쪽). 왜냐하면 자본주의 생산과정은 동시에 가치증식과정이고 자본주의 노동과정 역시 노동과정에 대해 자본가가 통제권을 행사하고 노동생산물을 자본가가 가지는 한에 있어서 처음부터 특수한 형태를 취하기 때문이다. 따라서 생산적 노동의 규정은 자본주의 생산의 형태 규정성으로부터 도출해야 한다.

그러나 다른 한편으로 생산적 노동의 개념은 협소화하게 된다. 자본주의 생산은 상품의 생산만을 의미하는 것이 아니다. 그것은 본질적으로 잉여가치 생산이다. 노동자는 자신을 위해서가 아니라 자본가를 위해서 생산을 한다. 따라서 노동자가 생산한다는 사실만으로는 더 이상 충분하지 않다. 노동자는 잉여가치를 생산해야만 한다. 자본가를 위해 잉여가치를 생산하거나 자본의 자기 가치증식에 기여하는 노동자들만이 생산적이다(MEW 23, 532쪽).

물론 '생산적 노동' 개념이 좁아진다고 해서 노동과정에 대한 보편적 규정이 타당성을 잃지 않는다. 그러나 자본주의 생산과정에서 생산적 노동은 특정한 생산관계를 표현하는 개념이다.

　생산적 노동은 자본주의 생산과정에서 노동능력 및 노동이 기능하는 전체 관계 및 방식에 대한 압축적 표현일 뿐이다. 그러므로 **생산적 노동**이라 말하면 **사회적으로 특정한 노동**을 언급하는 것이다. … 대상화된 노동을 자본으로 만드는 **대상화된 노동과 살아 있는 노동** 사이의 특수한 관계가 살아 있는 노동을 **생산적 노동**으로 만든다(Marx, 1969: 69: 강조는 마르크스).

　그러므로 '생산적 노동'의 규정은 노동의 특정한 내용 또는 노동생산물의 특수한 사용가치와는 관계가 없다(*MEW* 26.1, 376쪽). 노동의 내용과 자질은 비록 한 계급 내의 여러 분파들을 구분하는 데는 이용될 수 있어도 자본주의 생산양식의 계급간의 경계를 구별짓는 결정적 계기가 되어서는 안될 것이다(Beckenbach, 1973: 97). 그러면 이제 우리는 이 범주를 토대로 해서 경제적 계급분석을 시도해보기로 하자.

2) 노동자계급

(1) 생산적 총노동자

　우리가 앞에서 '생산적 노동' 개념을 좁히면서 출발했다면 이제는 다른 한편으로 그 개념의 '확대'를 고려해야만 할 것이다. 이 개념의 확대는 노동과정의 협업적 성격에서 비롯된다(*MEW* 23, 531쪽). 노동자의 자본에의 형식적 포섭에서 실질적 포섭에로의 진전과 더불어 자본주의 생산은 사회적 노동의 결합과 협업을 더 촉진시키고 테크놀로지와 과학을 생산에 적용한다. 따라서 초기에 존재했던 매뉴팩처 노동조직이 기술 조건들의 변화와 더불어 지속적으로 해체되는 반면 기계화된 공장에서는 '결합된 총노동자(der Kombinierte Gesamtarbeiter)'가 등장하게 된다.

노동의 자본에의 실질적 포섭, 또는 고유하게 자본주의 생산양식의 발전과 더불어 개별노동자가 아니라 점차 **사회적으로 결합된** 노동력이 총노동과정의 **실제적 기능인**이 되고 … 즉 어떤이는 손을 더 많이 쓰고 어떤이는 머리를 더 많이 써서 노동하고 어떤이는 관리자, 엔지니어, 기술자 등으로 다른이는 감독자로 또 다른이는 직접적 손노동자 또는 단순히 보조인력으로서 노동하기 때문에 **노동력의 기능**은 **생산적 노동**의 직접적 개념에 그 담지자는 **생산적 노동자**—직접자본에 의해 착취되고 그의 가치 증식과정 및 생산과정 일체에 **종속된** 노동자—개념에 더욱더 가까워진다. 우리가 작업장을 구성하는 **총노동자**를 관찰하면 그 **결합된** 활동은 물질적으로 볼 때 **상품의 총량**이기도 한 **총생산물**로 직접적으로 실현된다. 이때 이 총노동자의 일원에 불과한 개별노동자의 기능이 직접적 손노동과 가까이 있느냐 멀리 떨어져 있느냐 하는 것은 아무래도 상관없다(Marx, 1969: 69: 강조는 마르크스).

이 '생산적 총노동자'는 공동으로 물질적 생산물들을 생산하고 또 그들이 수행하는 노동은 지불노동과 부불된 잉여노동으로 구성되어 있다. 위에서 밝혔듯이 그들은 자본으로부터 직접적으로 착취당한다. 따라서 그들은 자신의 노동력을 자본으로서의 화폐와 직접 교환한다(*MEW* 26.1, 387쪽). 생산적 총노동자 내부의 분화와 관련해서는 우선 두뇌노동(Kopfarbeit)의 손노동(Handarbeit)으로부터의 분리를 고찰해야 한다. 이런 분리는 자본주의 생산양식에 고유한 것으로서 기계 시스템하에서의 기술혁신과 더불어 계속 가속화된다. 일반적으로 볼 때 우리는 생산적 총노동자 중에서 기술·과학적 자질을 갖춘 노동자 비율이 생산에의 기술과 과학의 적용이 날로 증대함으로 인해 늘어난다고 말할 수 있다.

그러나 생산적 총노동자 내부의 분화는 기능적 측면에서뿐만 아니라 지배특수적 측면에서도 이루어진다. 예를 들어 지도적 기능은 모든 사회의 노동과정에서도 필수불가결한 기능이기는 하지만 이 활동은 자본주의 생산에서는 또한 동시에 착취와 지배의 기능을 수행하는 경우가 많다. 이것은 "지휘해야 할 생산과정 자체의 양면성"(*MEW* 23, 351쪽), 즉 한편으로는 자본주의 노동과정 그리고 다른 한편으로는 자본의 가치증식과정에서 나오는 것이다.

협업 발전과 더불어 지휘기능은 그에 상응하는 전제적(despotische) 형태를 필요로 한다. 그리고 이 전제적 기능은 일단의 '특수한 임노동자 부류(besondere Sorte von Lohnarbeitern)'에게 맡겨진다. 이 문제와 관련해 마르크스가 공장의 감독과 조장을 각각 '산업장교와 산업하사관(industrielle Oberoffiziere und Unteroffiziere: *MEW* 23, 351쪽)'이라 지칭한 것은 결코 우연이 아니었다.9)

(2) 간접생산 노동자

자본주의 총생산과정의 관점에서 볼 때, 산업자본은 항상 화폐자본, 생산자본, 상품자본의 순환과정을 통과하고 또 반복해야 한다. 자본의 운동은 생산과정과 유통과정의 통일이다. 그러나 이런 형태변환의 비용과 유통시간을 가능한 한 최소화하려는 자본의 필연성으로 인해 상품자본과 화폐자본은 각각 상품취급자본과 화폐취급자본으로 자립화한다.

생산된 상품은 자신의 가치를 유통에서 비로소 실현할 수 있기 때문에 유통은 자본의 총재생산과정에서 매우 필수불가결한 계기다. 유통에서는 가치도 잉여가치도 창출될 수 없다. 비록 유통영역에서의 경제활동이 개별 상업자본가들에게는 이윤을 가져다줄 수 있지만 이 이윤은 실제로는 산업자본의 이윤에서 공제된 것일 뿐이다. 유통비용은 따라서 총자본에서 생산의 순수비용(Unkosten)이다(*MEW* 24, 134

---

9) 지휘 기능의 이런 이중적 성격과 상관없이 모든 지휘 기능 인력이 노동자 계급에 속한다고 주장할 수 없다. 이 문제는 곧 뒤에서 다루어질 것이다.

쪽, 225쪽, 304쪽 이하 참조). 이렇게 볼 때, 유통영역에서의 노동은 비록 이 노동이 직접적으로는 개별 상업자본들에게 총잉여가치의 일부를 가져다주기는 하지만 비생산적이다.[10)]

그러나 유통과정에서의 노동이 자본의 형태변환에서 필요한 '순수 비용'을 감소시키고 그럼으로써 총자본의 잉여가치 증대에 간접적으로 기여한다는 점에서 우리는 이 노동을 '간접생산적(indirekt-produktiv)' 노동이라고 부를 수 있다.

> 상인자본은 가치도 잉여가치도 창출하지 않는다. 즉 직접적으로는 아니라는 말이다. 그러나 이 자본이 유통시간을 단축시키는 데 기여하는 한 그것은 산업자본가에 의해 생산된 잉여가치 증대에 **간접적으로** 도움을 줄 수 있다(*MEW* 25, 291쪽: 강조는 인용자).

그러나 이 유통영역의 노동자들, 즉 간접생산 노동자들은 자본의 유통비용을 가능한 한 낮게 유지하기 위해 잉여노동을 수행해야만 하며, 바로 이런 의미에서 자본가로부터 착취를 당한다고 할 수 있다. 그들은 생산적 총노동자들과 마찬가지로 자신들의 노동을 자본으로서의 화폐와 교환한다. 비록 그들의 임금은 파생된 임금형태, 즉 생산노동에서와 같은 노동일 부분들 간의 내적 연관성은 존재하지 않고 오히려 자본관계의 일반화와 관계가 있지만, 그들의 임금은 그들 노동력의 가치에 의해서 규정된다. 일반적으로 간접생산 노동자들이 상대적으로 높은 임금을 받는 것은 상대적으로 높은 그들 노동력의 재생산비용을 반영하는 것이다(Herkommer, 1984: 22).

---

10) 그러나 예외적으로 운수노동은 생산적 노동이다. 왜냐하면 이 노동은 유통영역 내의 장소를 바꾸어줌으로써 사용가치의 진정한 소비를 비로소 가능하게 하고, 따라서 "운송된 생산물에 가치를 더하기" 때문이다(*MEW* 24, 151쪽; *MEW* 26.1, 387쪽 참조).

(3) 비생산적 노동자

앞에서 살펴본 노동자계급 내의 두 집단들과는 달리 자본의 생산과
정, 유통과정 외부에 존재하는 제3의 노동자 집단이 있다. 이 집단에
는 자본가들을 위한 개인적 서비스의 목적으로 고용된 노동자들(예를
들어 하인, 가정부 등), 국가공무원 및 국가기관에 속하지 않은 여타
사회기관들에서 일하는 노동자들이 포함된다.[11] 여기서는 서비스로서
의 비생산적 노동이라는 범주가 이해의 핵심이라고 볼 수 있다.

서비스를 제공하는 사람들이 사실상 판매하는 것은 가치로서의 노
동력이 아니라 사용가치로서의 살아 있는 노동이다(MEW 26.1, 379
쪽 참조). 이들은 어떤 가치도 생산할 수 없고, 따라서 그들의 독자적
인 소비기금을 스스로 창출해낼 수도 없다. 그들 모두는 그러므로 자
신의 노동을 자본으로서의 화폐와 교환하지 않고 자본관계 내의 일차
적 소득에서 나온 수입으로서의 화폐와 교환한다(MEW 26.1, 378쪽
참조). 여기서는 파생소득이 문제가 되기 때문에 이들 노동자들의 임
금수준은 간접생산 노동자의 경우와 마찬가지로 생산영역 내 노동력
들의 평균재생산비용을 준거로 해서 도출된다. 이 비생산 노동자들이
자본관계 내의 노동자들과 공유하는 특징은 이들 역시 하등의 생산수
단을 소유하고 있지 않고, 따라서 생존을 위해서는 자신의 노동을 팔
수밖에 없다는 점이다(Herkommer, 1984: 19).

---

11) 그러나 '계급분석 프로젝트'라고 하는 연구 집단은 이들 노동자 집단의
    '비생산적' '파생적' 성격을 강조하면서 노동자계급으로 분류하지 않고 중
    간계급으로 분류했다(PKA, *Materialien zur Klassenstruktur der BRD. Erster
    Teil, Theoretische Grundlagen und Kritiken,* Westberlin, 1973). 한편 이런
    파악과 다른 견해를 보인 입장으로는 Niels Beckenbach u.a.(Auto-
    renkollektiv an der FU), 앞의 책, 101쪽. 그리고 Herkommer u.a., 앞의
    책, 19쪽을 참조하라. 중간계급과 관련된 좀더 자세한 논의는 제4장을 참
    조할 것.

자본의 생산력 발전과 더불어 비생산적 노동이 증가할 가능성이 생겨난다. 그러나 여기서 우리가 간과해서는 안될 것은 비생산부문은 생산부문으로부터의 파생적(이차적) 관계에 있다는 점이다. 비록 이 부문은 직접적 자본관계의 외부에 있지만, 그것의 물적 토대가 파생적 소득에 기초해야만 한다면, 이 부문의 확대와 발전은 원칙적으로 물질적 생산영역의 생산력 발전에 달려 있다(*MEW* 26.1, 171쪽).

오늘날 비생산노동 부문 내에서 가장 큰 집단은 국가 공무원이다. 자본주의 생산양식의 발전과 더불어 자본은 더욱더 일반적인, 사회적으로 필요한 기능들, 즉 그 자체로서는 생산적이지는 않지만 '생산의 일반적 조건들'(예를 들어 사회 간접자본)을 위해서는 꼭 필수적인 기능들을 필요로 하는데(*Grundrisse*, 429쪽 이하 참조) 이 기능의 수행을 위한 조직은 국가가 점점 더 떠맡게 된다. 따라서 이 기능을 수행하는 노동자들이 사회를 위해 일반적으로 유용한 사용가치를 생산하기 때문에 비록 그들은 생산적 노동자는 아니지만 자본생산력의 증대에 기여한다(*Grundrisse*, 432쪽).

국가는 그러나 사회에 필요하고 유용한 기능만을 수행하는 것이 아니라 나아가서 억압적 기능들을 행한다(*MEW* 25, 397쪽 참조). 그러므로 자본의 발전과 함께 국가의 지배특수적 기능 또한 확대된다. 행정부의 일부, 사법부 및 경찰, 군대 등은 바로 이런 억압기능을 행하는 기관으로 이들은 자본주의 사회에서 여타 계급들에 대한 자본가계급의 지배를 보장한다. 비록 이런 일부 국가기구 내의 종사자들은 다른 일반 기관의 공무원들처럼 국민들의 세금에서 나오는 소득으로 살아가지만, 그들은 노동자계급이 아닌 중간계급에 속한다. 그 이유는 곧 뒤의 '중간계급'을 논하면서 다루어질 것이다.

3) 자본가계급

자본가계급이라 하면 그들의 실존이 임금노동자의 잉여노동에 근거하고 있는 집단을 지칭한다. 그러나 노동자계급과 마찬가지로 자본가계급 역시 재생산과정 내에서 차지하고 있는 여러 기능들을 고려할때, 결코 단일하지 않다. 따라서 우리는 자본가계급 역시 몇 개의 하위분파로 나누어볼 수 있다.

자본가계급 내의 첫번째 분파는 재생산과정 내에서 '능동적'으로 활동하는 자본가들이다. 이들은 임노동자의 노동력을 구매하고 그들의 잉여노동을 점취한다. 그러나 이미 말했듯이 자본주의 생산의 발전과 더불어 상품자본과 화폐자본은 원래의 산업자본에서 분리·자립화되어 각각 상품취급자본과 화폐취급자본으로, 즉 자본의 상대적으로 독자적인 투자영역이 되기 때문에 우리는 이 분파를 다시 3개의 하위 분파로, 즉 산업자본가, 상품취급자본가, 화폐취급자본가로 나눌수 있다. 두번째 분파로는 자본의 단순소유자를 들 수 있다. 화폐자본가와 토지소유자가 바로 이 분파에 속한다. 이들은 능동적으로 활동하는 자본가들과는 달리 자본의 재생산과정 내에서 직접 활동하지는 않지만, '능동적' 자본가들에게 자신 소유의 생산수단을 빌려줌으로써이윤의 분배시에 각각 이자, 지대에 대한 요구를 하면서 참여한다.

세번째 분파로는 자본의 단순 대리기능인이 속한다. 이들은 자신의 자본을 가지지 못하고 자본 기능을 대리하기 위해 자본소유자에 의해고용된 부류이다. 이 집단에 대한 계급 규정은 간단하지 않다. 우선 이집단성원들을 임금 형태상으로 볼 경우에는 돈을 매우 잘 버는 임노동자로 간주할 수 있을 것이다. 이렇게 분류했을 때 그들은 '특별한 부류의 임노동자(besondere Sorte von Lohnarbeitern)' 내에서도 특권적인부분을 형성하는 것이다.

그러나 그들 중에서 그들의 임금이 자신의 노동력 재생산비용을 훨씬 상회하고, 따라서 그 임금에 자신의 노동의 생산적 부분뿐만 아니라 기업가 이윤의 일부가 포함되어 있다면, 우리는 이런 경영인들의 경우 노동자계급의 구성원으로 분류하기보다는 자본가계급의 한 분파로 파악하는 것이 옳다.

4) 중간계급

우리는 바로 앞에서 자본주의 생산양식의 두 주요계급의 규정을 시도하고 각각의 하위분파들을 살펴보았다. 이제 양대 계급에 속하지 않는 일반적으로 '중간계급'으로 표현될 수 있는 다른 사회구성원들의 계급귀속성을 고찰해보도록 하자. 그런데 만약에 두 주요 계급을 단순히 위계서열적인 형태, 즉 하나는 위에 다른 하나는 아래로 구분되는 계급들로 이해해서는 안된다면(왜냐하면 이 경우 자본주의 계급사회의 역사적으로 특수한 성격은 완전히 간과되기 때문이다), '중간계급' 규정 역시 수직적인 소득구조 혹은 권력 위계서열 내에서의 '중간적 지위'로 이해해서는 안된다. 오히려 자본주의 생산관계 내 그들의 위치, 즉 "계급규정에서 자본과 노동 사이에 존재하는 잔여적 성격(residualen Charakter)"이 강조되어야 할 것이다(Herkommer, 1984: 143).

중간계급의 첫째 분파로 우리는 무엇보다 우선 자신의 생산수단을 소유하고 있는 수공업자와 농부들을 지적할 수 있다. 이들 중 일부는 물론 약간의 노동자를 고용하기도 한다. 그러나 그들이 고용한 노동자들의 노동이 수공업자와 농부 자신이 노동을 하지 않는 상태에서 가치증식을 하는 데 충분하지 못하다면, 이들은 자본가계급에 속한다고 보기 어렵다. 이들은 비록 상품생산자들이지만 "생산적 노동자 범주에도 비생산 노동자 범주에도 속하지 않는다." 왜냐하면 그들은 노동력 판매자로서가 아니라 상품 판매자로서만 우리에게 맞설 뿐이며, 따라서 자본주의 생산관계의 외부에 위치하기 때문이다(*MEW* 26.1, 382쪽; Marx, 1969: 68 참조).

  자본주의 생산양식이 더욱 발전하고 또 확대될수록 그만큼 더 자본주의 생산양식의 주요 구성원들이 총 경제활동인구 중에서 차지하는 비율은 점점 작아지는 경향을 보인다.

  중간계급의 두번째 분파로는 의사, 변호사, 예술가 같은 서비스 부문에 종사하는 자영업자들을 들 수 있다. 이들은 노동계급 내의 비생산 노동자들과 마찬가지로 자신들의 수입을 타인의 소득으로부터, 즉 일차소득으로부터 취한다. 그러나 비생산적 노동자들과는 달리 이들은 자신의 노동력을 어느 누구에게 판매할 필요는 없다. 그들은 자영업자이며, 독자적인 노동수단들을 가지고 있다. 서비스로서의 이들의 노동은 성격상 노동의 결과물과 분리 불가능하기 때문에(예를 들어 가수의 노래부르기, 의사의 치료 등) 자본이 이런 종류의 노동을 자신의 세력하에 실질적으로 포섭하기는 쉽지 않다. 그러나 이런 노동들의 소재적 특성(stofflicher Charakter)조차도 자본이 이들을 이용해 가치증식하는 데에 근본적인 장애는 되지 못한다.

  따라서 자본이 이들 노동들을 직접 착취하게 되면(예를 들어 어느 종합병원에서 월급을 주고 다수의 의사를 고용하는 경우 또는 거대 연예 프로덕션의 경우를 생각해볼 수 있다), 이들이 하는 노동은 자본의 임금노동으로 바뀌게 된다. 이 경우 자본에 포섭된 노동은 이 부문에 투하된 자본에게는 이윤을 가져다주기 때문에 직접적으로는 '생산적'이지만 전사회적으로 보면 잉여가치 양을 증대시킬 수는 없다(Marx, *Resultate*, 70쪽 참조).

  한편 국가부문과 사기업 내에는 노동자계급으로 분류하기 힘든 일단의 임금종속생활자들이 존재한다. 이미 말했듯이 행정부와 사법부의 일부 그리고 경찰 및 군대 등은 계급사회에서 나타나는 지배기능을 주로 수행한다. 우리는 언뜻보아 이런 종류의 국가공무원들을 다른 비생산적 취업자들과 경제적으로는 구분할 수 없다. 왜냐하면 이들은 모두 "공동소비자로, 즉 원래의 생산자들에 기생하는 사람들로"(*MEW* 26.1, 145쪽) 나타나기 때문이다.

그러나 이 일부 공무원들의 노동은 비생산적일 뿐만 아니라 "공동체를 위한 사용가치(Gebrauchswerte für Gemeinde: *Grundrisse*, 425쪽)"의 관점에서 보아도 별로 유용하지 못하다. 따라서 이들은 다른 비생산 노동자들(특히 우체국, 철도 등에 종사하는 국가부문 내의 노동자들)과는 확연히 구분되어야 할 것이다. 사회적으로 필수적인 기능을 수행하는 비생산 노동자들과는 달리 그들은 결코 사회적 부를 증대시키지 못하며, 상당 부분 억압적이고 지배특수적인 존재로서의 고유한 성격을 지니고 있다.

이와 유사한 임금종속생활자들을 우리는 사기업 내에서도 발견할 수 있다. "특수한 부류의 임노동자"(*MEW* 23, 351쪽) 가운데에는 그들의 노동이 전적으로 또는 주로 억압적 기능만으로 특징을 이루는 일단의 감독자들이 있다. 따라서 이런 노동자들은 다른 생산 노동자들처럼 임금을 받는다 하더라도 그들의 임금은 실제로 생산 노동자들의 임금과는 다르다. 그들은 생산적 노동을 했기 때문이 아니라 주로 다른 노동자들을 억압하는 노동을 한 대가로 자본가로부터 임금을 받는 것이다.

따라서 최상층 경영자 집단에게 '임금급여'라는 것이 그들 임금의 대부분이 자신의 생산적 노동에 근거한다기보다는 타인의 잉여노동에 근거한다는 점, 즉 그들 수입은 '임금'이라는 형태만 취했지 실질적으로는 기업가와 함께 기업가 이윤의 배분에 참여한다는 사실이 은폐되

어 있다면 임금종속적 중간계급의 '임금형태(Lohnform)'에는 그들이
수행하는 노동의 특수한 성격과 그들 수입의 진정한 원천－그것은 타
인의 잉여노동이다－이 감추어져 있다.[12]

이렇게 볼 때, 국가부문과 사기업 내에서 주로 억압적 기능을 행하
는 임금종속생활자들은 "노동대중에게 부담을 지우며 상류사회(upper
ten thousend)의 사회적 안전과 권력을 증대시켜주는"(*MEW* 26.2,
576쪽) 종류의 중간계급이라고 간주할 수 있다.

만약에 모든 국가공무원을 단지 그들의 소득이 파생소득이라는 이
유로 중간계급으로 분류하는 것[PKA(계급분석 프로젝트)의 경우]이
적절하지 못하다면, 마찬가지로 임금을 받는다는 사실 자체만으로 거
의 모든 노동자들을 노동자계급에 집어넣는 것(일반적 임노동자론) 역
시 수용하기 힘들다.

그러나 주지하다시피 중간계급 문제와 관련해서는 마르크스주의 이
론 진영 내에서도 의견이 분분하고, 복잡한 여러 가지 쟁점들이 있다.
따라서 다음 장에서는 이 문제를 다시 한번 상세히 다루는 작업이 필
요하다. 물론 중간계급문제는 해결하기 매우 어려운 과제이다. 그러나
마르크스 계급이론의 현실화(Aktualisierung)를 생각한다면, 이에 대한
노력을 회피해서는 안될 것이다.

---

12) "임노동자는 자신이 받을 임금을 생산하고 거기에다가 감독자의 임금,
　즉 바로 자기 자신을 지배하고 감독하는 노동에 대한 대가까지 생산하도
　록 강제당한다"(*MEW* 25, 399쪽).

4
● 계급이론의 쟁점들 ●

　일반적으로 마르크스 계급이론에 대한 비판은 크게 두 가지 측면에서 이루어진다. 우선 계급구조 분석의 측면에서 볼 때 마르크스의 양극화 테제는 지난 수십 년 간의 계급구조 발전에 의해, 특히 '신중간계급'의 급속한 증대에 의해 무의미해졌다는 주장이 하나이고, 다른 하나는 경제적 계급위치와 계급의식 또는 계급행위 간의 연관성 문제에서 마르크스 계급이론은 널리 알려진 즉자적 계급(Klasse an sich) – 대자적 계급(Klasse für sich) 정식에서 나타나듯이 오직 기계적이고 일차원적인 연결만을 보여주고 있다는 비판이다.

　이런 비판에 기초해 마르크스 계급이론은 근본적으로 두 개의 계급만을 상정하고 또 경제주의에 편향된 이론이기에 역사적으로뿐만 아니라 논리적으로도 반증됐다는 주장이 강하게 제기됐다. 이미 우리는 이런 종류의 비판이 상당 부분 마르크스의 '정치경제학 비판'에 대한 무지에서 비롯됐으며, 또 계급분석의 근본 범주들에 대한 연구는 간과하고 오로지 겉으로 드러난 경험적 사실들에만 집착한 결과라는 것을 앞에서 지적했다.

　사회적 노동이 계속 분화하고 개인화가 가속화되는 최근 몇 십 년 간의 변화에 직면해 '신중간계급'의 계급 규정 그리고 계급위치와 계급행동·계급의식 간의 연관성에 대한 문제들은 마르크스주의 진영 안 팎에서 매우 열띤 논쟁들을 불러일으켰다. 이런 문제설정 그리고 이에 대한 토론들은 한편으로는 실제로 마르크스주의 계급이론의 '불완전성'을 보여주는 것이지만, 다른 한편으로는 마르크스주의 계급이론 발전에 적지 않은 자극을 주기도 한 것이 사실이다. 그럼에도 불구하고 현재에도 여전히 많은 문제들이 해결되지 않았거나 불투명한 상태다.

　이런 문제들과의 대결은 매우 어려운 작업이지만, 계급이론의 발전을 위해서는 불가피하고 또 반드시 필요하다고 생각된다. 왜냐하면 계급이론의 중심과제는 바로 한편으로 현재의 계급구조를 그 발전경향 속에서 정확히 분석하고 다른 한편으로는 계급위치와 개인의 행위 간의 연관성을 더 명확하게 밝히는 것이기 때문이다.

　따라서 어떤 주요 문제들이 논쟁에서 다루어졌으며, 또 어떤 해결 시도들이 있었는가를 살펴보려고 한다. 그러나 쟁점들을 다루면서 문제에 대한 명확한 해답을 목표로 하지 않았다. 그리고 이는 필자의 능력을 훨씬 넘어서는 일이다. 여기서는 오히려 무엇보다 여러 상이한 이론적 입장들을 비판적으로 검토함으로써 어떤 잘못된 시각을 피해야 할 것인가를 보여주고자 한다. 만약에 이런 시도들이 일정한 성과를 거둔다면 이를 토대로 계급이론 내의 해결되지 않은 주요 문제들을 풀 수 있는 연구에 도움이 될 수 있을 것이다.

1. 계급을 규정하는 기준의 문제

이른바 '중간계급' 문제를 둘러싸고 매우 광범위한 논쟁이 전개됐다. 그러나 이 논쟁에서는 중간계급의 계급 규정 자체만이 아니라 더 근본적으로는 계급을 규정하는 기준의 문제, 즉 어떤 기준이 계급간의 경계를 설정할 때 고려되어야 하는가 그리고 이를 토대로 "각 계급들의 발전경향이 계급투쟁에 가지는 함의"들 중 어떤 것들이 특히 도출되어야만 하는가 하는 문제가 중요했다(PKA, 1973: 487).

논쟁은 우선 지속적인 취업구조의 변화문제를 둘러싸고 시작됐다. 전통적인 의미에서의 노동자들이 취업인구 중에서 차지하는 비율이 점점 적어지는 반면, 대부분이 직접적으로는 물질적 생산 부문에서 일하지 않는 '화이트 칼라'와 '공무원'의 비율이 증가했다. 이런 변화를 배경으로 말레(Mallet)는 기업 내 기술·과학 인텔리의 증가에 주목하고 '새로운 노동자계급'론을 발전시켰다(Mallet, 1972).

그는 자본주의 발전과 더불어 물질적 궁핍의 문제는 계급의식의 발전에서 점점 더 작은 역할을 한다는 가정에서 출발했다. 그가 보기에는 이런 물질적 생활보장이라는 '양적' 문제들 대신에 기업 내의 소외와 위계서열 구조 등의 '질적' 문제들이 더욱더 중요한 의미를 가지게 된다는 것이다. 그러나 기술자, 엔지니어 같은 이른바 새로운 노동자들은 이런 질적 소외의 문제에 전통적 노동자들보다 더 민감하기 때문에 이들은 기업체 내의 가장 의식화된 집단을 형성하며, 따라서 노동운동의 '전위'가 된다는 것이다(Mallet, 1972; Beckenbach, 1973).

비록 말레의 이론은 여러 측면에서 비판을 받았지만(Deppe, 1970; Jung, 1971; Beckenbach, 1973)[1] 그의 이론은 마르크스주의 계급이

---

1) 말레 이론의 내용 중에서도 특히 많은 사람들의 비판을 야기했던 것은 그의 이론의 '기술주의적 결정론'이었다. 비판자들에 의하면 말레는 자본주

론의 현실문제들을 연구하는 데 중요한 자극을 주었다. 특히 사회구
조의 변화와 각 계급들의 계급규정 문제(예를 들어 신노동자계급이냐
아니면 신중간계급이냐 등의 문제)를 둘러싼 본격적인 논쟁을 불러일
으켰는데, 이는 주지하다시피 노동자조직의 문제, 계급전략 및 전술이
라는, 예나 지금이나 중요한 문제들과 밀접한 관련을 가지고 있는 주
제들이다.

따라서 여기서 전면에 부각된 쟁점은 노동자계급과 '중간계급들'
간 경계의 문제였다. 다시 말해 취업구조 내의 기술·과학적 인력과
상업노동자, 국가공무원 등의 상대적 증가, 즉 사회적 노동의 분화에
직면해 이 집단들에 대한 계급 규정이 그만큼 더 절실한 과제로 떠올
랐던 것이다.

이 문제와 관련해 일반적으로 마르크스주의 진영 내의 여러 이론적
입장들을 '얼마나 노동계급을 넓게 파악하는가'하는 기준으로 구분해
볼 수 있다. 따라서 우리는 노동자계급을 아주 좁게 개념화하는 입장
으로부터 아주 넓게 파악하는 입장에까지 하나의 스펙트럼을 상상해
볼 수 있다(Hagelstange, 1988: 89). 그러나 각각의 특정한 입장들은
다시 또 그 안에서 여러 편차를 보이기 때문에, 즉 특정 계급구분 기
준에 대해 상이한 평가를 내리거나 또는 일부 기준들을 나름대로 다
르게 결합시키기 때문에 원칙적으로는 각 입장들을 다시 세분화하고
그 내부적 차이들을 검토하는 것이 필요하다고 볼 수 있다.

그러나 여기서 모든 이론을 다룰 수는 없다. 왜냐하면 이런 작업은

의적 생산과정은 동시에 가치증식 과정이라는 점을 잊었다는 것이다. 따
라서 노동관계의 인간화와 탈위계서열화(Enthierachiesierung)에 대한 주장
은 기술적 발전을 절대화하고 노동과정의 측면만을 고찰한 결과라는 것이
다. 반면 "임노동의 경제적 종속과 자본의 가치증식 이해로의 종속"은 그
의 분석에서 완전히 간과됐다는 것이다.

이 책의 범위를 넘어서는 것이기 때문이다. 그러므로 이 책에서는 중요한 문제들에 있어서 서로 다른 명제들을 대표하는 이론들과 마르크스주의 진영 내에서 적지 않은 논란을 불러일으킨 이론들에 국한해 다루기로 한다. 여기서 다루려는 이론들은 일반적 임금노동자계급이론, IMSF와 PKA의 계급이론 그리고 풀란차스와 라이트의 계급이론이다.

1) 일반적 임노동자계급론

우선 계급 규정에서 하나의 중요한 모델로 일반적 임노동자계급론을 들 수 있다. 이 이론은 노동력 상품의 판매를 노동자계급을 규정하는 결정적 기준으로 간주한다. 비록 이 이론 내에도 여러 다양한 입장들이 있지만 이 입장은 일반적으로 생산부문, 유통부문 그리고 국가부문에 종사하는 모든 노동자를 포괄하는 광범위한 노동자계급 개념을 대표하고 있다.

이런 입장에 대해 슈미어러(Schmierer)는 만약에 임노동을 행하는 모든 사람들을 프롤레타리아트 계급에 집어넣는다면, 이는 프롤레타리아트 계급을 '무정형적인 잡동사니 집단'으로 만드는 오류를 저지르는 것이라고 하면서 이의를 제기했다(Schmierer, 1971: 481). 그의 비판은 정당하다고 생각된다. 슈미어러는 노동자계급을 규정할 때에는 '과학적 의미에서의 임노동'을 임노동의 현상적 개념으로부터 구분해야 한다고 주장하면서 오직 잉여가치를 생산하는 생산적 노동자들만을 노동계급으로 파악하고 다른 임노동자들은 중간계급으로 간주했다(Schmierer, 1971).

슈미어러의 주장을 보면 일반적 임노동자계급이론이 임노동의 일반화에서 '넓은 의미의 노동자계급' 개념을 도출하고, 자본주의 임노동의 경제적 형태 규정(Ökonomische Formbestimmtheit)으로서의 '생산적 노동'을 고려하지 않는 점에 대해 주로 비판을 하고 있음을 알 수 있다. 자본주의 사회의 계급분석에서 '생산적 노동'이라는 범주를 슈미어러가 여기서 주목하는 것은 아주 타당하다. 그러나 그는 '생산적 노동' 범주를 노동자계급 규정의 유일한 기준으로 삼음으로써 그의 분석에는 경제적 형태 규정들의 전개과정에 대한 분석이 처음부터 배제되고 말았다. 따라서 생산적 노동자 이외의 다른 형태의 임노동자들은 그들이 자본관계 내에 있는지 아니면 외부에 있는지와 상관없이 모두 '새로운 중간계급'으로 파악됐던 것이다.

슈미어러가 이렇게 생산적 노동과 노동자계급을 그리고 비생산적 노동과 중간계급들을 동일시하는 것에 대해 아르만스키는 슈미어러의 파악이 "본질적으로 정태적인 사회학적 분류방식을 벗어나지 못했다"고 비판했다. 아르만스키에 의하면 슈미어러는 "임노동의 각 상이한 경제적 형태 규정들에 상응하는 자본관계가 전개되는 단계들"을 간과했다는 것이다(Armanski, 1972; PKA, 1973).

아르만스키에 따르면 "임노동의 여러 포섭형태들—생산적 총노동자, 상급경영자, 유통부문 노동자, 국가부문 임노동자 등—이 어떻게 다른지" 정확하게 분석해야 한다는 것이다. 즉 "각 형태들이 어떤 방식으로 가치의 운동(바로 여기에서 그들의 임금수준과 구성요소들이 결정된다) 아래 놓이게 되는지, 그리고 각각의 임노동들이 전사회적 재생산과정의 어떤 영역과 기능들 속에서 움직이고 있으며, 이에 상응해 그들 의식의 가능성과 한계는 어떻게 다른지 등"이 연구되어야 한다는 것이다(Armanski, 1972: 56).

여기서는 결국 임노동의 상이한 경제적 형태 규정들에 대한 분석이 강조되고 있다. 그에 따르면 이런 분석에 기초해 다시 임노동자들 중의 어떤 집단이 노동자계급에 속하는가 하는 질문이 제기되어야만 한다. 아르만스키는 슈미어러와 달리 유통부문 노동자를 노동자계급에 포함시켰으나 국가부문의 임노동자는 노동자계급에서 제외시켰다. 왜 냐하면 국가부문 노동자는 자본관계의 외부에 있으면서 그들의 노동력을 파생소득과 교환하는 반면, 유통부문의 노동자는 자본에 직접적으로 맞서 있으며 '간접생산적'이며 그들의 노동력을 자본과 교환하기 때문이라는 것이다(Armanski, 1972: 57; Armanski, 1974: 3). 물론 아르만스키 역시 광의의 '임노동자계급이론'을 반대한다는 점에서는 슈미어러와 같지만 그가 반대를 제기하는 이유는 슈미어러와 다르다.

그가 볼 때 "여러 임노동자 범주들을 하나의 계급으로 묶는 것은 계급 규정을 일상적 의식의 표면에 연결시키는 것으로 이 경우 여러 소득들의 원천은 더 이상 보이지 않는" 문제가 생기기 때문이다 (Armanski, 1974: 4).[2] 한편 일반적 '임노동자계급이론'은 임노동의 상이한 경제적 형태 규정을 언제나 간과한다는 아르만스키의 비판을 벗어나는 사람들이 있는데, 마우케와 벡켄바하 등이 바로 그들이다. 왜냐하면 그들은 자신들의 분석에서 생산적·비생산적 노동, 자본관계 내의 노동, 자본관계 외부의 노동 등 상이한 경제적 형태 규정을 아주 자세히 고려하기 때문이다. 그럼에도 불구하고 그들은 광의의 노동자계급이론을 옹호한다. 왜냐하면 생산수단의 비소유와 자본관계의 일반

---

2) 그러나 '전술'과 관련해 그의 이론은 일관성이 없는 것 같다. 그는 한편으로 국가부문의 임노동자와 자본관계 내의 임노동자를 엄격히 구분하면서 광의의 '임노동자계급이론'을 거부한 반면, 다른 한편으로는 "노동자계급의 여러 부문들 간 통일의 필요성"을 역설했다. "임금노동이 전술의 토대이다. 이에 기초를 두면서 임노동계급 내의 부문들 간의 부분적 차이들은 경제적 투쟁의 확대와 심화를 통해 극복되어야만 한다. 비생산적 임노동자의 노조 내로의 조직화 역시 그 첫걸음이 될 것이다"(Armanski, 1972: 60).

화를 노동자계급 규정의 결정적 기준으로 삼기 때문이다.

　마우케는 마르크스의 서비스 계급과 노동하는 계급 간의 구분 그리고 일반적 임노동자계급과 대립되는 '특수한 계급들'의 자립화 가능성을 유의함에도 불구하고 모든 임금생활자는 사회적 총자본의 관점에서 보면 노동자계급에 속한다고 주장한다. 그에 따르면 그 이유는 다음과 같다.

　　산업부문의 임노동자와 상업부문의 노동자가 그들 노동력의 판매자로서 직접적으로 자본에, 즉 특정한 개별자본들에 맞서 있다면 모든 임노동자들은 사회적 총자본과는 매개된 관계 속에 있다. 재생산적인, 직접적 계급관계는 전체 사회에 대한 자본의 지배를 통해서 모든 임금생활자들-그들의 잉여노동이 잉여가치로 전화하든 안하든 상관없이-의 매개된, 일반적 계급관계로 확대된다(Mauke, 1970: 165).

　비슷한 맥락에서 벡켄바하와 그의 동료들은 자본관계의 외부에 있는 임금노동자들을 노동자계급의 일부로 파악했다. 그들에 따르면 이 집단은 비록 그들의 노동력을 직접적으로 자본과는 교환하지 않고 파생소득과 교환하지만, 자본관계 내의 노동자들과 마찬가지로 노동력의 판매를 통해서만 살아갈 수 있기 때문에 노동자계급의 일부로 보아야 한다는 것이다(Beckenbach, 1973: 100). 결국 여기서의 쟁점은 자본관계 외부에 있는 임금노동자를 노동자계급의 일부로 볼 수 있는가 하는 것이었다.

　여기서 특히 논란이 될 수 있는 것은 사법기관, 경찰과 군대의 임금생활자들을 아무런 문제 없이 노동자계급에 포함시킬 수 있는가 하는 질문이다. 왜냐하면 이 억압적 기능을 수행하는 국가공무원들은 그들의 분석에서 노동자계급에 포함되고, 이들과 다른 임노동자들 간의 차이는 같은 노동자계급 내의 차이로 간주됐기 때문이다(Beckenbach,

1973: 100).

하지만 자본의 임노동자들은 생산과 잉여가치의 실현에 기여하고 또 다른 국가공무원들은 일반적·유용적 사용가치를 창출하면서 자본의 생산력 증대에 커다란 역할을 하는 데 반해 주로 지배특수적 기능을 하는 임금생활자들은 "공동체를 위한 사용가치(Gebrauchswert für Gemeinde: *Grundrisse*, 425쪽)"의 측면에서도 비생산적일 뿐 아니라 '기생적'이다.

따라서 이 집단들이 비록 그들의 노동력을 노동시장에서 팔아야만 한다는 점에서 다른 임금노동자들과 공통점이 있긴 하지만 사회적 재생산과정에서 그들의 위치는 다른 임노동자들과 매우 다르다. 비록 비생산적이긴 하지만 사회적으로 필요한 노동을 수행하고 있는 다른 국가공무원들과는 달리 이 집단들의 노동은 주로 지배특수적 기능들과 관련되어 있다. 그러나 다른 한편으로 그들의 노동이 체제안정적 기능을 가지는 한, 즉 계급지배를 유지하는 데 반드시 있어야 한다면 그들의 노동을 '필요한' 노동으로 간주할 수는 있다.[3]

2) IMSF와 계급분석 프로젝트(PKA)

1970년대 초에 서독에서는 두 개의 중요한 마르크스주의 계급분석들이 나타났다. 그것은 바로 IMSF(Institut für Marxistische Studien und Forschungen: 마르크스주의 연구와 조사를 위한 연구소)의 계급분석과 PKA(Projekt Klassenanalyse: 계급분석 프로젝트)의 계급분석이었다. 이 두 개의 계급분석은 양자 공히 마르크스 계급이론에서 근본적 준거틀을 가져와서는 계급구조의 변화를 체계적으로 설명하려고

---

3) 제3장 중간계급 부분을 참조할 것.

시도했다는 점에서 공통점이 매우 컸지만 분석의 접근방법과 결과에 대해서는 적지 않은 차이를 보여주었다.

방법적 출발점과 관련해볼 때 IMSF는 국가독점자본주의론을 토대로 현대계급구조의 변화를 국가독점자본주의에서 나타나는 특수한 질적 변화로 파악하려고 노력했다. PKA는 이를 거부했다. 왜냐하면 PKA는 일관되게 국가독점자본주의론을 비판하는 입장을 취했기 때문이다. PKA는 IMSF와는 다르게 현대계급구조의 변화를 자본주의 사회의 계급분화에서 일반적으로 나타나는 현상으로 파악했다(IMSF, 1973: 123; PKA, 1973).

이 두 계급분석들 간의 방법론적 기초에서의 이런 차이는 당연히 계급규정 기준에 대한 상이한 평가에서 나타났다. PKA가 생산적·비생산적 노동 등의 여러 경제적 형태 규정들을 매우 중요하게 취급하고 그로부터 출발해 현대의 복잡한 계급구조를 풀어보려고 시도했던 반면, IMSF는 이런 경제적 형태 규정들에는 별로 의미를 두지 않았다. 오히려 IMSF에게는 노동력의 질, 임금수준 같은 다른 기준들이 계급들을 구분하는 데 있어 더 결정적이었다. 따라서 IMSF에게는 생산수단과의 관계뿐만 아니라 노동의 내용과 노동조직 속의 위치 역시 매우 중요하게 취급됐다.

방법적 토대의 측면에서 볼 때 PKA의 분석이 일관성이 있는 데 반해 IMSF의 분석은 불명확한 입장을 취하고 있다. 코스테데(Kostede)가 정확하게 비판했듯이 IMSF 내의 지도적 이론가인 융(Jung)의 주장은 서로 모순적인 입장들, 자본주의 계급구조의 일반성을 지지하는 입장과 국가독점자본주의에서 계급구조의 질적 변화를 주장하는 입장 사이에서 공전하고 있다.[4] 이런 방법적 입장을 PKA로서는 받아

---

4) "한편으로 그(Jung - 인용자)는 자본주의적 계급구조(Gefüge)의 일반적 구조적 동일성에서 출발하지만 다른 한편으로는 현재의 계급구조적인 변

들일 수가 없었다. 따라서 PKA는 다음과 같이 비판을 했다.

융은 다음과 같은 딜레마에 서 있다. 한편으로 『자본론』에서 개진된 범주들이 계급관계들을 규정하는 토대가 되어야 한다는 것과 다른 한편으로 부르주아 사회가 전반적 위기로 인해 근본적으로 변화했으며, 따라서 이와 동시에 정치경제학 범주들도 변형되어서 이런 범주들은 오늘날 자본주의 사회의 계급구조와 노동계급의 내적 분화를 충분히 분석해내기에는 더 이상 역부족이라는 것이다(PKA, 1973: 414).

계급 규정의 기준에서도 IMSF의 분석은 별로 설득력이 없다. IMSF는 경제적 형태 규정을 중요하지 않게 취급하기 때문에 그들의 분석에서는 육체노동자, 사무직 노동자, 공무원들 중에 낮은 임금을 받는 자들은 모두 노동계급으로 분류됐다. 반면에 생산부문의 기술·과학노동자와 상업노동자의 적지 않은 부분들은 그들의 상대적으로 높은 노동력 질 또는 더 높은 임금수준으로 인해 임금종속적 중간층으로 분류됐다. 이런 분류와 관련해 우리는 여기서 융의 주장의 중요한 부분을 인용해보자.

임금종속적 중간층의 형성과 발전은 자본주의 사회구성체의 발전과 관련된다. 여기서 중요한 것은 그들의 존재기반이 임노동이긴 하지만 그럼에도 불구하고 사회적 노동조직 속에서 그리고 경제와 사회 전체 시스템 내에서의 그들의 위치로 인해 노동자계급과 달리 그들에게 특별한 역할이 부여되는 집단이다. 바로 여기서 '구'프티부르주아와 비슷한 객관적 위치와 이를 기반으로 하는, 기본계급들에 대한 양면적인 이해상황이 연

화를 자본주의적 발전의 비일치성(Nicht-Identität)의 결과들로, 즉 질적인 변화, 국가독점적 변화의 결과로 파악하고 있다"(Norbert Kostede, "Kritik neuerer Analysen zur Klassenstruktur der BRD", 1976 in: *Gesellschaft, Beiträge zur Marxschen Theorie 7*, Frankfurt/M, S.119-132, 123쪽).

유한다.

그들의 역사적 충원기반은 처음에는 주로 구프티부르주아 계층들이다. 개별자본의 차원에서 볼 때, 그들은 자본주의 기업가의 기능에서 유래하는 활동들, 즉 자본주의 생산과정과 가치증식과정의 조직화와 지도, 자본의 형태변환, 잉여가치의 실현을 수행하는 집단들이다. 감독, 지도 기능을 하는 자본의 장교, 하사관들, 구매, 판매, 부기 등을 수행하는 상업적 임노동자들과 국가의 기능을 수행하는 집단들이 바로 그들이다(IMSF, 1973: 159).

국가독점자본주의 이론가들의 논의[5])에 기대어 융은 분석에서 주요 계급들 사이에 존재하는 집단들을 '임금종속적 중간층(Lohnabhängige Mittelschichten)'이라는 개념을 사용해 지칭한다. 그러나 '계급들 사이에 있는 중간층'이라는 개념의 사용이 마르크스주의 계급분석에서 과연 타당한가 하는 문제[6])는 도외시한다고 하더라도 그의 임금종속적 중간층 개념의 사용은 논리적으로 일관성이 없는 듯 보인다.

융에 따르면 '계급 - 계층 - 집단'이라는 일련의 순서는 각 범주의 사회적 비중과 사회적 전망의 서열적 순서를 표현한다는 것이다(IMSF,

---

5) Autorenkollektiv am Institut für Weltwirtschaft und internationale Beziehungen der Akademie der Wissenschaften der UdSSR, *Politische ökonomie des heutigen Monopolkapitalismus,* Berlin, 1972, 685-687쪽; Paul Boccara u.a., *Der staatmonopolistische Kapitalismus,* Frankfurt/M, 1973, 178-188쪽 등 참조.

6) "계층 개념은 개인이 생산수단과 생산조건들과 어떤 특수한 관계에 있는가에 대해 전혀 제시하는 바가 없다. 그러므로 계급들 사이에 존재하는 '계층들', 즉 사이의 계층 또는 중간계층들이라고 말하는 것은 불명확하고 혼란을 내포하는 개념 정의다. '중간' '계층'이라고 하는 두 개의 개념들은 사회 내 계급의 계층화(Klassenschichtung)를 가정하고 있다. 그러나 이는 계급관계의 내적 역동성과 적대성을 처음부터 불평등의 수직적 질서로 전도시키는 것이다"(S. Herkommer u.a., *Alltag, Bewußtsein, Klassen,* Hamburg, 1984, 29쪽).

1973: 55). 따라서 오늘날 프티부르주아(Kleinbürgertum)를 계급으로 본다는 것은 전체 인구 중에 이들이 차지하는 비율과 그리고 국민경제 내에서의 이들의 역할이 매우 감소했기 때문에 더 이상 정당하지 못하다는 것이고 이들은 계급이라고 하지 말고 중간층 또는 '사이' 계층 (Zwischenschicht)으로 표현해야 한다는 것이다(IMSF, 1973: 56). 그런데 만약에 융의 논지를 그대로 따른다면 그가 '임금종속적 중간층'으로 파악한 집단들은 '계급'으로 파악해야만 할 것이다. 왜냐하면 이 집단들은 실제로 자본주의 생산력의 발전과 더불어 성장했기 때문이다.

융은 물론 이런 비판을 피하려고나 하는 듯이 이들 집단은 경향적으로 감소하는 계층이 아니라 증가하는 계층이라는 단서를 붙이고 있다(IMSF, 1973: 61, 160). 그러나 이 경우에 융은 임금종속적 중간층이라는 개념 사용의 정당성을 그 집단이 인구 중에 차지하는 비율이 아닌 주요 계급들 사이에 놓인 위치에서 찾고 있는 듯하다. 그러나 만약에 융이 주요 계급들의 사이에 존재하는 특정한 집단들을 그들의 양면적 위치로 인해 '계층'으로 간주하고자 한다면, 먼저 과거의 고전적 프티부르주아 역시 계급이 아닌 '계층'으로 인식했어야 했다.

이외에도 융에게 있어서 매우 의심스러운 것은 임금종속적 중간층에 속하는 자들과 아닌 자들을 판별하는 근거이다. 그는 모든 지도(경영)활동, 감독노동 그리고 상업노동을 무차별적으로 임금종속적 중간층들이 수행하는 특수한 역할에 포함시켰기 때문에 그의 분석에는 자본에 의한 노동의 여러 포섭형태들에 대한 고려가 제대로 이루어지지 않았다. 그가 비록 노동자계급에게 행해지는 '임금종속적 중간층'의 '특수한 역할'을 강조하기는 했지만 융은 결국 한편으로는 비육체노동 그리고 다른 한편으로는 상대적으로 높은 임금수준을 임금종속적 중간층의 규정 기준들로 생각하는 듯이 보인다(IMSF, 1973: 108, 160).[7]

그럼으로써 융은 계급분석에서 일차적으로 고려해야 할 '생산적 노

동' 등 여러 경제적 형태 규정들을 분석에서 배제하고 말았다. 융은
예를 들어 기술·과학적 인텔리들의 노동 역시 지불노동과 부불노동으
로 구성되어 있다는 사실, 그리고 그들 역시 자본에 의한 강제적 관
계 속에 포섭되어 있다는 점을 보지 못할 뿐만 아니라[8] 나아가 '임금
종속적 중간층'의 대부분이 실제로 특별한 특권이나 권한이 없이 주
로 실행적 노동활동을 행해야만 한다는 사실을 간과하고 있다.

'특수한 역할'이라는 개념화와 관련해볼 때 융의 임금종속적 중간
층이론은 역시 설득력이 없다. 왜냐하면 그의 분석에는 직접생산적·
간접생산적, 그리고 공동체를 위해서 필수적인 노동들을 수행하는 노
동자들이 주로 억압적 기능을 대리하는 부류의 노동자들과 구분이 돼
있지 않기 때문이다. 따라서 IMSF의 계급분석은 그들의 의욕적인 의

---

7) 그는 1986년에 펴낸 『탈형태화된 사회화』에서도 상대적으로 높은 교육
   수준과 전문기능적인 노동력의 질을 '임금종속적 중간층' '인텔리'의 규정
   기준으로 주장하고 있다(Jung, *Deformierte Vergesellschaftung*, Frankfurt/M,
   1986, 151쪽). 물론 이런 집단들과 다른 여타 노동자들 간에 여러 측면에
   서 현실적으로 존재하는 차이들(특히 임금수준의 차이와 노동력의 자질의
   차이 등)에 대해 간과할 수는 없다. 그러나 이런 차이들이 노동계급 내부
   의 계층들을 규정하는 기준으로 사용될 수는 있어도 계급 규정의 기준으
   로 사용될 수는 없다.
8) 이런 융의 오류는 그가 생산적 총노동자 개념을 단편적으로 이해한 것과
   밀접한 관련이 있다. 융은 생산적 노동이라는 범주를 우선 전적으로 사용
   가치를 창출하는 노동(gebrauchswertschaffende Arbeit)으로 고찰한다(IMSF,
   1973: 80). 생산적 노동의 원래적 규정을 오직 직접적 현장에서 일하는 생
   산노동자들에게만 타당한 것으로 간주함으로써 이 개념을 사용가치를 창
   출하는 생산단위들과 관련시키기 때문에(같은 책, 81쪽) 융은 자본주의에
   서의 생산적 총노동자라는 범주를 전혀 다르게 파악하고 있다. 물론 융은
   생산적 노동을 자본의 가치증식이라는 관점에서도 고찰하고 있다. 그러나
   융은 생산영역의 생산적 노동과 유통영역의 비생산적 노동 간의 차이를
   보지 못하기 때문에 그에게 자본의 아래에서 일하는 모든 노동자는 생산
   적 노동자로 나타난다(PKA, 1973: 411-414 참조).

도에도 불구하고 기본적으로 부르주아 사회학의 사회불평등에 대한
기술적 서술을 넘어서지 못하고 그들의 분석은 오직 계층이론을 마르
크스주의적으로 변형시킨 것에 불과하다는 비판을 면하기 어렵다.

한편 IMSF의 분석과는 달리 PKA에서 중요하게 취급되는 것은 경
제적 형태 규정들로부터 출발하는 것, 즉 각각의 수입형태들과 노동과
자본의 교환과정에서 맺는 관계들에 대한 이해로부터 출발하는 것이
다. PKA는 생산적 노동, 비생산적 노동의 범주와 자본관계의 내부에
있느냐 외부에 있느냐 하는 점들을 핵심적 규정으로 제시하면서 자본
관계의 외부에 존재하는 공적·사적 영역에서 일하는 서비스 노동자들
을 노동자계급에서 제외시키고 이들을 '임금종속적 중간계급들(Lohn-
abhängige Mittelklassen)'이라는 개념에 포함시켰다.

PKA의 분석에 의하면 그들은 그들의 노동력을 자본으로서의 화폐
(Geld als Kapital)가 아닌 수입으로서의 화폐(Geld als Revenue)와 교
환하기 때문에 임금종속적 중간계급들에 속해야만 한다는 것이다. 즉
노동계급과 '임금종속적 중간계급들' 간 계급적 경계를 지을 때는 임
금노동자의 임금이 '일차적(primäres)' 또는 '파생적(abgeleitetes)' 소
득인가가 기준이 된다는 것이다(PKA, 1973: 269).

이런 PKA의 파악이 매우 '도식적으로(schematisch)' 보이는 것은
어느 누구도 부인하지 못할 것이다. 비록 PKA가 중간계급들 내의 다
양한 분파들 간 차이에 대해서도 주의를 기울이고 있긴 하지만(PKA,
1973: 269), 여기서 경제적 형태 규정(즉 일차적 소득인 자본가의 이
윤 또는 노동자의 임금과의 교환 여부)은 바로 아무런 추가적 고려
없이 중간계급들 규정의 기준으로 채택되고 말았다. 예를 들어 우체
국의 노동자나 철도노동자들은 최고위직 공무원이나 소상품생산자들
과 함께 '중간계급들'로 파악됐다.[9]

PKA의 도식은 물론 그것이 취업구조와 관련해 생산적 노동자나

자본관계의 외부에 있는 비생산적 노동자나 모두 공히 임금을 받는다
는 사실 뒤에 은폐되어 있는 자본주의 형태의 사회적 생산과 분배의
내적 연관성을 밝혀주고 있다는 점에서는 유용하다고 볼 수 있다. 그
러나 이것은 자본관계 외부에 있는 비생산적 노동자들을 노동자계급
에서 제외시키는 이유가 결코 될 수 없다.

자본관계의 내부에 존재하는 생산적·비생산적 노동자들과 비교할
때 자본관계의 바깥에 존재하는 비생산적 노동자들은 물론 그들의 소
득이 '본원적'이지 않다는 점에서 '파생적' 관계에 있다. 그러나 앞에
서도 이미 고찰했듯이 이들은 전사회적 재생산의 관점에서 보면 역시
일반적 자본관계 속에 들어 있다. 또 이들은 자본의 임노동자들과 마
찬가지로 자신들의 노동력을 상품으로 팔아야만 하며 그들의 임금수
준은 어느 정도 편차는 있지만 노동력 재생산비용의 사회적 평균치에
의해서 규정된다.

그러나 자본의 임노동자들과는 달리 이들은 고용의 주기적 변동에
상대적으로 적은 영향을 받는다(Herkommer, 1984: 19). 따라서 자본
의 비생산적 노동자가 자본의 생산적 노동자로부터 한 발자국 떨어져
있다고 본다면 자본 바깥의 비생산적 노동자는 그만큼 더 떨어져 있
을 뿐이다. 이렇게 볼 때 PKA가 "노동자계급에 가장 가까이 서 있는
집단들"로 표현했던 '임금종속적 중간계급'은 억압적 기능들을 수행
하는 임노동자를 제외하고는 노동자계급의 일부분으로 파악하는 것이
더 의미가 있다. 노동자계급 내의 다른 분파들과의 공통점, 즉 하등의
생산수단을 소유하고 있지 않고 노동력을 팔아야만 한다는 사실을
PKA는 소득의 진정한 원천을 은폐하고 계급규정에서는 어떤 역할도

---

9) Redaktionskollektiv Klassenanalyse, "Notizen zur Klassenanalyse der
BRD durch das PKA", 1975 in: *Prokla,* Nr.1/1975, S.147-160, 152, 154
쪽 이하; Kostede, 1976: 125.

하지 못하는 단지 추상적인 범주로 너무나 쉽게 취급했던 것이다.

그러나 PKA에게 직접적 자본관계가 노동자계급을 규정하는 결정적인 기준이라면 PKA의 분석은 일관성이 없다. 왜냐하면 PKA는 비자본주의 상품생산부문에 종사하는 임노동자들을 노동자계급의 일부로 간주하면서 이들을 고용하는 소상품생산자들은 자본가계급에 포함시키지 않기 때문이다(PKA, 1974: 156; Bischoff, 1976: 60).[10]

이외에도 PKA분석의 전략전술적 결론 역시 그들이 주장한 '임금종속적 중간계급이론'과 서로 모순된다. PKA는 자본관계의 바깥에 있으면서 임금을 받는 모든 비생산적 노동자들을 '임금종속적 중간계급'에 포함시킨 반면 '혁명적 전술'의 차원에서는 이들과 노동자계급과의 '행동통일'을 역설하고 있다. 여기서 이들과 노동자계급과의 차이는 이들과 중간계급의 다른 부분들과의 차이보다 적은 것으로 나타나는데, 이는 바로 계급간의 차이가 중간계급 내 집단들 간의 차이보다 적은 의미를 지니는 것이다.

만약에 그렇다면 코스테데(Kostede)가 적절하게 지적하고 있듯이 우리는 왜 PKA가 그렇게도 애써서 자본관계 외부의 비생산적 임노동자들을 노동자계급에서 배제시키고 중간계급에 포함시키는지 그 이유를 전혀 이해할 수가 없다. 전체 중간계급에서 '임금종속적 중간계급'이 차지하는 비율이 증가할수록 그만큼 더 '임금종속적 중간계급'이라는 개념의 의미는 공허하게 된다.[11]

---

10) 이에 대한 비판은 Thomas Hagelstange, 앞의 책, 91쪽 이하 참조.
11) 코스테데는 다음과 같이 비판했다. "PKA가 지배적 계급구조의 일반적 유형을 도식적으로 파악하는 것은 점점 더 현실적인 계급투쟁의 실재적 구조들을 밝혀내는 데 도움이 되지 못한다고 말할 수 있다. 공공 서비스 부문 그리고 사적 서비스 부문에서의 노동자계층의 증가는 PKA의 도식적인 중간계급 개념을 더욱 매우 의심스러운 것으로 만들고 있다"(Kostede, 앞의 논문, 126쪽 이하. 그리고 130쪽도 참조). 그러나 코스테데의

계급전략의 문제와 관련해 예기(Jaeggi)는 IMSF, PKA 양자에 대해
다음과 같은 비판을 가했다.

　PKA는 꼼꼼히 독해한 마르크스, 엥겔스 해석의 틀 내에서 일관되게 노
동자계급의 핵심에 의한 '전도된 사회적 교류형태들'의 지양가능성을 고
수하고 있다. 그러나 이들은 국가기구에 대한 직접적 지양을 주장함으로
써 현실적인 이행 형태들을 간과하고 있다. IMSF 이론가들은 이에 반해
더욱 심화되면서 전개되는 국가독점자본주의의 틀 내에서 '광범위한 반
독점적' 동맹전선을 이미 주어진 것으로 또는 최소한 가능한 것으로 진
단하고 있다. PKA가 적어도 경향적으로 국가기구의 극복이라는 강한 열
망 속에서 현실적 이행조건들을 제대로 보지 않는 모택동주의적 혁명관
을 암묵적으로 빌려왔다면 IMSF 이론가들은 구체적 조건들에 대한 고려
없이 사회주의 생산양식으로의 이행을 통한 자본주의 생산양식의 해체라
는, 마치 '유기체적인' 결국은 '경제적' 시각에 경도돼 있다(Jaeggi, 1976:
196).

　비록 IMSF와 PKA가 계급분석에 기초해 현 사회의 혁명적 변혁의
문제에 더 구체적인 답변을 제시하고자 한 그들의 의도(목표)를 달성
하지는 못했지만 우리는 다른 한편으로 그들의 계급 규정을 둘러싼
논의들이 단지 계급 '분류'만의 문제는 아니었다는 점을 간과해서는
안될 것이다(Bischoff u.a., 1982).[12] 물론 계급 규정과 계급전략의 연

　　PKA에 대한 다음의 비판은 너무 멀리까지 무리하게 나간 듯하다. 즉 그
　　에 따르면 PKA는 "최종적으로 정신적 생산 기능의 지배적 성격에 기인
　　하는" "엄연히 존재하는 현대 정신노동자의 사회적 공통성(Gemeinsa-
　　mkeit)"을 발견하지 못했다는 것이다(같은 논문, 127쪽; Redaktionskoll-
　　ektiv Klassenanalyse, 앞의 논문, 152쪽 참조). 그러나 모든 정신노동이 과
　　연 지배적 성격을 가지는가는 곰곰이 따져볼 일이다.
　12) 계급전략과 관련해 PKA의 입장은 그 사이 변했다. 비록 비숍과 그를 중
　　심으로 한 기타 연구자들은 여전히 '임금종속적 중간계급'이라는 범주를
　　고수하지만 그들의 과거 혁명적 전략은 노동계급을 중심으로 한 '헤게모

관성을 밝히는 것은 매우 어려운 과제지만 계급 규정에 대한 연구는 이미 IMSF와 PKA가 보여주듯이 언제나 계급전략을 개발하는 데 있어서 출발점이 되어야 한다. 만약에 이런 주장이 맞는다면 우리는 계급 규정과 계급전략 간의 연관성 논의에 하나의 중요한 자극을 주었던 풀란차스의 계급이론을 피해갈 수 없을 것이다.

3) 니코스 풀란차스

계급이론을 재구성하는 데 있어서 풀란차스(Nicos Poulantzas)의 목표는 이른바 '화이트 칼라'의 증대에 직면해 '노동자계급의 적과 잠재적 동맹자'들을 연구분석하고 그럼으로써 동맹정책의 가능성에 대한 더 정확한 지식을 제공하는 데 있다(Poulantzas, 1975: 287). 그러나 그가 이런 목표를 설정하게 된 직접적인 동기는 국가독점자본주의론의 계급이론에 대해 그가 불만을 품은 데서 연유한다.

국가독점자본주의론에서의 '임금종속적 중간층'이론은 풀란차스에 의하면 모순적이고 부정확한 파악으로 특징지어진다. 그가 보기에 이 이론은 '임금종속적 중간계층'의 계급귀속성을 연구주제로 삼으면서도 이 계층이 어떤 계급귀속성을 가지는가에 대해 전혀 답변을 하지 않는다는 것이다. 즉 한편으로 계급들의 외부에 '사회적 집단들'(임금종속적 중간층을 말함)이 있다고 하고 다른 한편으로는 이들도 역시 계급투쟁 속에서 존재한다고 주장하는 것은 풀란차스가 보기에 아무 의미가 없다는 것이다(Poulantzas, 1975: 173)

그는 국가독점자본주의론은 임금을 받는 중간계급들의 계급귀속성 규정을 부인했기 때문에 이들과 노동자계급 간의 구분이 분명하지 않

니' 전략으로 보완됐다. 이 전략에서는 특히 생활형태의 다양화가 적극적으로 고려되고 있다.

게 됐고 이와 동시에 "여러 동맹계급들의 이해간에 존재하는 실제적인 일련의 모순들"에 대한 분석이 처음부터 제외됐다고 주장한다(Poulantzas, 1975; Poulantzas, 1973: 17). 따라서 풀란차스에 의하면 국가독점자본주의론에서 '임금종속적 중간층'으로 표현한 사회적 집단들의 계급귀속성을 새로이 연구하는 작업이 불가피하다는 것이다. 그에 따르면 이 집단들은 "결코 계급의 옆에 또는 외부에 존재하지는 않는다"(Poulantzas, 1975: 170).

풀란차스는 자신의 저 유명한 '신(新)프티부르주아'이론을 본격적으로 전개하기 전에 계급 규정의 기준들에 대한 검토로 분석을 시작한다. 그는 사회적 계급을 규정하는 데 있어서 경제구조 속에서의 개인의 위치는 비록 근본적인 것이긴 하지만 충분한 것은 아니라고 말한다. 왜냐하면 경제적인 것 외에도 "정치적인 것과 이데올로기, 즉 간단히 말해서 상부구조 역시 마찬가지로 매우 중요한 역할을 하기" 때문이라는 것이다(Poulantzas, 1975: 13).

따라서 그는 경제적 계급 규정에 반대하면서 구조적 계급 규정을 내세운다. 이 구조적 계급 규정에 의하면 사회적 계급들의 객관적 규정은 오직 "정치·이데올로기적 관계들을 포괄하는 사회적 분업의 총체 내에서의 각 계급들의 위치를 통해서만" 정의될 수 있다(Poulantzas, 1975: 14). 그러므로 풀란차스에 의하면 경제영역에서의 생산이 중요한 것이 아니라 진짜 중요한 것은 오히려 경제적인 것, 정치적인 것 그리고 이데올로기적인 것이 서로 관련되는 속에서 사회적 계급들이 재생산된다는 사실이다(Poulantzas, 1975: 28).

풀란차스의 이런 시각은 분명히 모든 구체적인 계급관계들을 오직 경제적 요인들로만 설명하려고 시도하는 경제주의적 환원주의의 오류를 교정하는 데 유용하다. 하지만 그가 경제가 정치·이데올로기와 어떤 관계에 있는지 그리고 왜 경제가 '최종심급에서(in letzter Instanz)'

결정적인지를 제대로 보여주지 못하는 한 그의 이론은 우리가 사회적 계급관계들에 대한 체계적인 서술을 할 때는 별로 도움이 안되는 것 같다.

즉 풀란차스는 처음부터 정치적인 것과 이데올로기적인 것을 계급 규정 연구에 같이 집어넣었는데, 이 경우 사회적 총체를 분석하기 위한 방법적인 출발점으로서 정치경제학비판의 의미는 사라지게 됐고 이와 동시에 자본주의 사회의 계급구조에 대한 과학적 이해의 가능성도 어려워지게 됐다(PKA, 1977: 184). 존슨(Johnson)이 올바르게 비판했듯이 풀란차스의 이런 불투명한 방법적 접근은 결국 그의 자의적인 계급 규정으로 연결된다.[13] 우선 풀란차스가 어떻게 계급들을 구조적으로 규정했는지 살펴보기로 하자.

풀란차스는 계급규정에서 두 가지 시도를 하고 있다. 그는 한편으로 신프티부르주아를 노동자계급과 구분하려 한다. 또 다른 한편으로는 왜 신프티부르주아가 구프티부르주아와 함께 동일한 계급에 속할 수밖에 없는가를 증명하려고 한다. 그는 우선 노동자계급을 규정하는

---

13) "풀란차스에게 있어서는 생산보다는 재생산이 우선적인 개념이다. 하지만 이 개념은 상대적으로 이론화되지 않은 채 남아 있다. 우리는 재생산 과정이 어떻게 자본주의의 특정한 발전 단계에서 구조화되었는지 모르는 상태에 있기 때문에 그 안에서 경제적인 것, 이데올로기적인 것 그리고 정치적인 것들의 고유한 위치들은 과연 무엇인가라고 평가할 수 있는 방법을 전혀 가지고 있지 않다. 우리는 이런 심급들이 재생산과정에서 결정적인 역할을 한다는 것은 알고 있다. 그러나 우리는 [풀란차스가 제시한] 재생산과정에 대한 일반적이고, 추상적인 정의를 제외하고는 그 재생산과정이 도대체 무엇인지 모르고 있다. 따라서 우리는 재생산에서 이데올로기적인 것과 정치적인 것이 수행하는 역할을 특정한 제도적 맥락들과 전혀 연결시킬 수 없으며 결국 결과적으로는 자의적인 형식주의로 나아가게 된다"(Terry Johnson, "What is to be known?: The structural determination of social class", 1977 in: *Economy and Society*. Vol.6, 1977, S. 194-233, 208쪽).

기준으로 '생산적 노동'이라는 범주를 끌어들이고 있다. 왜냐하면 이 범주가 자본주의 생산양식의 지배적 착취관계를 드러내주기 때문이라는 것이다(Poulantzas, 1975: 181). 풀란차스에 따르면 생산적 노동은 "잉여가치를 생산하고 또 착취관계에 실체적 토대의 역할을 하는 소재적 요소들을 직접적으로 재생산하는 노동이다. 즉 직접적으로 물질적 생산에 관여하고 물질적 부를 증대시키는 사용가치들을 생산하는 노동이다"(Poulantzas, 1975: 185).

이런 풀란차스의 정의를 따를 경우 자본관계 내 상업부문의 노동자와 국가공무원들은 노동자계급에서 배제시켜야 한다. 그러나 노동자계급에서 배제되어야 하는 집단은 자본관계 내부와 외부에 있는 이들 비생산적 노동자들만이 아니다. 산업체에서 일하는 '과학의 담지자' 역시 노동자계급에서 배제된다. 왜냐하면 이 집단은 물질적 생산에 직접 관여하지 않기 때문이다(Poulantzas, 1975: 190).

한편 과학의 담지자들과는 달리 엔지니어와 기술자들은 물질적 생산의 생산과정에 직접적으로 관여한다. 그러나 풀란차스에 의하면 이들 집단들 역시 노동자계급에 속하지는 않는다. 왜냐하면 이들 집단의 경우 정치적·이데올로기적 관계들을 포함하는 구조적 계급 규정이 매우 중요하기 때문이다(Poulantzas, 1975: 191). 풀란차스가 이들을 노동자계급이 아니라고 보는 이유는 이들의 주요 기능이 "노동자들로부터 잉여가치를 뽑아내고 그것들을 모으는 일에 집중되어" 있다는 것이다(Poulantzas, 1975: 195).

그러나 신프티부르주아에 대한 구조적 계급 규정의 경우, 풀란차스가 앞의 기준 못지않게 마찬가지로 중요하게 취급하는 기준은 '육체노동'과 '정신노동'의 분리이다. 그에 의하면 육체노동과 정신노동의 분리는 지식의 비밀 그리고 독점과 직접적으로 연결되어 있고, 따라서 "지배와 복종에 관한 이데올로기 관계들의 재생산"에 기여하기 때

문에(Poulantzas, 1975: 202-214) 이 분리는 계급 구분의 기준으로 강
조되어야 한다는 것이다(Poulantzas, 1975: 209). 이런 복잡한 분석을
한 뒤 풀란차스는 전체 신프티부르주아 내에서의' 공통의 '이데올로기
적 효과'를 강조하고 있다. 그리고 더 나아가서 구프티부르주아와 신
프티부르주아가 동일한 계급에 속해야 하는 이유로 이데올로기적 친
화성을 들고 있다(Poulantzas, 1975: 244).

　풀란차스 이론의 가장 큰 문제점은 계급 규정의 결정적 기준이 그
가 어떤 계급을 고찰하느냐에 따라 변한다는 사실이다. 노동자계급을
규정할 때는 경제적 기준인 '생산적 노동' 개념이 결정적이었던 반면,
신프티부르주아 계급 규정에 있어서는 '감독' '권한' 그리고 '정신적
노동' 같은 정치·이데올로기적 기준들이 전면에 부각되고 있다. 왜 신
프티부르주아의 계급 규정에서는 경제적 기준보다 정치·이데올로기적
기준들이 더 중요해야만 하는지에 대한 정확한 설명도 없이 풀란차스
는 '생산적 노동' '실행적 노동'(구상과 실행에서의 실행적 노동) '육
체적 노동'이라는 세 가지 기준에 다 부합하지 않는 노동자들은 모두
노동자계급에서 제외시키고 있다.

　따라서 엔지니어와 기술자의 경우 생산적 총노동자의 한 지절로서
그들의 생산적 기능은 주요하지 않게 취급되는 반면, 그들의 정치적
기능 혹은 이데올로기적 기능만이 중요하게 취급되고 있다. 그러나
이 경우 풀란차스가 분석을 시작할 때 지배적 착취관계를 파악하는
핵심 범주로 강조했던 생산적 노동의 의미는 도대체 어디에 남아 있
는가라고 묻지 않을 수 없다.[14]

---

14) 라이트에 따르면 풀란차스는 실제로 '생산적 노동'을 기술적 분업과 동
　　일시하고 있다고 한다. "그러나 만약에 '지배적인 자본주의적 착취관계'
　　라는 말이 생산적 노동의 본질적 정의를 구성한다면, 생산적 노동을 아주
　　기술적 범주로 다루는 것은 비합리적이다. 경제적 기준은 기술적 노동분

이미 앞에서 보았듯이 풀란차스는 생산적 노동을 정의할 때 물질적 생산을 매우 협소하게 규정하면서, 과학의 담지자들을 노동자계급에서 제외시켰다. 그러나 물질적 생산이라는 범주를 생산물이 직접적으로 만들어지는 부문으로 한정시켜야 한다는 주장은 받아들이기 힘들다. 바로 여기서 풀란차스는 이 범주가 자본주의 생산력의 발전과 더불어 늘어날 수 있고, 또 따라서 생산적 노동에 비육체적 노동들도 포함할 수 있다는 사실을 간과하고 있다(PKA, 1977: 189).

그는 육체노동과 정신노동의 분리를 계급간의 경계로 지나치게 강조했지만 육체노동과 정신노동의 대립적 성격은 생산적 총노동자의 범위 확대로 경향적으로 극복되고 있다는 사실과 오늘날 정신노동자의 대부분이 특별한 권한과는 거의 상관없는 상태에서 일한다는 사실에 전혀 주목하지 못하고 있다. 이미 앞에서도 언급했듯이 노동들 간의 소재적 차이들은 자본주의 사회의 계급규정의 기준으로 적절하지 못하다.

마지막으로 풀란차스 계급이론에서 문제가 되는 것은 그가 국가공무원을 취급하는 방식이다. 그에게서 국가기구들, 특히 이데올로기적 국가기구는 사회계급의 재생산에서 결정적 역할을 담당하기 때문에 (Poulantzas, 1975: 28)[15] 그는 국가기구의 종사자들 대부분을 "피지

업 속에 그리고 정치적·이데올로기적 기준들은 사회적 분업 속에 근거하는 것으로 보는 것보다는 일반적으로 양자 모두 사회적 노동분업의 차원에서 고려되어야 할 것이다. 만일 이런 주장이 인정될 수 있다면 계급의 구조적 규정에서 이데올로기적·정치적 기준들이 언제나 경제적 기준에 선행해야 한다는 주장은 전혀 자명한 것이 아니다. 아니 오히려 정반대다. 만약에 사회적 노동분업 내의 경제적 기준들이 계급을 규정하는 근본적 결정인자로 취급되어야 한다면 이것들은 일반적으로 이데올로기적·정치적 기준들에 선행되어야 한다"(E.O. Wright, *Class, Crisis and the State*, London, 1975, 52쪽).

15) 풀란차스는 국가기구를 두 개의 부분들로 나누고 있다. 한편으로는 군

배계급에게 이데올로기를 주입하고 정치적으로 억압하는 임무에" 관
여하는 신프티부르주아로 파악했다(Poulantzas, 1975: 233). 그러나
여기서 국가부문 종사자의 노동이 어떤 경제적 형태 규정을 가지는가
에 대한 분석은 전혀 이루어지지 않았다. 따라서 먼저 국가·공공부문
의 임금노동자들이 사회의 경제적 재생산과 어떤 관계에 있는지 규명
하는 대신에 그는 성급하게 나아갔고, 결국 계급분석은 이데올로기적
분석으로 대체되고 말았던 것이다.

4) 에릭 올린 라이트

풀란차스가 마르크스주의 계급이론 논쟁에서 나타난 문제들을 자신
의 '구조주의적' 계급이론으로 극복하려 했다면 라이트(Erik Olin Wri-
ght)는 이 문제들을 계급범주와 계급분석의 추상수준에 대한 반성을
통해 해결하려 한다. 라이트에 따르면 중간계급을 둘러싼 논쟁에서
"계급구조 내의 모든 지위들을 무조건 어느 하나의 계급으로 귀속"시
키려고 하는 것은 적절하지 못하다고 한다. 그가 보기에 일부 지위들
은 한 계급 이외의 다른 계급들의 특징도 가질 수 있다. 따라서 바로
계급구조 내에서 그런 지위들이 가지는 '모순적 지위들'을 그 자체로
연구해야만 한다(Wright, 1978: 61; 1985b: 245).

이렇게 보면 예를 들어서 중간 정도의 '매니저'와 '기술관료들'은
자본가계급과 노동자계급 사이에서 모순적 지위를 점하게 된다. 왜냐
하면 이들은 노동자에 대해 통제권을 행사하지만 다시 자본가의 통제
를 받기 때문이라는 것이다. 이외에도 라이트는 모순적 지위를 가지
는 집단들로 소규모 기업가와 반자율적인 임금생활자들을 들고 있는

대, 경찰, 행정 등의 억압적 기능을 행하는 기구이고 다른 한편으로는 학
교, 교회, 언론, 정당 같은 이데올로기적 기구들이다(같은 책, 25쪽).

데, 이들은 각각 자본가계급과 프티부르주아, 프티부르주아와 노동자
계급 사이에 위치하게 된다(Wright, 1978: 78).

라이트에게 노동자계급은 비자율적인, 비감독 노동을 하는 임금생
활자들로 구성된다. 따라서 이런 기준에서 제외되는 다른 임금생활자
들은 모순적 지위들에 속하게 된다. 그는 노동자계급을 규정하는 기
준들로 '통제권과 자율성의 부재'를 결정적인 것으로 보기 때문에 산
업'하사관'과 반자율적인 노동자들을 노동자계급이 아닌 모순적 지위
들에 귀속시킨다.

따라서 풀란차스가 비생산적 노동자들을 그들이 비생산적이라는 이
유로 인해 노동자계급에서 제외시켰다면, 라이트는 이들 비생산적 노
동자들 중 비자율적인 부분을 노동자계급에 포함시킨다. 그러나 라이
트가 그렇게 하는 이유는 이들이 자본의 지배하에서 간접생산적 노동
을 수행하기 때문이 아니라 바로 그들이 비자율적이고 감독을 하지
않는 위치에 있기 때문이다.

라이트는 이런 '모순적 계급지위'에 대한 주장으로 한편으로 말레
(Mallet)와 고르(Gorz)의 '신노동자계급'론을 그리고 다른 한편으로는
풀란차스의 '신프티부르주아'론을 논박하고 양자를 적절히 접합한 듯
이 보인다(Strasser, 1985: 31). 그러나 라이트의 모순적 계급지위라는
개념화는 적어도 다음의 두 가지 측면에서 간과할 수 없는 문제들을
지니고 있다.

첫째, 라이트는 노동자계급을 규정할 때 '통제'라는 개념을 매우 중
시한다. 그러나 이런 계급규정에서는 상이한 경제적 형태 규정에 대
한 분석이 전혀 고려되고 있지 않다. 즉 라이트의 계급분석에는 여러
종류의 임금생활자들이 사회의 경제적 재생산에서 각각 어떤 지위를
점하고 있는지에 대한 분석이 전혀 없다.

라이트는 전통적 계급 분석에서 중요하게 다루는 이런 측면을 처음

부터 간과하고 있기 때문에 그는 생산에서 오로지 '통제'의 문제만을 보았을 뿐 모든 사회의 생산에서 언제나 필요한 '지도(경영)의 활동' 은 보지 못했으며, 또 나아가 자본주의 생산의 발전과 더불어 확대되고 있는 '생산적 총노동자'도 제대로 보지 못했다. 라이트는 '통제' 또는 '자율성' 같은 개념을 계급구분의 기준으로 절대화시키기 전에 먼저 여러 차원의 통제가 자본주의 사회의 경제적 재생산과 어떤 내적 연관성을 갖는지 연구했어야만 했다.

둘째, 라이트의 계급 규정의 기준들이 매우 문제가 있는 것으로 판명됐다면 '모순적 계급지위'가 존재한다는 그의 주장이 과연 설득력이 있는지 이의를 제기할 수 있다. 즉 노동자계급을 라이트와 다르게 정의할 경우에는 라이트가 말하는 계급들 간의 모순적 지위에 포함돼 있던 많은 위치들은 다시 특정한 계급들로 포함시킬 수 있을 것이다.

예를 들어 기술·과학노동자들은 라이트에 의하면 통제의 위계서열 구조에서 중간적 위치를 점하기 때문에 노동자계급이 아니라 모순적 지위에 속하게 된다. 그러나 이 집단의 계급 규정에서 이들도 역시 잉여노동을 수행하고 자본가들로부터 착취를 당한다는 사실을 중요하게 생각할 경우에는 이 집단은 노동자계급에 속하게 된다. 그리고 노동의 '자율성'이라는 측면에서 보면 노동자계급의 상층을 차지하게 되는 것이다.

라이트는 최근 일련의 작업들에서 자신의 기존 입장을 비판하고 '모순적 지위'이론을 과거와는 다른 식으로 증명하려 시도했다. 그에 따르면 자신의 기존 이론은 다른 대부분의 계급이론들과 마찬가지로 주로 '지배'라는 개념에만 치중했지 '착취'문제에는 소홀했다는 것이다.16) 라이트는 이로 인해 "계급지위의 분석과 객관적 이해에 대한

---

16) Erik Olin Wright, "Wo liegt die Mitte der Mittelklasse?", 1985a in: *Prokla 58*, Nr.1/1985, S.35-62, 36쪽; E.O. Wright, "Was bedeutet neo und was

분석 간의 연관성"을 간과하는 결과를 낳았다고 말하고 있다(Wright, 1985a: 37). 따라서 그에 의하면 '착취' 개념으로부터 출발하는 새로운 계급이론의 재구성이 필요하다는 것이다.

뢰머(Roemer)의 게임이론에 착안하여 라이트는 자본주의 착취 메커니즘을 고찰하는 기준으로 생산수단의 소유와 '조직재' 및 '자질자원'라는 두 개의 기준을 끌어들인다(Wright, 1985b: 260; 1985: 64). 이 모델에 따르면 모든 임금종속자들은 생산수단 소유의 관점에서 볼 때 착취를 당한다. 그러나 다른 두 개의 자원들과 관련해서 보면 임금종속자들 간에도 착취관계가 성립한다는 것이다.

따라서 앞의 세 가지 자원 중 어느 하나도 가지지 못한 임금노동자는 노동자계급에 속하는 반면, 조직자원에 대한 통제를 행사하거나 또는 평균 이상의 노동력 자질을 소유하고 있는 다른 노동자들은 모순적 지위에 있는 것으로 파악된다.

라이트는 이런 재구성으로 인해 자신의 모순적 계급지위론이 '착취'의 개념에 토대를 두면서 이전보다 더 과학적으로 정립됐다고 믿는 듯하다. 그러나 라이트가 착취 개념을 이렇게 확대함으로써 간과할 수 없는 몇 가지 문제들이 생겨나고 말았다. 우선 지적해야 할 것은 그의 이론이 내적으로 불분명하고 일관적이지 못하다는 것이다.

하겔슈탕에(Hagelstange)가 적절히 지적하듯이 만약에 라이트가 착취를 항상 주요한 자원들을 둘러싸고 어떤 사람은 일인당 할당된 평균 몫 이상의 자원을 그리고 다른 사람은 평균 몫 이하의 자원을 가지기 때문에 생겨나는 것으로 증명하려고 하면 그의 전통적 중간계급 개념은 전혀 쓸모없는 것이 되고 말 것이다. 왜냐하면 거의 모든 소

---

heißt marxistisch in der neo-marxistischen Klassenanalyse?", 1985b in: H. Strasser and J.H. Goldthorpe(Hrsg.), *Die Analyse sozialer Ungleichheit,* Opladen, S.238-266, 256쪽 이하.

·자영업자들은 제각기 착취하는 사람이거나 아니면 착취당하는 사람
둘 중의 하나로 구분되어야 하기 때문이다(Hagelstange, 1988: 98).

다른 한편 라이트에 의하면 '전문직업인(Professionals)'은 노동력의
자질이라는 자원의 관점에서 볼 때 착취자에 속한다. 그러나 여기서
우리는 과연 노동력 자질의 차이가 항상 착취를 야기하는가라고 묻지
않을 수 없다. 라이트는 물론 상대적으로 높은 소득이 양질의 노동력
재생산비용을 반영하는 것일 때는 노동력 자질의 차이에 의한 착취는
생겨나지 않는다고 말하고 있다(Wright, 1985a: 41). 그러나 그는 자
신의 경험적 자료에서 모든 숙련노동자를 '모순적 지위' 범주에 집어
넣고 있다. 따라서 노동력 질의 차이와 관련해 실제로 누가 착취하고
착취당하는지가 불분명하다(Hagelstange, 1988: 99).

그러나 라이트의 이론적 재구성에서 더욱 문제가 되고 부정적으로
보이는 점은 그가 착취 개념을 확대하면서 계급이론의 더 나은 발전
가능성을 암묵적으로 믿고 있다는 것이다. 그러나 우리가 이미 그의
모순적 지위의 규정에서도 지적했듯이 그는 임노동 - 자본관계의 의의
를 충분히 고려하지 못하고 있다. 착취 개념의 확대로 인해 임노동 -
자본관계는 세 가지 중요한 착취관계 중의 하나로만 파악됐으며, 따
라서 자본주의 계급사회에서 이 관계가 가지는 핵심적 의미는 그만
사라지게 됐다(Offe, 1985: 86).

라이트는 여기서 자본주의 사회의 계급분석은 언제나 생산의 자본
주의적 특수형태 그리고 그에 상응하는 분배 형태에 대한 분석을 기
초로 해서 전개되어야만 한다는 사실을 망각하고 있다. 다른 여타 착
취관계들이 임노동과 자본이라는 핵심적 착취관계와 어떤 관계에 있
는지 살펴보지 않고 라이트는 세 가지 자원들(생산수단, 조직, 노동력
의 질)을 그것들이 모두 생산적 자원들이고, 또 착취와 관계가 있다는
이유로 동일한 차원에서 다루고 있다.

이런 라이트의 실수는 그가 뢰머(Roemer)의 착취 모델을 무비판적으로 수용한 데서 기인한다. 그러나 리처르트가 지적하듯이 뢰머는 중요한 자원들의 불평등한 할당을 전제로 할 뿐 어디서 이 자원들의 불평등한 할당이 야기됐는가에 대해서는 답변을 못한다.

"일부 행위자들이 도대체 어떤 과정을 거쳐서 다른 사람들보다 더 많은 자원을 가지게 됐는가"하는 것을 연구하는 대신 뢰머는 이것을 단순히 가정하고 있을 뿐이다. 마치 개인들 사이에서의 이런 불평등한 분배가 그 어떤 전유의 조건들(Aneignungsbedingungen) 없이도 가능한 것처럼 말이다(Ritsert, 1988: 154).

이렇게 볼 때 라이트가 행한 계급이론 재구성은 그가 비판했던 풀란차스의 그것과 한 가지 공통점이 있다. 우선 풀란차스는 물론 경제의 선차성(Primat der Ökonomie)을 주장했지만, 그에게 정치적인 것과 이데올로기적인 것이 경제적인 것과 전혀 매개되지 않은 채 직접 계급 구분의 결정적 기준들로 되어버렸다면, 이와 유사하게 라이트의 조직자원과 노동력 질 자원 역시 임노동 - 자본관계와의 내적 연관 없이 '모순적 지위' 규정에 독립적인 역할을 하고 있다.

전반적으로 볼 때 라이트가 새로운 개념화로 자신의 과거 이론의 결점들을 제거할 수 있었다는 주장은 받아들이기 힘들다. 오히려 라이트는 자본주의 계급구조를 총체성 속에서 파악할 가능성으로부터 한발짝 더 멀어져간 듯이 보인다. 왜냐하면 그는 자본주의 사회의 핵심적 착취관계로서의 임노동 - 자본관계가 가지는 의의를 희석시켜버렸기 때문이다.

2. 경제적 계급과 사회적 계급

마르크스 계급이론에 대한 주요한 비판 중 하나는 이 이론이 계급의 경제적 상태와 공동의 생활양식 및 계급의식 간의 관계를 너무 단순하게 설정한다는 것이다. 이 비판에 의하면 이런 마르크스주의의 '그릇된' 파악은 이 이론에 내재하는 경제주의적 환원주의와 독자적인 행위이론의 결여에 그 근본원인이 있다.

그리하여 록우드(David Lockwood)는 자신의 논문에서 마르크스주의에는 계급과 신분구조 간의 상호관계에 대한 명확한 이해가 결여되어 있다고 비판했다(Lockwood, 1985: 12). 즉 그에 따르면 마르크스주의는 '가치들의 제도화' 문제를 완전히 간과했기 때문에 계급행위자들이 그들의 목표를 통합시키는 데 실제로 아주 중요한 역할을 하는 신분질서에 대한 적절한 개념이 없다는 것이다(Lockwood, 1985: 30). 또 록우드와 비슷한 맥락에서 페터(Peter)는 마르크스와 엥겔스는 비록 상부구조의 상대적 자율성을 언급하긴 했지만 사회적인 범주에 대한 분석은 하지 않았다고 주장했다. 그가 보기에 마르크스는 자신의 주저인 『자본론』에서 오로지 '경제적' 계급만을 다루었다는 것이다.

'부르주아 사회의 해부,' 즉 자본의 범주적 분석에서 계급들은 오로지 경제적 기능의 담지자로 그리고 계급적 개인들은 오로지 경제적 범주들의 인격화로 나타난다. 마르크스의 『자본론』에서는 사회적 계급들이 어떻게 그들의 사회적 관계들을 만들어가며 사회적 의미를 가지게 되는가 그리고 한편으로 '경제적 존재'와 다른 한편으로 사회적 행위, 태도의 생성과 형태화 간에 어떤 연관성이 있는지가 전혀 다루어지지 않았다. '사회적인' 영역은 이론적·경험적으로도 경제적 분석과 비판의 저편에 놓여 있었다(Peter, 1989: 34).

페터에 따르면 물론 『루이 보나파르트의 브뤼메르 18일』 같은 저
작에서 마르크스의 '사회학적'인 분석들이 보이기는 하지만, 마르크스
주의에는 사회적인 것에 대한 체계적인 규정이 전혀 없으며, 따라서
독자적인 사회학이론의 토대가 정립되어 있지 않다는 것이다(Peter,
1989: 34).

우리가 록우드와 페터의 주장을 따를 경우 사회적 총체는 '경제적
인 것'과 '사회적인 것'으로 구성된다. 그리고 마르크스주의는 경제적
인 것과 사회적인 것으로 나뉘어져 있는 사회적 총체 중에서 오로지
경제적 범주만을 대상으로 한다. 따라서 사회 전체를 보지 못하고 경
제부분만을 보는 마르크스주의 분석의 '편협성'이 지적됐다면, 다른
한편으로는 이에 근거해 사회적 범주 분석에서 마르크스주의의 필연
적인 '무능함'이 동시에 강조됐다.

'경제적 계급'과 '사회적 계급' 간의 연관성이 마르크스주의 전통에
서 상대적으로 소홀히 다루어져왔다는 점을 감안할 때, 이런 비판이
완전히 틀렸다고 보기는 힘들다. 더구나 과거 계급의 생활양식이 상
대적으로 동질적이었던 데 비해 오늘날에는 직업구조가 분화되고 다
양한 생활관계들이 존재한다는 사실을 생각하면 이런 비판은 더욱더
설득력을 갖는 것처럼 보인다. 그럼에도 불구하고 마르크스가 구조차
원의 경제적 계급 규정만을 위해 행위차원의 사회적인 범주에 대한
분석을 무시했다는 이들의 주장은 적절하지 못하다.

앞에서 언급했듯이 마르크스에게는 경제적인 것을 위해 사회적인
것을 간과하는 것이 중요했던 것이 아니라 다음의 질문, 즉 인간생활
의 다양한 측면들이 서로 어떤 연관들을 맺고 있는가 하는 질문이 중
요했고, 이에 대한 해답을 구하는 과정에서 경제에 대한 분석이 사회
전체를 이해하는 데 있어 방법론적·내용적 기초를 이루게 된 것이다.
이렇게 볼 때 페터의 비판들은 빗나간 것이다. 헤어콤머는 페터의 주

장을 반박하는 글에서 다음과 같이 말하고 있다.

　문제는 '사회적인' 범주 및 마르크스의 자본관계에 대한 분석을 하나의
분과경제학적 해석으로 오해하는 데 있다. 바로 페터가 정치경제학 비판이
사회화의 경제적 '차원'에 대한 분석 이상이며, 또 오히려 사회적 관계들,
행위들 그리고 행위자의 기본적 의식형태들(신비화, 일상생활에서의 유사
종교적 의식)을 포함하고 있다는 사실－물론 그것들은 경제관계들의 '배
역'과 '인격화'라는 추상화 차원에서 서술되고 있다－을 받아들이려 하지
않기 때문에 그는 하버마스에 의해 개진된 체계와 생활세계의 분리라는
테제를 포함해 록우드에 의해 도입된 체계통합과 사회통합이라는 개념적
이분법을 따라야 한다고 생각한다(Herkommer, 1989: 39).

　실제로 마르크스가 객관적인 계급지위와 계급행위 간의 관계를 단
순하고 일직선적인 관계로 파악했다고 주장하기는 힘들다. 물론 예를
들어 『공산당 선언(*Manifest der kommunistis chen Partei*)』 같은 저작에
서 보이는 '단언적인' 표현들이 종종 그런 오해를 불러일으키기도 하
는 것은 사실이다. 그러나 우리는 이런 오해를 불식할 많은 증거들을
마르크스의 다른 저작들에서 찾을 수 있는데, 특히 『프랑스에서의 계
급투쟁』과 『루이 보나파르트의 브뤼메르 18일』은 아주 좋은 예다.
　『루이 보나파르트의 브뤼메르 18일』에서 마르크스는 당시 프랑스
의 사회경제적 조건과 그에 따른 각 계급들의 경제적 이해뿐만 아니
라 그들의 사회적 전통과 정치적 대표성의 문제들을 분석했다.
　'분파들(Fraktionen)' '동맹(Bündnis)' 등의 개념들을 사용하면서 마
르크스는 여기서 한 계급의 경제적 이해가 구체적으로는 결코 그 내
부에서 동일하지 않다는 것, 그리고 각 계급의 결집된 이해는 결코
자동적으로 정치적 무대로 옮겨가는 것이 아니라 오히려 복잡한 매개
과정들을 거친다는 것을 잘 보여주었다.

즉 다음과 같은 분석들, 어떻게 '질서당(Ordnungspartei)'이 생겨났
는가 그리고 왜 부르주아지는 행정권력이 그들로부터 자립화되는 것
을 방치할 수밖에 없었는가 등에 대한 분석들을 통해 마르크스는 한
편으로 객관적 계급이해의 존재와 다른 한편으로는-'최종심급'에서
전자로 환원되는-정치의 '고유한' 논리를 보여주었다.17)

따라서 이런 마르크스의 분석을 보면 우리의 이론적 관심을 "마르
크스가 상부구조의 독자적 법칙성을 인식했는가 그리고 과연 마르크
스에게 '사회학적 연구방법의 측면들'(Peter, 1989: 34)이 있는가 없
는가" 하는 문제에 국한시켜서는 안될 것이다. 오히려 더욱 중요하게
보아야 할 것은 상부구조의 운동들이-그 상대적 자율성이 간과되지
않으면서도-계급의 경제적 조건들과의 연관 속에서 고찰되고 있는
마르크스의 방법론적 접근방식이다.

---

17) 홀(S. Hall)은 마르크스가 『루이 보나파르트의 브뤼메르 18일』에서 계급
지위와 계급행동 간의 복잡한 연관성을 어떻게 생각했는지를 다음과 같이
설명하고 있다. 홀에 따르면 마르크스는 우선 계급을 결코 하나의 전적으
로 통일된 집단으로 파악하지 않았다는 것이다. 그는 한 계급 내의 여러
'분파들(Fraktionen)', 즉 예를 들어 '룸펜프롤레타리아트' '금융귀족' 그리
고 '산업 부르주아지' 등을 구분했다는 것이다. 둘째, 마르크스는 여러 계
급분파들이 정치적 무대에서 어떻게 서로 관계를 맺는가에 주목했다는 것
이다. 동맹에 대한 분석에서 그는 여러 계급분파들의 환상, 사고방식 그리
고 행위들이 비록 최종심급에서는 그들의 물질적 실존토대로 환원될 수
있지만, 일단은 상부구조의 '현실적이고 독자적인 영향'을 표현하고 있다
는 것을 잘 보여주고 있다는 것이다. 셋째, 홀에 의하면 마르크스는 '계급
내용(Klasseninhalt)'과 그것의 정치적 대표양식이라는 핵심적 문제들을 다
루었다. 즉 여기서는 "정치적 무대와 '정당들'을 통한 계급이해의 표출이
결코 단선적으로 이루어지는 것이 아니다"라는 사실뿐만 아니라 한 계급
분파 또는 계급의 정치적 이해가 다른 분파 또는 계급에 의해서 대변될
수 있다는 사실이 중요하다는 것이다(Stuart Hall, "Das 'Politische' und
das 'Ökonomische' in der Marxschen Klassentheorie" in: Ders., *Ausgewä-
hlte Schriften*, Hamburg, 1989, S.11-55, 38쪽 이하).

물론 우리는 마르크스가 다양한 사회적 영역들을 실제로 충분히 분석했다거나 또는 사회적인 것에 대한 분석은 경제적인 것에 대한 분석과 전적으로 일치한다고 주장할 수는 없다. 그렇다고 해서 역으로 마르크스 이론이 '경제주의적'이기 때문에 그의 방법론에 기초해 '사회학적' 범주를 분석하는 것은 원칙적으로 불가능하다고 주장하는 것은 잘못된 것이다.

오히려 경제적 토대로부터 출발하면서 그것과 다른 생활영역 간의 연관성을 점차 구체적으로 연구해나갈 때 사회학적 범주들을 사용하는 분석은 더 과학적일 수 있다. 그러나 경제적 계급과 사회적 계급 간의 연관성이 오늘날 충분하게 파악되지 않고 있다면, 마르크스주의의 방법론적 우월성만을 반복해서 강조하고 또 『루이 보나파르트의 브뤼메르의 18일』을 그 좋은 예로 언급하고 만족하는 것은 큰 의미가 없다.

실제로 우리는 경제적 계급과 사회적 계급 간의 연관성 문제에서 단지 마르크스의 방법론적 지침만을 얻을 수 있기 때문에 사회적 계급이라는 범주를 마르크스의 방법론적 토대 위에서 가능한 한 규명해보는 것이 필요하다. 따라서 이제 이런 과제의 사전 작업으로 사회적 계급이라는 범주를 주제로 삼고, 이를 경제적 계급과의 연관 속에서 다루었던 몇몇 주요 이론들을 비판적으로 검토해보기로 한다.

1) 베버의 계급과 신분

베버(Max Weber)는 유물론적 계급이론이 사회불평등의 구조화를 오로지 '소유와 비소유'의 관점에서만 고찰하는 편협한 이론이라고 봤다. 따라서 그는 이 이론에 반대해 계급 규정의 기준을 스스로 다원적으로 나누고 '신분(Stände)'과 '계급(Klasse)'을 구분했다.

계급 규정의 기준과 관련해 베버는 계급지위(Klassenlage)의 정의에서 출발하는데, 이 계급지위는 전형적인 기회분배에 의해 규정된다. 또 자산계급(Besitzklasse)과 영리계급(Erwerbsklasse)을 구분하는데 전자에서의 계급지위는 자산의 차이에 의해 규정되는 반면, 후자는 재화 또는 능력이 시장에서 가치증식될 수 있는 기회 여부가 계급규정의 기준이 된다(Weber, 1985: 177). 그러나 베버의 '시장지위' 개념을 엄격히 적용하면 "우리는 무척 많은 계급지위들을 상정할 수 있을 것이다"(Giddens, 1979: 55).

그러나 베버는 자산계급과 영리계급을 구분하는 것 외에 '사회적 계급(soziale Klasse)'이라는 또 하나의 범주를 끌어들인다. "사회적 계급은 그들 사이에 개인적으로 세대간의 이동이 쉽게 가능하고 또 전형적으로 일어나는 그런 계급지위의 전체를 의미한다"(Weber, 1985: 177).

따라서 '사회적 계급'이라는 범주의 도움으로 상이한 시장기회들을 가진, 즉 다양한 계급지위에 있는 개인들을 '하나의' 계급으로 묶을 수 있다(Giddens, 1979: 54). 그런데 베버는 이런 분류를 통해 마르크스 계급이론의 '일차원성'을 극복하려 하지만 그는 이런 다차원적 분류로도 만족하지 못한다. 왜냐하면 그가 보기에 이런 분류 역시 여전히 경제적으로 치우쳐 있기 때문이다.

계급과 신분(stände)을 구별하면서 베버는 위의 '경제적' 계급규정의 결점들을 보완할 수 있다고 생각한다. 그에 따르면 계급은 순수하게 경제적으로 규정되는 데 반해서 신분적 지위는 "사회적 평가에서 전형적으로 유효하게 요구되는 긍정적 또는 부정적 특권"을 의미한다(Weber, 1985: 179). 즉 계급이 '경제질서(Wirtschaftsordnung)' 안에 있으면서 즉자적으로는 결코 공동체가 아니고 단지 공동행위가 가능한 토대를 의미한다면 '사회적 질서(sozialen Ordnung)' 내에 있는 신분들은 특수한 공동의 생활방식에 따라 구조화된다(Weber, 1985: 531).

이런 신분적 지위는 비록 특정한 계급지위에 근거할 수 있지만 계급적 지위만으로 결정되는 것은 아니다(Weber, 1985: 180). 오히려 신분적 명예는 일반적으로 재산 그 자체를 적나라하게 과시하는 것과 모순된다. 왜냐하면 신분은 베버에 의하면 "적나라한 시장원칙을 일관되게 관철하는 데 방해물이 되는" 데 반해 계급지위는 시장에서의 기회분배에 의해 규정되기 때문이다(Weber, 1985: 534). 그러면 우리들의 주제와 관련해볼 때 베버에게는 과연 경제적 계급지위와 공동의 생활방식 간의 관계에 대한 체계적 설명이 있는가를 질문하지 않을 수 없다.

우선 지적하고 넘어가야 할 것은 베버의 '신분'에 대한 규정이 매우 양면적이라는 사실이다. 그는 한편으로 계급과 신분이 사회불평등의 상이한 구조원칙을 표현하고 있다고, 즉 계급은 '경제질서', 신분은 '사회질서'와 관련을 맺고 있다고 주장한다.[18] 이렇게 보면 계급과 신분이라는 범주들은 사회구성체와는 무관한, 서로 상이한 차원의 사회화 원칙들이다. 그러나 그는 다른 한편으로 신분의 형성과 시장원칙을 각각 봉건주의와 자본주의의 사회화 원칙들로 대립시켜 파악함으로써 계급과 신분을 상호 배타적인 사회화 형태들로 파악하고 있다.[19]

---

18) "우리는 아주 단순화시킬 경우 다음과 같이 말할 수도 있을 것이다. '계급'은 생산 그리고 재화 취득과의 관계에 따라 구분되며, '신분'은 특정한 '생활양식' 형태로 나타나는 재화소비의 원칙에 따라 구분된다"(M. Weber, 앞의 책, 538쪽).

19) M. Weber, 앞의 책, 180쪽 그리고 Max Koch, "Klasse und Geschmack. Zum Verhältnis von sozialen Strukturen und individuellem Handeln in bürgerlichen Gesellschaften", Freie Uni. Berlin Diplom-Arbeit am Soziologieinstitut, Berlin, 1990, 75쪽 참조.

베버는 계급지위와 계급이해, 계급행위 간에 결코 필연적 인과관계
는 없다고 주장한다. 그는 물론 특정 경우에는 객관적 계급지위와 계
급행위 간에 인과관계가 존재한다는 것을 부인하지는 않지만 이런 경
우를 무척 예외적인 것으로 보고 있다. 오히려 각 계급성원들의 이해
는 "동일한 계급지위와 기타 동일한 상황들에서도" 매우 다를 수 있
다고 한다.

"공통의 계급지위에서 특정한 사회화가 형성되거나 또는 공동행위가
형성된다는 것은 결코 일반적인 현상이 아니다"(Weber, 1985: 532). 즉
생활기회의 차이(생활기회의 공통성)들이 그 자체로는 계급성원들의 공
동의 행위를 보장해주지 않기 때문에 계급지위의 규정성(Bedingtheit)과
실제의 영향력(Wirkung)은 분명하게 구분하여 인식해야만 한다는 것이
다(Weber, 1985: 533).

베버의 이런 파악은 그가 경제주의를 엄격하게 배격한다는 사실을
고려하면 당연히 이해할 만하다. "경제적 원인들에만 환원시키는 것
은 문화현상들의 모든 영역에서도 어떤 의미를 가지기에는 불충분한
데 이것은 이른바 '경제적' 사건들의 영역에서도 마찬가지다"(Weber,
1988: 169).

그러나 어떻게 경제적 계급지위가 공동의 생활양식과 관련을 맺는
가 하는 질문에 베버는 거의 대답을 못하고 있다. 그는 물론 "계급성
원의 '대중행위'에서 '공동체적 행위' 그리고 결국은 '사회화'가 형성
되는 정도는 일반적 문화조건들, 특히 지적인 종류에 달려 있으며 그
리고 형성된 대비의 정도, 즉 계급지위의 원인들과 결과들 간의 관계
가 얼마나 분명한가에도 달려 있다"(Weber, 1985: 533)고 언급은 하
지만 양자간의 연관성에 대한 체계적 설명은 전혀 제시하지 못하고
있다. 오히려 우리는 베버가 주로 속류 경제주의에서 나타나는 기계
적 인과관계에 대한 비판에만 자신의 관심을 집중했다는 인상을 지울

수 없다.

이렇게 보았을 때 베버의 계급이론과 계급, 신분의 구분은 '경제적' 계급과 '사회적' 계급 간의 관계를 이해하는 데 약간의 지적 자극을 줄 수는 있지만 그 관계에 대한 체계적인 연구를 진전시키는 데는 별로 도움이 안된다. 베버의 계급이론으로는 이 문제를 해결할 수 없다. 왜냐하면 그의 이론은 결국 '사회학적 행위이론'이 가지는 한계[20]와 관련된 몇 가지 중대한 결점들을 가지고 있기 때문이다.

첫째, 베버에게 경제의 선차성(Primat der Ökonomie)은 그 방법적 측면에서 볼 때 사회관계들의 재생산이라는 중요한 사실을 표현하는 것이라기보다는 하나의 중요한 '이념형'적 연구방식을 의미한다. 따라서 베버에게 사적 유물론의 시각은 단지 하나의 '이념형(Ideal-typus)' 일 뿐이다(Weber, 1988: 205). 비록 베버의 이념형이 '순수한 상상'과는 관계가 없지만 우리는 베버가 이로써 사회적 생산양식과 사회구조

---

20) 행위이론의 한계는 바더 등에 따르면, 행위이론이 오로지 구체적 개인들의 행위만을 고찰할 뿐 사회적 현상들을 분석의 대상으로 삼지 않는다든가 또는 행위이론이 개인들의 행동에 대한 사회적 규정성을 무시한다든가 하는 식으로 비판해서는 증명될 수 없다. 왜냐하면 행위이론적 분석 역시 이런 측면들을 고려하고 있기 때문이다(Veit Michael Bader, Johannes Berger, Heiner Ganßmann, and Jost Knesebeck, *Einführung in die Gesellschaftstheorie*, Frankfurt/New York, 1976, 104쪽, 108쪽 이하). 그들에 의하면 행위이론의 결정적 한계는 오히려 사회적 현상들 중에는 "결코 이해될 수 있는 행위로 환원될 수 없는" 사회구조적 사실들이 있다는 데서 찾아야 한다(앞의 책, 108쪽). 따라서 그들에 의하면 행위이론은 한편으로는 결코 행위자들 간의 '합의'에 의해서는 만들어지지 않는 사회조직들, 예를 들어 시장형태들, 언어공동체 등에 대한 분석 그리고 다른 한편으로는 "그 안에서 부르주아 사회의 구성원들이 서로 얽혀 있는, 사회적 관계들의 자립화와 사물화(Verselb-ständigung und Versachlichung des gesellschaftlichen Zusammenhangs)"에 대한 분석에 있어 한계에 부딪칠 수밖에 없다(앞의 책, 108쪽, 또 313쪽 이하를 참조할 것).

및 생활양식 간의 역사적 연관성을 매우 상대화시키면서 사회학적 개념구성 속에서 이를 해체시키고 있는 것을 간과할 수 없다.

둘째, 마르크스 계급이론이 일차적으로 생산관계를 주제로 삼는 데 반해 베버의 계급이론에서는 '기회의 분배(Chancenverteilung)'가 그 출발점이다. 따라서 베버는 자신의 계급분석에서 자본주의 '시장관계'를 전면에 내세우기는 하지만 생산관계는 고려하지 않고 있다. "(베버에게ㅡ인용자) 사회적 생산방식은 언제나 이미 전제되어 있다. 관심이 있는 것은 오로지 어떻게 한 사회에서 개별 성원들에게 재화와 급부에 참여할 기회들이 분배되어 있는가 하는 것뿐이다"(Herkommer, 1975: 128).

여기서 중요한 것은 베버도 '경제의 선차성(Primat der Ökonomie)'이라는 명제에 충실했는가 하는 것이 아니라 그가 경제에 대해 어떤 식의 이론화를 했는가이다. '생산관계'는 '시장관계'와 직접적으로 맞아떨어질 수는 없다. 자본주의 경제에 대한 베버의 이해에는 행위이론의 방법론적 개인주의가 근저에 깔려 있다. 바더(Bader) 등이 제대로 지적했듯이 그는 마르크스가 자본주의 생산양식의 구조원리에서 설명하는 자본주의 사회관계의 물화와 전도를 기껏해야 행위자의 의도하지 않은 부수적 결과로 해석할 수 있었을 뿐이다.[21]

셋째, 베버는 시장관계의 근저에 놓여 있는 생산관계에 주목하지 않기 때문에 그의 계급이론 재구성은 자의적인 분류로 이어지고 있다. 나아가 베버는 계급과 신분의 구분을 통해 사회불평등의 상이한 구조화 원칙을 보여주려고 노력했다. 즉 각각은 '경제질서'와 '사회질서'로 연결되고 있다. 그러나 바로 이런 이분법적 구도에서 생산관계를 오로지 '경제질서'로만 이해하고 있기에 그는 계급과 신분 양자 간에

---

21) Veit Michael Bader, Johannes Berger, Heiner Ganßmann, and Jost Knesebeck, 앞의 책, 312쪽.

산만하고 불명료한 관계만을 볼 뿐 그들이 어떤 관계에 있는가에 대한 체계적 설명을 할 수가 없었다.

복잡한 사회적 관계들을 많은 개념적 범주들로 분류하고, 또 각 관계들을 상세하게 기술하는 것은 결코 쉬운 작업은 아니다. 하지만 중요한 것은 어떻게 이런 범주들이 체계적으로 서로 매개되어 있는가와 어떻게 사회적 총체가 '구체적으로(konkret)' 파악될 수 있는가를 규명해내는 일일 것이다. 베버는 바로 이 점에서 실패한 듯이 보인다.

2) 기든스의 구조화이론

기든스(Anthony Giddens) 역시 마르크스 이론을 매우 비판적으로 검토한다. 그에 따르면 마르크스 계급이론은 두 개의 커다란 결점을 갖고 있다.

첫째, 마르크스는 양대 계급의 존재를 주장했다는 것이다. 그러나 이런 이분법적 파악은 시간이 지날수록 그 의미가 증대되는 '신중간계급'의 적절한 이해에 방해가 되고 있다는 것이다(Giddens, 1979: 122). 둘째, 마르크스는 자본주의 착취에서 필연적으로 혁명적인 의식이 생겨났다고 말했다는 것이다. 그러나 '갈등의식'이 '혁명적 의식'으로 발전하는 것은 불가피하지도 필연적이지도 않다(Giddens, 1979: 112). 그에 따르면 갈등의식은 단순한 이해대립에서 나오는 반면, 혁명적 의식은 '산업통제'의 깊은 모순에서 연유한다고 한다(Giddens, 1979: 139).

기든스가 보기에 마르크스 계급이론의 문제점들은 베버 이론의 도움으로 어느 정도 해결될 수 있다. 즉 신중간계급의 분석에는 마르크스의 '이분법적 계급 파악' 대신에 베버의 '영리계급' 분류가 도움이 될 수 있고, 또 계급지위와 계급행위 간의 관계에 대해서는 마르크스의 혁명적 계급의식의 단선적 도출보다 베버의 '사회계급' 개념이 더 나은 시각을 제공해줄 수 있다는 것이다.

그러나 기든스가 보기에 베버 이론 역시 간과할 수 없는 한계가 있다. 우선 베버의 시장지위 개념을 따르면 수많은 계급지위를 인정할 가능성이 있다. "베버의 시장지위 개념은 비록 마르크스 도식이 가지고 있는 일부 경직된 면들을 성공적으로 피하고 있기는 하지만, 무한한 수의 계급들을 인정하는 함의를 가지고 있다." 둘째로 베버가 '사회적 계급'이라는 문제틀을 다루기는 하지만, 이 개념 역시 모호하고 불명확한 측면이 있다는 것이다(Giddens, 1979: 123-126).

이런 문제제기에서 그는 독자적인 이론 구성을 시도한다. 그의 논의의 출발점은 '자본주의 내의 시장'이다. 그가 여기로부터 출발하는 이유는 이 개념이 마르크스와 베버의 공통된 출발점이었기 때문이다. 시장은 기든스에 의하면 "개인들로 구성된 여러 집단들의 상대적 협상능력에 기초한 경제적 관계들의 체계"이다(Giddens, 1979: 123).

기든스는 자신이 보기에 오로지 '소유와 비소유'의 기준으로 추상적이고 일면적인 계급관계만을 정식화했던 마르크스와는 달리 마르크스가 주장한 '자본소유' 외에도 직업적 '자질(Qualifikation)'과 육체적 '노동력'을 동시에 고려할 것을 제안한다. 그는 따라서 이 세 가지 요소들을 시장에서의 협상능력의 가장 중요한 원천들로 보고 이것들을 '시장능력(market capacity)'이라는 용어로 표현했는데, 기든스는 이 시장능력을 "각 개인들이 협상과정에서 사용하는 모든 적절한 속성들의 형태들을 지칭하는 상위 개념"으로 정의했다(Giddens, 1979: 125).

이 세 가지 시장능력을 구분한 다음, 기든스는 이 시장능력들이 구조화된 형태로서의 계급들로 전화하는 문제를 다룬다. 왜냐하면 "계급이론에서 결정적인 공백 부분은 '경제적 계급'이 '사회적 계급'으로 되고 또 사회적 계급이 다시 다른 사회적 형태들과 관계를 맺게 되는 과정들"이기 때문이다(Giddens, 1979: 127). 계급을 '실재적' 또는 '명목론적' 범주 둘 중의 하나로만 바라봤던 기존의 시각을 거부하면서 그는 계급형성과정 자체에 주목할 것을 강조한다. 그는 이 과정을 자신의 계급관계의 '구조화이론'으로 정리한다.

그는 우선 계급관계를 간접적 구조화와 직접적 구조화로 구분한다. 간접적 구조화의 요인들이 시장능력과 구분가능한 사회적 집단으로서 계급의 형성 사이를 매개한다면, 직접적 구조화의 요인들은 계급을 형성하거나 그 형태를 만든다(Giddens, 1979: 129). 간접적 구조화로서 그는 '사회이동의 장벽'을 들고 있는데, 그 이유는 특정한 시장능력을 가진 사람들이 사회이동의 한계를 공통적으로 가질수록 동질적 경험을 가진 계급형성이 그만큼 용이하기 때문이라고 한다(Gid- dens, 1979: 130).

따라서 기든스는 베버의 사회계급 개념에 기대어 사회계급을 세대 내, 세대간 이동이라는 기준으로 규정하려 한다. 여기서 눈에 띄는 것은 그가 세 개의 시장능력에서 바로 자본주의 사회에서의 '제3계급체계'를 도출하고 있다는 사실이다. 기든스에 의하면 이 세 가지 시장능력들('소유' '자질' '육체적 노동력')은 각각 경향적으로 사회이동의 엄격한 구조와 관련돼 있기 때문에 이에 상응하는 세 계급을 도출할 수 있다고 본다(Giddens, 1979: 130).

그러나 기든스에 따르면 사회계급의 내적 동질성은 이런 간접적 구조화에 대한 고찰만으로는 완전히 파악할 수 없다. 왜냐하면 자본주의 시장에는 사회이동에 대한 어떤 법적인 제재나 형식적으로 규정된 사회이동의 제한도 존재하지 않기 때문이다.

따라서 구조화된 계급형성에 직접적으로 영향을 주는 요인들이 추가로 고려되어야 한다. 이런 직접적 구조화의 요인들은 생산기업 내의 노동분업, 기업 내의 지배관계 그리고 분배적 집단화이다. 이렇게

볼 때 식별 가능한 형성체로서의 계급은 간접·직접적 구조화 요인들
이 서로 중첩되면 될수록 그만큼 더 확증 가능하게 된다는 것이다
(Giddens, 1979: 130-133).

그러나 기든스는 여기서 멈추지 않는다. 계급관계의 구조화는 공동
의 생활양식과 공동의식을 규정하기 때문에 그는 구체적 공동의식의
문제를 분석해야 한다고 한다. 기든스는 우선 계급의식(class conscious-
ness)을 계급인식(class awareness)과 구분하는데 후자는 중간계급이 '개
인의 능력'을 주장하는 데서 나타나듯이 계급의 존재를 부정하는 형태
를 취할 수도 있다(Giddens, 1979: 135).

그 다음에 그는 계급의식을 여러 단계로 다시 나눈다. 가장 하위의
단계는 오로지 '계급정체성과 계급분화에 대한 생각'만이 지배적인
상태이다. 그 다음 단계는 '갈등의식' 단계로서 타 계급과의 이해의
대립을 인식하는 것이 그 특징이다. 마지막 세번째 단계는 혁명적 계
급의식으로 사회의 총체적 변혁가능성에 대한 인식 그리고 확신이 존
재하는 상태이다(Giddens, 1979: 137).

기든스가 여기서 특히 중요하게 생각하는 것은 갈등의식과 혁명적
의식 간의 구분이다. 그에 따르면 마르크스는 이런 구분을 간과했다
는 것이다. 기든스는 혁명적 의식의 형성은 갈등의식의 직접적 결과
가 아니며 따라서 혁명의식의 형성조건들과 갈등의식의 형성조건들을
구분해야 한다고 주장한다. 즉 갈등의식은 계급관계 속에서 상호이해
의 대립에서 나오는 것인 반면, 혁명의식은 '산업통제의 현존형태와
내재적 형태 간의 불일치'라는 근본적 모순에서 생겨난다는 것이다
(Giddens, 1979: 138-139).

계급관계의 '구조화이론'으로 기든스는 자신이 생각하는 것처럼 마
르크스나 베버보다 경제적 계급과 사회적 계급 간의 결정적 '공백'을
잘 보완했는가? 또 계급의식의 문제에도 적절한 해명을 했다고 볼 수

있는가?

기든스는 '자질'과 '노동력'이라는 두 개의 추가변수들을 자신이 도입하는 것을 정당화하기 위해 마르크스 계급이론의 '편협성'과 '미분화성'을 부각시키고 있다. 그는 임노동과 자본의 관계는 "단순히 일방적인 권력관계는 아니다"라고 주장한다. 그에 의하면 자본가도 노동자의 요구를 최소한 고려해야 하기 때문이다. 또 마르크스는 "소유변수로부터 직접적으로 나오지 않는 상이한 시장능력들의 가능한 의미"를 인식하지 못했다고 말한다(Giddens, 1979: 125).

그러나 기든스의 주장처럼 마르크스가 과연 임노동과 자본관계에서 오로지 일방적인 권력관계만을 가정했는지 검토해볼 필요가 있다. 마르크스는 임노동 - 자본관계를 하나의 비대칭적인 관계로 파악했는데, 그것은 '무소유'가 노동력을 상품으로 판매하게끔 강제하고, 그럼으로써 자본주의 사회의 기본적 계급관계로서의 임노동 - 자본관계의 재생산으로 이어진다는 의미에서였다. 따라서 여기서 중요한 것은 우선 자본주의 생산양식에서의 구조적 불평등의 재생산이지 노동자가 자본가에 대항해 하등의 요구도 관철하지 못한다든가 하는 완전히 일방적인 권력관계의 유무는 아닌 것이다.

오히려 마르크스의 『자본론』에 나타난 '절대적·상대적 잉여가치의 생산' '노동일을 둘러싼 투쟁' 등에 대한 분석은 한편으로 비대칭적인 권력관계가 지속적으로 재생산되면서도 어떻게 '자본가가 노동자의 요구를 최소한이나마 고려해야만 하는가'를 보여주는 좋은 예들이라고 볼 수 있다. 이렇게 볼 때 이 점과 관련한 기든스의 비판은 적절하지 못하다.

또 마르크스가 무산자들 간에 존재하는 상이한 시장능력들을 파악하지 못했다는 기든스의 해석 역시 근거가 없는 것이다. 마르크스의 다음과 같은 개념들, 즉 '이른바 미숙련 노동자계급'(*MEW* 23, 371

쪽), '상대적으로 높은 수준의 학문적 교육을 받았고 어느 정도 수공업적 자질이 있는 노동자계급'(*MEW* 23, 443쪽), '산업장교', '산업하사관'(*MEW* 23, 351쪽), '노동자 중 더 많은 보수를 받는 계급'(*MEW* 25, 311쪽) 등은 어떻게 상이한 질을 가진 노동력들이 자본의 생산·유통조직 속에 편입되어 있는지를 잘 보여주고 있다.

이렇게 볼 때 우리는 기든스가 마르크스 분석의 여러 추상수준을 간과하고 그것들을 하나의 차원에서 다루려 했다는 것을 알 수 있다. 세 개의 시장능력을 동일한 수준에서 다룸으로써 기든스는 포괄적인 계기를 구체적인 관계들과 혼동하고 있다. 기든스 방식으로 한다면 무산자들 간의 차이는 유산자와 무산자 간의 차이 못지않게 마찬가지로 중요한 의미를 갖는다. 그러나 자본주의에서 임노동 - 자본관계가 가지는 포괄적 의미는 이로써 완전히 사라지게 된다(Kreckel, 1980: 255).

기든스에게 분석의 출발점은 시장이다. 그는 물론 자신의 저작 『선진사회의 계급구조(*Class Structure in Advanced Societies*)』의 후기에서 "나는 현대 계급체계의 출현을 논하는 데 있어서 시장 그 자체가 아니라 자본주의 시장의 속성에 커다란 강조를 두었다"고 말했다(Giddens, 1982: 169). 그러나 그가 분석에서 실제로 주목하고 있는 것은 시장관계의 형성과 재생산의 근저에 놓여 있는 생산관계와 그에 상응하는 분배관계가 아니라 각 개인들이 가지고 있는 시장에서의 상이한 '협상능력'이다.

기든스는 세 개의 시장능력들이 서로 어떤 내적 관계 속에 있는지를 전혀 분석하지 않는다. 따라서 이런 맥락에서 볼 때 그가 마르크스의 임노동 - 자본관계에 대한 분석을 단지 '추상적'이고 '일면적'이라고 단죄한 것은 어쩌면 불가피한 일이었을 것이다. 그러나 처음부터 빗나간 이러한 기든스의 분석은 그의 계급관계의 구조화이론의 구성에서도 그 결함이 계속 나타난다.

이미 보았듯이 기든스는 생활경험의 동일성(Homogenität)과 '계급의 형성'을 '사회이동의 한계'에서 도출한다. '경제적' 계급은 단지 '사회이동의 한계'를 통해서 간단히 '사회적' 계급으로 전화된다. 그러나 마이어(Mayer)가 적절하게 지적하고 있듯이 기든스의 주장은 "어떻게, 왜 시장의 수많은 지위들이 사회이동을 통해서 몇 개 안되는 계급으로 형성되는지, 왜 그 계급들은 하필이면 세 개의 중요한 시장능력과 맞아 떨어져야만 하는지"가 불분명하다(Mayer, 1977: 469).

기든스 논의를 따른다면 노동자계급은 예를 들어 사회이동 과정을 통해서 공동의 생활경험을 가진 하나의 단일한 '사회적 계급'으로 파악되어야 할 것이다. 그러나 이런 가정은 유지되기 힘들다. 왜냐하면 (사회이동의 한계를 통해) 세대를 넘어서는 동질적인 생활경험의 재생산은 사회적 노동분업의 심화로 인해 점점 의미가 없어지기 때문이다. 또 직접적 구조화의 문제에 있어서도 기든스가 제시한 요인들은 실제로 계급의 형성이 아니라 결국 계층의 형성을 표현한 것에 불과하다는 생각이 든다(Mayer, 1977: 469, 491).

한편 기든스의 갈등의식과 계급의식의 차이에 대한 고찰은 대부분 '사회통합'과 '체계통합'의 이원론적 구분에 기초하고 있다(Giddens, 1979: 139). 우리는 물론 갈등의식이 반드시 혁명적 의식으로 발전하지는 않는다는 주장에 동의할 수 있지만, 그는 양 의식형태간의 내적 관련성을 찾아보려 하기보다는 원칙적으로 분리시켜 인식하고 있다.

기든스에 의하면 중요한 것은 어떻게, 어느 정도로 자본주의의 모순적 발전이 갈등의식과 나아가 혁명적 의식을 야기하는가 하는 문제가 아니라 노동자계급이 사회통합의 영향 또는 그것의 결여로 인해 기존의 질서를 인정하느냐 아니냐 하는 문제다.

따라서 그에게 있어 여러 계급의식 형태들을 설명하는 핵심점은 자본주의 사회관계들 내 모순의 전개가 아니라 이런 실재적 모순을 단순한 '이해의 갈등' 또는 심원한 '모순'으로 간주하는 계급들의 인식이다. 그러나 이렇게 계급의식의 문제가 오로지 인식능력과 사회통합의 문제라면 자본주의 체제의 내적 모순과 여러 계급의식 형태들의 형성 간에는 아무런 연관성이 없게 될 것이다.

기든스 논의를 좀더 극단화시키면 노동자계급은 자본주의 모순이 위기적으로 전개되는 것과는 상관없이 사회통합의 영향이 강할 경우 계속 '갈등의식' 속에서 기존의 질서 내에 갇혀 있을 수밖에 없다는 결론이 나온다. 그러나 사회통합이 비록 계급의식의 발전을 강하게 변형시킨다 하더라도 결코 사회통합의 정도가 상이한 계급의식 형태들의 원인이 될 수 없는 것이다.

어떻게 현재의 계급대립 형태가 과거의 수많은 제도적·혁명적 계급투쟁을 통해 형성됐으며, 또 어떤 조건들에서 그것이 오늘날 표현되고 또 전개되는가에 대한 연구는 도외시한 채 기든스는 오로지 오늘날의 '갈등의식'의 '형태'에만 집착하면서, '갈등의식'의 '혁명적 의식'으로의 발전가능성을 부인하고 있다. 기든스는 마치 혁명적 계급의식은 처음부터 변혁적 대안에 대한 확고한 신념을 가지고 계급투쟁의 무대에 등장하는 것으로 생각하고 있다. 그러나 혁명적 의식은 대부분 계급들 간의 사회모순의 심화와 더불어 여러 과정을 거쳐 형성되는 것으로 이 과정에서 축적된 '갈등의식'은 종종 혁명적 의식의 토대가 될 수 있다.

3) 리처르트의 이해(Interesse) 개념

리처르트(J. Ritsert)는 마르크스 이론과 베버 이론의 토대 위에서 계급이론을 재구성하려 한다는 면에서는 기든스와 비슷하다. 그러나 그는 다른 한편으로 기든스를 비판한다. 즉 기든스가 이 대가(大家)들

의 '결점'에서 출발하는 데 반해 그는 이런 기든스의 비판을 근거없
는 것으로 간주하고 오히려 마르크스와 베버의 이론에 충실할 것을
강조하고 있다.22)

그는 '새로운 사회불평등'이론에 대한 철저한 반대자다. 이 이론들
은 그에 의하면 한편으로 마르크스와 베버의 계급이론의 무용성을 주
장하면서, 다른 한편으로는 동시에 그들의 기본적인, 즉 경제이론적
규정들을 무의식중에 사용하고 있기 때문이다.23) 또 기존의 계급이론
논의에서의 일반적 해석과는 달리, 그는 베버 역시 마르크스와 마찬
가지로 경제의 선차성을 자신의 이론적 출발점으로 삼았다고 본다.

그는 자신이 보는 마르크스와 베버의 이런 공통점을 토대로 계급이
론의 중심문제, 즉 계급결정과 계급행위 간의 관계문제를 해결하려
시도한다. 따라서 그는 다음과 같은 질문을 던진다. "계급지위의 장소
로서의 경제적 재생산과정이 개인의 사고와 행위에 영향을 주면서
'일정한 법칙성'을 행사한다는 자명한 하나의 사실이 어떻게 다른 한
편의 사실, 즉 인간이(원하는 대로, 비록 완전히 마음대로는 아니라
하더라도) 독자적으로 이런 관계에 개입할 수 있다는 사실과 연결될
수 있는가?"(Ritsert, 1988: 78)

이런 경제적 영향과 개인의 독자적 의미 간의 복잡한 연관성을 규
명하기 위해 그는 먼저 마르크스 이론들을 검토한다. 그에 의하면 이

---

22) J. Ritsert, "Braucht die Soziologie noch den Begriff der Klasse?: über Max
Webers Klassentheorie und neuere Versuche, sie loszuwerden", 1987 in: *Le-
viathan* Nr.1/ 1987, S.4-38, 22쪽; J. Ritsert, *Der Kampf um das Sur-
plusprodukt,* Einführung in die klassischen Klassenbegriff, Frankfurt/M, 1988,
216, 219쪽.

23) Ritsert, 앞의 논문, 22쪽; Ritsert, 앞의 책. 그리고 Jürgen Ritsert, "Produk-
tionsparadigma, Kulturkampfthese und neue soziale Bewegungen", 1989 in:
Leviathan 3/1989, S.337-356 참조.

문제는 경제의 우선성을 포기하지 않을 경우 토대와 상부구조 간의 인과주의적 설명 또는 양자는 서로 영향을 주고 받는다는 식의 은유적 틀 내에서는 다루어질 수 없기 때문에(Ritsert, 1988: 78) 오히려 개인의 사고와 행위를 규정하는 것에 대한 정확한 분석이 가능한 단계까지 재생산이론 계급 개념을 구체화시켜야 한다고 본다(Ritsert, 1988: 83).

그는 이런 구체화 작업에서 '잉여' 개념에 기초한 마르크스 이론이 어떤 다른 이론들보다 체계적으로 자본주의 계급사회를 설명하고 있으며, 또 마르크스의 자본주의 재생산과정에 대한 분석을 통해 현재의 분화된 계급구조 역시 파악될 수 있다는 것을 보여주려 노력한다(Ritsert, 1988: 117). 그러나 그는 우리의 관심사인 구조와 행위 간의 매개문제와 관련해서는 마르크스의 구체화 작업이 '단지 절반밖에' 이루어지지 않았다고 평가한다. 왜냐하면 마르크스는 의식과 행위를 동반하는 계급이 아니라 오로지 재생산과정에 의해 규정되는 계급지위만을 다루었기 때문이라는 것이다(Ritsert, 1988: 119).

물론 리처르트에 따르면 마르크스의 '시간' 그리고 '이해' 같은 개념들은 계급지위와 행위 간의 연관성을 밝히는 데 중요한 자극을 줄 수는 있지만[24] 결코 만족할 만한 수준은 안된다는 것이다. 구체적인 매개작업은 그에 의하면 비로소 베버 이론의 도움으로 계속될 수 있

---

24) 여기서 '시간' 개념은, 그 안에서 일상생활 시간이 노동시간과 비노동시간으로 나누어지고, 또 상당 부분 개인들의 활동과 생활일정(Lebenspläne)을 규정하는 '사회적 시간질서(soziale Zeitordnung)'를 의미한다. 한편 '이해' 개념은, "구체적인 계급지위의 특수성들을 개인들의 독특한 의식과 행위에 포괄적 방식으로 연결시키는" 것으로 파악된다(Ritsert, 1988: 120쪽). 그러나 리처르트는 계급지위가 직접적으로는 개인들의 이해를 규정하지 않으며 마르크스 역시 이 사실을 충분히 의식하고 있었다고 주장한다(같은 책, 122쪽 이하).

는데(Ritsert, 1988: 125) 그 이유는 마르크스가 주로 전체사회의 재생
산과정에서 나타난 초개인적인 특징들을 다룬 반면, 베버는 경제의
우선성이라는 테제를 고수하면서도 동시에 사회행위의 근본적 유형들
에 분석의 초점을 맞추었기 때문이라는 것이다(Ritsert, 1988: 179).

베버의『경제와 사회』에 있는 계급에 대한 서술에 기초해 리처르트
는 구체적 계급지위의 특성과 각 개별주체들의 행위양식 간에는 두
개의 연결다리가 있다고 주장한다(Ritsert, 1988: 185). 하나의 다리는
시장기회로서의 계급지위, 객관적 이해상황 그리고 개인의 이해로 단
계적으로 연결되는 매개고리인데, 여기서는 결국 이해상황의 객관적
또는 전형적 성격이 강조되고 있다. 그러나 나란히 있는 또 하나의
다리는 객관적 이해상황이 행위자의 독자적인 경험기준을 통해 개인
의 이해로 연결되는 매개과정을 표현한다(Ritsert, 1988: 185-190). 리
처르트는 이런 이론적 재구성을 통해 계급의 존재와 개별이해 간의
연관성에 대해 명확한 이해가 가능해졌다고 믿는 듯하다. 그러면 과
연 그의 주장은 타당한가?

리처르트는 한편으로 마르크스를 경제적 환원주의라는 비난으로부
터 다른 한편으로는 베버를 다원주의라는 해석으로부터 구출해내고자
한다. 우리는 마르크스 이론이 경제주의와 아무런 상관이 없다는 점
에는 그에게 동의할 수 있다. 그러나 그가 베버 이론이 마르크스의
가치이론과는 별로 관련이 없다는 것을 인정하면서도 왜 베버 이론에
서 '잉여' 또는 '경제의 우선성' 같은 개념들을 열심히 찾는지는 이해
할 수가 없다. 어떤 의미에서 리처르트의 베버 옹호는 불가피하다. 왜
냐하면 그는 실제로 베버 개념들의 도움으로 계급지위와 개인의 행위
간의 연관성을 규명하려 하기 때문이다.

실제로 사회에 대한 과학적 인식이 '사회경제적' 사실들로부터 전
개되어야만 한다는 주장은 베버 이론에도 들어 있다. 그러나 이미 앞

서도 언급했듯이 중요한 것은 베버가 경제를 어떻게 이해하고 있는가이다. 만약 리처르트 말대로 베버도 마르크스처럼 계급의 분화에서 재산소유의 차이가 가지는 근본적 의미를 고려했다면 베버는 그로부터 시작해 계급의 분화를 설명해야만 했다. 그러나 베버는 이런 설명은 안 하고 '자산계급' 외에 '영리계급'이라는 범주를 도입한 다음, 두 범주를 동일한 차원에서 취급했다. 베버에게는 생산관계가 아니라 비역사적이고 정의적으로(definitorisch) 파악되는, 시장에서의 개인들 지위간의 관계들이 중요하다.

베버 이론이 리처르트에 의해 매우 호의적으로 다루어지고 있는 반면 그의 마르크스 해석에서는 일부 적절하지 못한 점들이 발견된다. 리처르트는 마르크스의 재생산이론 계급 개념을 구체화시키면서 개인의 '의식'을 맨 마지막에 오는 단계로 언급한다(Ritsert, 1988: 84).

그러나 이런 식의 파악은 마치 사회적 기본관계 재생산이 주체 없이 이루어지는 것 같은 인상을 불러일으킨다. 즉 롭(L. Loop)이 올바르게 비판하듯이 리처르트의 해석도식을 따르면 객관적 계급들과 계급분파들은 사고와 행위의 저편에서 오로지 가치법칙의 자기운동 속에서만 구성될 것이다. 그리고 상부구조에서는 토대와 동떨어진 행위와 사고의 영역에서 계급들의 의식의 발전과 생활의 표현들이 이루어질 것이다. 따라서 이 경우 구조와 행위 간의 매개라는 문제는 처음부터 대상을 분리시켜놓은 상태에서 나타나는 것이다(Loop, 1991: 40).

리처르트는 의식을 가치법칙의 발전과 연결짓지 못하고 오직 사후적으로 보완하듯이 분석함으로써 자본주의 기본구조는 개인의 의식적·무의식적 행위에 의해서 재생산된다는 마르크스의 중요한 통찰을 잊어버렸다. 그는 자본주의 신비화가 단계적으로 어떻게 전개되는가, 그리고 그에 상응하는 의식형태들은 무엇인가 하는 문제에 주의를 기울이지 않았기 때문에 마르크스 이론에서는 구조와 행위를 매개할 수 있는 쓸 만한 이론을 찾지 못하고 성급히 '이해' 개념으로 옮겨간 것이다(Loop, 1991: 40).

이미 보았듯이 리처르트의 이해 개념에는 두 개의 계기들이 분리돼 존재한다. 즉 한편으로는 객관적인 것이고 다른 한편으로는 행위자에 고유한 것이다. 그러나 이런 식의 이해 개념으로는 잉여생산을 둘러싼 객관적 조건들이 개인과 어떤 관계에 있는가를 전혀 알 수가 없다. 리처르트의 정식화에서는 계급지위와 개인의 의식 간에 오직 추상적인 기능적 관계들만이 확인된다(Ritsert, 1988: 226). 따라서 그의 이론은 계급지위와 개인의 행위 간에 엄격한 인과법칙적 관계를 주장하는 해석을 논박할 수는 있어도 이를 제외하고는 양자간의 관계에 대한 어떤 자의적인 해석들에 대해서도 결코 면역체계를 가질 수 없다.

이상의 논의를 종합할 때 우리는 리처르트의 시도는(그에 의해 의식의 계기는 삭제된) 마르크스의 재생산이론과 베버의 의식이론을 절충한 것에 지나지 않는다고 말할 수 있을 것이다. 물론 그가 한편으로는 '새로운 사회불평등이론'의 다원화 명제 그리고 다른 한편으로는 기계적 의미의 경제주의를 비판한 것은 매우 타당하다. 하지만 계급지위와 의식의 연관성에 대해 체계적인 설명을 하지 못하고 있는 한 그의 비판은 제한적 의미만을 지닐 것이다.

4) 부르디외의 '아비투스(Habitus)' 개념

최근에 계급지위와 생활양식 간의 연관성에 대한 논의에서 부르디외(Pierre Bourdieu)는 많은 사회과학자들로부터 주목을 받고 있다. 그는 구조와 실천 간의 연관성이라는 난해한 문제를, 특히 아비투스라는 개념을 이용해 해결하려고 시도한다. 사회 내의 계급문제를 다루는 데 있어서 부르디외는 우선 마르크스주의 이론 내의 일련의 주장들을 청산하는 것이 필연적인 전제조건이라고 생각한다.

그는 계급을 실재적인 집단으로 간주하는 실체주의(Substantialismus)와 이론적으로 구상된 계급을 실재하는 것으로 또는 실질적으로 동원된 집단으로 사고하는 인텔리주의(Intellektualismus)적 환상을 잘못된 것이라고 비판한다. 따라서 그의 비판 대상은 한편으로는 경제주의, 다른 한편으로는 객관주의다. 그가 보기에 우선 경제주의는 "사회적인 것의 장(場)을, 즉 다차원적인 공간을 경제적 생산관계라고 하는 경제적인 것의 장으로 축소", 환원시키기 때문에 받아들일 수 없고, 또한 객관주의는 "인텔리주의와 마찬가지로 상징적 대립들과 투쟁들을 과소평가"하기 때문에 거부할 수밖에 없다(Bourdieu, 1985: 9).

부르디외는 경제주의를 피하고 사회 내 개인들의 상대적 위치를 적절히 파악하기 위해서는 사회적 세계를, 그 근저에 특정한 차별화원칙들 또는 분배의 원칙들이 존재하는 하나의 다차원적 공간으로 볼 필요가 있다고 제안한다. 따라서 사회적 공간의 각 구성원칙들은 부르디외가 "상이한 종류의 권력 또는 자본"이라고 일컬은, 각각의 특정한 자원들로 구성돼 있다(Bourdieu, 1985: 10).

그에 따르면 현대사회에서는 네 가지 종류의 자본이 있다. 우선 '경제적 자본'(그 종류는 다양하다) '문화적 자본' '사회적 자본' '상징적 자본'이 그것이다. 상징적 자본은 앞의 세 가지 자본들이 인지되고 정당하다고 인정된 형태로서 일반적으로 위신, 명성 등으로 표현된다(Bourdieu, 1985: 11).

만약에 사회적 공간이 다차원적이라면, 이제 개인의 사회적 위치는 여러 자본들을 고려함으로써 확인할 수 있다. 우선 각 개인이 가지는 자본의 총량에 따라서 일반적 위계서열 구조 내의 위치를 파악할 수 있다. 둘째, 개인들이 가지고 있는 자본들의 내적 구성에 따라 개인들은 다시 구분된다. 이 수평적 구분에서는 일차적으로 자본의 총량에 의해 정의됐던 계급이 "총자본 내에서 어떤 종류의 자본을 상대적으로 많이 또는 적게 가지고 있는가에 따라" 각각 상이한 계급분파들로 재분류되는 것이다(Bourdieu, 1982: 197).

셋째, 개인의 사회적 이력을 추적해 계급 또는 계급분파들의 위치가 일정기간 중 재생산되거나 변화하는 것을 알 수 있다(Bourdieu, 1982). 그러나 이런 세 가지 근본적인 분류원칙 외에도 성별, 종족, 지리적 차이 같은 이차적 특징들 역시 고려해야 하는데, 그 이유는 이것들이 "일반적으로 앞의 근본적 원칙들과 결합돼 있기" 때문이다(Bourdieu, 1985: 14; Bourdieu, 1982: 182).

그러나 부르디외가 볼 때 이렇게 파악된 계급(즉 사회적 공간 내의 개인들의 위치를 몇 가지 원칙을 통해 구분한 계급)은 여전히 사회과학자의 '설명적 분류의 산물'에 불과하다. 비록 이 계급이 비슷한 지위를 가진 개인들의 집단으로서 비슷한 이해와 비슷한 정치적·이데올로기적 입장을 가질 수는 있지만 이것은 투쟁할 준비가 돼 있는 집단이라는 의미에서의 실재적 계급은 아니다. 이것은 부르디외의 표현에 의하면 '종이 위의 계급' 또는 단지 '개연적 계급'일 뿐이다(Bourdieu, 1985: 12).

그러나 부르디외는 '지식인들의 실재론'뿐만 아니라 다른 한편으로 계급에 대한 '명목론적 상대주의' 역시 거부하고 있다. 그가 보기에 전자가 실재적 집단으로서의 계급과 사회적 공간에서 도출해낸 계급 간의 차이를 간과하고 있다면 후자는 사회적 차이, 즉 가까운 것과 먼 것, 합의할 수 있는 것과 합의할 수 없는 것들(즉 계급들 간의 차이들)을 확인할 수 있는 객관적인 공간의 존재 자체를 단순한 이론적 구성물로 격하시킨다는 것이다(Bourdieu, 1985: 12).

따라서 이제 문제는 사회과학자에 의해 이론적으로 분류된 계급이 어떻게 사회적으로 인지가능한 현상이 될 수 있는가 하는 것이다. 부르디외에 의하면 이에 대한 해답은 계급으로서의 상징화에서 찾을 수 있다. 사회적 세계의 대상들은 개인의 인지에 의해 그 의미—멀고 가까운 것에 대한 의미, 그리고 결국은 자신의 사회적 위치에 대한 의미—를 얻을 수 있기 때문에(Bourdieu, 1985: 18), 계급은 비로소 '생활양식'의 차원에서 현실성을 획득한다. 사회적 세계에 대한 개인들의 경험과 그 구성작업이 이루어지는 생활양식의 영역에서 개인들은 얼핏 보기에 각자의 관습과 기호(입맛)에 따라 미묘하게 구분되는 것 같은 인상을 준다.

그러나 이런 '자연적' 차이의 신비적 성격은 어디서 개인들의 인지범주가 생겨났는가를 살펴보면 분명해진다. 부르디외에 의하면 이 인지범주들은 "본질적으로 사회적 공간의 객관적 구조들을 개인들이 내면화하는 데서 생겨난 것"이기 때문에 의복, 언어 등에서의 상징적 차이들은 바로 사회구조 내 개인위치의 차이에 그 뿌리를 두고 있다 (Bourdieu, 1985: 17). 부르디외는 다음과 같이 말한다.

> 특징들 그리고 그것들의 분배를 통해 사회적 세계는 객관적으로 상징적 체계의 지위를 갖는다. **상징적 체계**는 음소(音素)들의 체계와 유사하게 차이의 논리에 따라 조직화되어 있는데, 여기서 차이는 결국 의미 있는 차이, 즉 **구분**으로 발전하는 그런 분화된 간격들이다. 사회적 공간 그리고 그 안에서 '자생적으로' 두드러지는 차이들은 **생활양식의 공간** 또는 신분들의 앙상블로서 상징적 차원에서, 상이한 생활양식을 가진 집단들을 통해 작동한다(Bourdieu, 1985: 20: 강조는 부르디외).

이제 두 개의 공간들이 우리의 관심에 들어온다. 즉 한편으로 사회적 공간과 다른 한편으로는 실천 차원에서의 생활양식의 공간이 있고, 또 양자간의 상호연관성이 확인된다. 그러나 과연 구조로서의 '사회적 공간'은 실천으로서의 '생활양식'과 어떻게 연결될 수 있는가? 이 문제를 풀기 위해서 부르디외는 아비투스 개념을 끌어들인다.

객관적 법칙성이 있는 체계와 직접 인지가능한 행위형태가 존재하는
두 체계 사이에는 언제나 하나의 매개가 이루어진다. 이 매개를 아비투
스가 하는데, 그것은 피규정과 능동적 결정, 계산 가능한 개연성과 경험
했던 희망들, 객관적 미래와 주관적 청사진이 만나는 기하학적 장소다.[25]

아비투스는 객관적 구조에서 형성됐으면서도 개인의 실천 형태들을
산출해내는 성향들의 체계를 의미한다. 따라서 그것은 구조화됐을 뿐
만 아니라 동시에 구조화시키는 구조다(Bourdieu, 1982: 279).

아비투스 개념을 더 잘 이해하기 위해 크라이스(Beate Krais)의 해
석을 한번 보기로 하자. 크라이스에 의하면 아비투스는 다음과 같은
네 가지 특징을 갖고 있다.[26]

내면화 가정	아비투스는 내면화된 사회다. 사회의 구조들은 사회화를 통해 개인에 내면화된다
전략 가정	아비투스는 개인들에게 실천을 매개하는데, 이 실천은 전략적으로 사회적 공간 내에서 개인의 지위 상승 또는 유지와 관련되어 있다
무의식 가정	아비투스는 실천의 영역에서 개인들이 의식하지 못한다
안정성 가정	아비투스는 장기간에 걸쳐서 안정적으로 존재하는 지속적인 성향들을 구체적으로 드러낸다

25) P. Bourdieu, *Zur Soziologie der symbolischen Formen*, Frankfurt/M, 1974, 39쪽.
26) Beate Krais, "Soziales Feld, Macht und kulturelle Praxis. Die Untersuchungen Bourdieus über die verschiedenen Fraktionen der 'herrschenden Klasse' in Frankreich", 1989 in: Klaus Eder(Hrsg.), *Klassenlage, Lebensstil und kulturelle Praxis. Theoretische und empirische Beiträge zur Auseinandersetzung mit Pierre Bourdieus Klassentheorie*, Frankfurt/M, 1989, S.47-70, 50쪽.

이상의 논의를 볼 때 우리는 부르디외가 말하는 아비투스는 기본적으로 '계급 아비투스'라고 말할 수 있을 것이다. 그러나 이 아비투스는 개인들에게 거의 천성에 가까운 것이 됐기 때문에 생활양식이라는 공간에서의 미묘한 차이들은 계급특수적인 것이 아니라 '순수한' 취향(입맛)의 차이로 현상한다. 그러나 부르디외에 의하면 개인들의 취향 자체를 자세히 분석하면 사물들의 물리적 질서에서 연유하는 차이들은 바로 그 취향을 통해 의미 있는 차별화의 상징적 질서로 변화한다는 사실이 자명해진다는 것이다(Bourdieu, 1982: 284). 여기서 부르디외 이론의 핵심을 확인할 수 있다. 즉 '상징적' 생활양식은 객관적 계급지위에 상응해 체계적으로 생산되고 이 생활양식은 역으로 계급구조에 영향을 준다는 것이다.

객관적 세력관계들은 경향적으로 상징적 세력관계들 속에서, 즉 앞의 세력관계들을 영속화하는 데 기여하는 사회적 세계의 다양한 시각들 속에서 재생산된다(Bourdieu, 1985: 22).

이미 앞에서 언급했듯이 부르디외의 이론적 욕심은 사회과학에서 가장 어려운 주제인 구조와 실천 간의 문제를 해결하는 데 있다. 그러면 그가 계급이론에 긍정적으로 기여한 측면은 무엇인가?

첫째, 부르디외는 대부분의 연구자들이 이제껏 간과해왔던 사회불평등의 상징적 차원에 관심을 기울였다. 그는 베버와 비슷하게 마르크스주의 전통에서의 '경제주의'를 비판하고 베버의 계급과 신분이라는 문제들을 수용했다. 부르디외가 사회적 세계를 두 개의 공간으로 파악한 것도 바로 이 때문이다.

그러나 주로 두 개의 공간들 사이의 상이한 구조화원칙만 강조했던 베버와는 달리, 계급지위와 생활양식 간의 '상동성(相同性: Homologie)'을 보여주었고, 계급관계의 재생산에 생활양식이 결정적인 기여를 한다는 사실을 규명했다. 이런 부르디외의 통찰은 오늘날 특히 시사하는 바가 매우 크다. 왜냐하면 최근 서구사회의 개인화경향의 증대에서 많은 사회학자들이 바로 계급지위와 생활양식 간의 연관성을 부인하고 계급이론의 종말을 유행처럼 주장하기 때문이다.

둘째, 부르디외에 의하면 계급지위와 생활양식 간의 매개는 아비투스에 의해 이루어진다. 이로써 개인은 각각 사회관계들의 앙상블을 전유하는데, 이것은 경제적 구조(노동)뿐만 아니라 재생산의 상징적 차원(언어 등)을 포함하는 사회적 관계의 전체를 반드시 포함한다는 사실이 이론적으로 더 분명해졌다(Herkommer, 1991b: 543).

따라서 생활양식이 계급사회의 재생산에 큰 기여를 한다는 점이 여기서 밝혀졌다. 아비투스 개념은 리처르트의 '이해 개념'보다 훨씬 설득력이 있다. 왜냐하면 리처르트의 개념은 이미 보았듯이 엄격한 주객분리에 기초해서 체계적인 설명을 제공해주지 못하기 때문이다.

셋째, 부르디외 이론은 이데올로기 비판의 의미를 담고 있다. 마르크스처럼 부르디외는 '의식적/무의식적 행위'의 문제를 다루었는데, 그의 "주관적 의도가 없는 객관적 의미의 패러독스"(Bourdieu, 1981: 170)라는 표현은 바로 이를 보여준다. 개인들이 자신의 '아비투스'와 '취향'에서 스스로 편안하게 느끼고 그것들의 근원에 대해서 의식을 못할 때, 실재적인 계급 지배관계는 계속 은폐되고 또 정당화된다(Herkommer, 1991: 543). 그러나 이런 신선한 자극에도 불구하고 부르디외 이론은 다음의 결점들을 갖고 있다.

그는 사회적 공간에서의 상대적 지위관계들을 강조하기 위해 경제주의를 비판한다. 그러나 경제주의에 대한 비판은 과도한 나머지-그가 비록 경제적인 것이 지배적인 역할을 한다는 사실을 무시하지 않았지만-경제적인 영역은 다른 영역들과 동일한 수준에서 취급됐다.

따라서 사회적 총체를 분석하는 출발점으로서 경제적인 것의 의미가
간과됐거나 너무 심하게 상대화됐다.

부르디외가 한편으로 경제를 너무 상대화시키면서 자본주의 생산양
식과 그에 상응하는 상부구조 관계에 대한 과학적 분석을 전혀 행하
지 않았다면 그가 확대해서 사용하는 자본 개념 역시 문제가 많다.
부르디외처럼 자원에 대한 처분권력으로 자본 개념을 확대할 경우에
는 이 자본 개념에는 어떤 경제특수적 규정도 존재하지 않는다. 그러
나 그는 자본을 타인노동의 전유에 기초한 그 어떤 것으로 파악하지
않기 때문에 어디서 자본이 생겨나고 또 어떤 사회적 관계들 속에서
사회적 부가 생산되고 분배되는가에 대한 질문에 전혀 답할 수가 없
다(Krais, 1989: 57; Herkommer, 1991: 544). 그런 한에서 그가 비록
경제와 교육의 의미 증대가 이전 사회와는 다른 근대사회의 특징이라
고 파악했다고 해도 자본주의 사회의 기본구조를 설명하지는 못했다
고 말할 수 있다.

한편 아비투스와 관련해서 볼 때 아비투스와 의식적 인식 간의 관
계에 대한 설명이 부족하다. 부르디외에 의하면 반성 또는 기존 가치
에 대한 새로운 평가는 사회적 '위기'가 나타날 때만 가능하다(Bour-
dieu, 1982: 276). 그러나 이것은 결국 아비투스와 의식적 인식의 계
기가 완전히 떨어져서 존재한다는 것을 의미한다.

즉 크라이스의 말을 빌리면 행위의 지향과 전략들이 의식으로 고양
되는 때, 즉 의식적이고 의도적으로 추구되는 목적이 있는 그 순간, 아
비투스는 분석적 범주로서의 의미를 상실하고 만다(Krais, 1989: 68).
이렇게 볼 때 부르디외는 마치 개인은 사회적 위기가 생기기 이전에는
언제나 지배계급의 목표를 아무런 근본적 갈등 없이 묵묵히 수용하기
만 한다고 가정하는 것처럼 보인다.

그러나 이런 가정은 개인을 조건짓는 것과 개인이 의식적으로 전유

하는 것 간에 차이가 있다는 것에 대해 전혀 설명을 못할 뿐만 아니라 나아가 능동적 변혁과 의식형태들의 모순적 성격 및 의식적 행위의 발전가능성을 전혀 고려하지 않는 것이다(Herkommer, 1991: 539; Krais, 1989: 68).

　전반적으로 볼 때 부르디외가 계급이론에 적지 않은 기여를 했다는 사실은 부인하기 힘들지만 자본주의 사회의 핵심구조와 역동성에 대한 분석에는 불충분한 점이 있다. 헤어콤머는 "만약에 부르디외가 구조와 실천을 분리시키는 사회적 조건들에 대한 설명을 시도하지 않는다면, 그는 과연 양자간의 이분법을 매개하려는 자신의 목표를 진정으로 달성할 수 있겠는가?"라는 질문을 던지고 다음과 같이 대답했다: "그는 바로 이 점 때문에 왜 그리고 어떤 방식으로 사회가 개인들로부터 자립화됐는지를 설명할 수가 없었다. 그에게 사회적 관계의 자립화는 언제나 전제되어 있다. 그리고 이 자립화는 원칙적으로 지양 불가능한 것으로 나타난다"(Herkommer, 1991: 546).

5

●복지국가 내의 계급관계●

앞의 제4장에서 마르크스주의 계급이론의 쟁점들을 다루면서 우리는 다음의 두 가지에 주목했다. 즉 한편으로는 오늘날의 분화된 계급구조에서의 계급규정 문제와 다른 한편으로는 계급지위와 공동의 생활양식 간의 연관성 문제가 그것이다. 이런 분화된 계급구조와 다양해진 생활양식은 우선적으로는 자본주의 생산의 생산력 발전에 기인한다. 생산력 발전이 사회적 노동분업 내에 상이하고 복잡한 고용부문들과 노동들을 가능하게 했다면, 그것은 거대한 사회적 부의 창출을 야기함으로써 개인성의 발달(특히 비노동영역에서의)을 위한 물적 토대가 됐다.

이런 선진자본주의 사회의 발달된 생산력이 기존 사회구조의 여러 차원에 매우 큰 영향을 준다는 것을 상상하는 것은 그리 어려운 일이 아니다. 그런데 여기서 특히 주목할 만한 것은 국가부문과 국가의 사회정책의 의미가 증대한다는 사실이다. 국가공공부문에 종사하는 사람들의 수가 급격히 늘어나고 그에 상응해 사회 내에서의 그들의 경제적·정치적 비중이 날로 증대하고 있다면, 국가는 예전의 계급관계에 적극 개입해 그 '외모'를 많든 적든 변형시켜놓았다. 복지국가의 재분배정책은 이에 대한 하나의 좋은 예가 될 것이다. 이렇게 볼 때 비록 국가의 개입 기능이 자본주의 발전 초기부터 존재하기는 했지만 선진자본주의 사회의 계급관계에 대한 분석에서 국가의 증대된 역할 은 적극 고려되지 않을 수 없다.

따라서 우리는 선진자본주의 사회에서 복지국가는 어떤 계급이론적 의미를 지니는가 그리고 복지국가는 '순수한' 계급관계를 얼마나 변 화·변형시켰는가라는 질문을 던져야만 한다. 이런 질문에 대한 답변 을 구하는 과정에서 우리는 선진자본주의 계급관계에 대한 이해를 심 화시킬 수 있고 나아가 이런 이해를 기초로 해 더 현실적인 변혁정책 의 가능성을 탐색할 수 있을 것이다. 그러나 국가의 의미 증대와 그 것과 계급관계 간의 연관성을 이해하기 위해서는 특히 '서비스 부문' 의 증가로 특징지어지는 계급구조의 발전경향에 대한 이론적 분석에 서부터 논의를 시작하는 것이 필요할 것이다.

1. 계급구조의 발전경향과 '서비스 부문'의 의미 증대

1) 계급구조의 발전경향에 대한 이론적 검토

이미 언급했듯이 각각의 계급범주들을 분명히 하고 그것들의 발전 경향을 진단하는 것은 계급이론의 중요한 과제이다. 그래서 제3장과 제4장에서 일반적 계급구조와 그와 관련된 쟁점들을 다루었다. 그러 나 계급구조의 발전경향에 대한 분석은 지금까지의 논의에서는 아주 부차적으로만 다루어졌다. 따라서 이 장에서는 계급구조의 발전경향 에 대한 체계적이고 구체적인 연구를 시도하여 국가부문의 발전에 대해 논의를 집중시킬 것이다.

하겔슈탕에에 의하면 계급구조의 발전경향에 대한 분석에서 실제로 진행된 계급구조의 발전과정과 자본주의 생산에 내재적인, 불변의 법칙으로서의 발전경향을 구분하는 것이 필요하다(Hagelstange, 1988: 45, 58). 이런 구분에 유의하면서 계급구조의 발전경향을 고찰해보기로 하겠다. 그러나 계급구조의 발전경향에 대한 분석에 들어가자마자 우리는 맨 먼저 부분적으로 혼돈스러운 마르크스의 주장에 부딪친다. 우선『공산당 선언』에서 마르크스는 계급양극화를 이야기한다.

우리들의 시대, 부르주아의 시대는 계급적대를 단순화시켰다는 사실로 특징지어진다. 전체 사회는 더욱더 두 개의 거다란 적대적 진영, 즉 두 개의 커다란, 서로 직접적으로 대립하고 있는 계급, 즉 부르주아지와 프롤레타리아트로 분열된다(MEW 4, 463쪽).

그러나 마르크스는 다른 한편 이른바 '중간계급(Mittelklasse)'의 상대적 증가에 대해서도 언급하고 있다.

그(맬더스-인용자)의 최고의 희망은-그 스스로 어느 정도는 유토피아적으로 표현했는데-중간계급(classe moyenne)의 수가 증가하고 (노동하는) 프롤레타리아트가 (설사 그 수가 절대적으로는 증가한다 해도) 점점 총인구 중에서 차지하는 비율이 작아지는 것이었다. 그러나 이것은 실제로 부르주아 사회의 발전경로이다(MEW 26.3, S.57).

따라서 계급구조의 발전경향을 분석할 때 우리가 마르크스의 이 주장 또는 저 주장을 절대화시키고 그 중의 하나만을 마르크스의 진단으로 본다면 이런 접근방식은 매우 불합리하거나 적어도 과학적이라고 보기는 힘들 것이다. 만약에 위의 두 가지 서로 모순되는 것처럼 보이는 주장들을 동시에 '구하고자' 한다면 오히려 필요한 것은 마르크스 주장의 핵심내용을 잡아내고 자본주의 경제이론과의 조화 속에서 계급구조의 발전경향을 설명하려는 시도일 것이다. 그러면 마르크스가 어떤 의미에서 위의 주장들을 했는지 살펴보자.

마르크스 계급이론의 핵심은 자본주의 생산과정과 계급재생산 간의 연관성이다. 마르크스에 의하면 자본주의 생산과정은 상품과 잉여가치뿐 아니라 "자본가를 한편으로, 임노동자를 다른 한편으로 하는 자본관계 그 자체"(MEW 23, 604쪽)를 생산하고 또 재생산한다. 그러나 자본주의 생산은 단순재생산에 머무르지 않고 확대재생산을 꾀한다.

이 확대재생산의 관점에서 볼 때 자본주의 계급구조의 발전경향은 생산수단의 소유자로서의 자본가와 비소유자로서의 임노동자 간의 분리의 확대를 특징으로 한다. 프롤레타리아화를 통한 이런 분리가 자본축적과 더불어 확대된다는 사실은 바로 자본관계의 일반화와 심화를 의미하는데, 이 과정에서 자영농부, 수공업자 같은 전통적 중간계급은 감소한다.

마르크스가 『공산당 선언』에서 계급양극화에 대해 말한 것은 바로 이런 맥락에서 이해해야 한다. 이런 마르크스의 진단은 옳았던 것 같다. 왜냐하면 거의 모든 선진자본주의 국가에서 이런 발전경로를 확인할 수 있기 때문이다. 이런 양극화과정은 비록 농업생산력 증가를 전제로 하지만, 이 과정에서 결정적이었던 것은 농업부문보다 빠르게 증가한 산업부문의 생산력(MEW 26.3, 295쪽 참조)과 폭발적으로 증가한 비농업 상품에 대한 수요였다.

계급들이 자본소유자와 비소유자로 확대재생산된다면, 임노동자의 수에 대한 자본가의 상대적 비율은 어떻게 되는가? 마르크스에 의하면 우선 자본가의 수는 자본축적과 더불어 어느 정도 증가한다. 왜냐하면 많은 개별자본의 성장은 기존 자본의 분할과 새로운 독립자본의 형성을 가능하게 하기 때문이다(MEW 23, 653쪽). 그러나 이런 자본가의 증가는 자본축적의 다른 면에 의해 억제될 수 있다. 그것은 자본의 집중인데, 이 과정에서 "자본가에 의한 자본가의 수탈, 많은 소자본들의 몇 개의 대자본으로의 전화"(MEW 23, 654쪽)가 일어난다: "한 자본가가 많은 자본가들을 때려 죽인다"(MEW 23, 790쪽).

따라서 자본의 집적과 집중이라는 상반되는 경향 속에서 자본가 수의 상대적 증가 또는 감소를 진단하는 것은 쉽지 않다. 그러나 그럼에도 불구하고 자본가계급의 내적 구성과 관련해볼 때 적어도 하나의 발전경향만큼은 알 수 있다. 그것은 단순한 자본소유자에 비해 능동적으로 기능하는 자본가의 수가 상대적으로 감소한다는 것이다. 이 경향은 주식회사제도, 신용제도의 발전과 맞물려 있다.

신용제도와 더불어 발전한 주식회사 기업은 이 기능으로서의 관리노동을 더욱더 자본(그 자본이 자신의 자본이든 아니면 빌려온 자본이든간에 상관없이)의 소유로부터 분리시키는 경향을 가진다. … 그러나 한편으로 자본의 단순한 소유자, 즉 화폐자본가에 대해 기능하는 자본가가 맞서고 신용제도의 발전과 더불어 이 화폐자본 자체가 하나의 사회적 성격을 취하게 되면서 은행에 자본의 집적이 이루어져 더 이상 직접적인 자본의 소유자로부터 돈을 빌리지 않고 은행에서 돈을 빌리게 된다. 그러나 다른 한편으로 어떤 명목으로도 자본을 소유하지 않고 자본을 빌리지도 못하는 단순한 관리자는, 기능하는 자본가에게 그 자체로서 부과되던 모든 실제적 기능들을 떠맡게 돼 오로지 기능인으로 남게 되고 자본가는 불필요한 인력으로 간주되어 생산과정에서 사라지게 된다(MEW 25, 401쪽).

자본가의 능동적 기능들이 단순관리자에게 떠맡겨진 반면, 다수의 자본가는 단순한 자본소유자, 즉 소유권자로 변한다. 물론 이 기능하는 자본가의 감소경향은 분업의 발전과 더불어 자본의 새로운 투자영

역이 형성되고 또 여기서 상대적으로 적은 자본으로 사업을 시작할
수 있는 가능성으로 인해 약화될 수는 있다. 그러나 사업을 하는 데
필요한 자본의 최소 크기가 일반적으로 생산력 발전과 더불어 커지기
때문에 다른 계급에 속한 사람들이 기능자본가로서 사업을 시작하기
는 더 어려워지게 된다. 이렇게 볼 때 능동적 기능자본가의 수는 임
노동자에 비해 경향적으로 감소한다고 볼 수 있다(PKA, 1973: 185;
Hagelstange, 1988: 60).

임노동자가 기능자본가에 비해 상대적으로 증가한다는 것이 확실하
다면 이제 우리는 임노동자계급 내 각 집단들의 상대적 발전은 어떤
가에 대한 질문을 해야 할 것이다. 먼저 생산적 노동자집단부터 시작
해보면 이 집단의 수적 발전은 자본의 모순적 운동에 의해 규정된다.

한편으로 상품의 생산에 필요한 노동시간을 최소한으로 줄이려는 것,
따라서 생산물의 양에 비해 생산적 인구의 수를 감소시키려는 것은 자본
의 경향이다. 그러나 다른 한편으로 자본의 경향은 축적하는 것이다. 이
윤을 자본으로 전화시키면서 낯선 노동의 양을 가능한 한 낮추려 하지만
일정한 비율하에서는 가능한 한 많은 양의 생산적 노동을 이용하려고 한
다(*MEW* 26.1, 199쪽).

잉여가치의 유일한 생산자인 생산적 노동자 수의 발전은 한편으로
자본의 기술적·유기적 구성에 달려 있다. 생산력이 발전하면서 자본
은 같은 양의 상품을 생산하는 데 더욱더 적은 수의 생산적 노동자를
필요로 한다. 따라서 만약에 한 자본에 의해 생산되는 생산물의 양이
불변이라면 거기에 고용된 생산 노동자의 수는 감소할 것이다. 그러
나 자본주의 생산은 이미 말했듯이 단순재생산이 아니라 동시에 자본
축적을 목적으로 하는 생산, 즉 점점 더 커지는 규모로의 '확대재생
산'이다. 따라서 기술적 구성의 고도화로 특정한 생산단위에서의 생산

적 노동자 수가 감소한다 해도 생산적 노동자의 총수는 자본축적과 생산영역 확대와 더불어 증가할 수 있다. "자본축적은 프롤레타리아 트 증가를 의미한다"(*MEW* 23, S.642).

이렇게 생산적 노동자 수 증가에 서로 역으로 작용하는 자본의 두 운동에 대한 고찰에서 하겔슈탕에는 마르크스 이론에서 "생산적 노동 자의 수가 장기적으로 증가하거나 또는 감소할 수밖에 없다는 테제를 뒷받침할 만한 하등의 이론적 논의를 끌어낼 수 없다"고 주장했다 (Hagelstange, 1988: 58). 그러나 증가하는 자본의 가치구성과 장기적 으로 하락하는 축적률 간의 연관성을 고려하면 적어도 우리는 생산적 노동자 수 증가율의 감소라는 장기적 경향만큼은 확증할 수 있다. 이 와 관련해 크뤼거(Krüger)는 다음과 같이 말했다.

　가치상으로 볼 때 장기적으로 절대증가하는, 그러나 상대적으로는 감소 하는 축적기금의 고용효과는 가변자본에 대한 불변자본의 확대로 인해 축적률 자체보다도 더욱 빨리 하락한다. … 장기적으로 볼 때 원래자본 의 그리고 추가자본의 가치구성 증가로 인해 자본축적에 의해 확장된 재 생산 규모에서는 원래자본에서 풀려난 또는 방출된 생산적 노동자들을 다시 재생산과정에 끌어들이는 것이 점점 더 어렵게 된다. 이런 자본축 적과 생산력 발전 간의 작용에 의해서 조건지어진 생산적 노동자의 배출 과정과 흡수과정의 결과 속에서 생산적 인구의 증가율은 장기적으로 볼 때 필연적으로 감소한다. 자본축적의 저발전단계에서 잉여가치의 자본으 로의 전화에 의해 야기된 생산적 노동의 확대과정이 상대적으로 컸다면 (이것은 자본의 가치구성이 낮고 자본의 축적율이 상대적으로 높았기 때 문이다), 발전된 자본주의 단계에서 방출된 생산적 노동력을 자본축적을 통해 다시 끌어들이는 것은 점점 어려워지고 있다(Krüger, 1986: 221).

실제로 선진자본주의 사회에서 생산적 노동자는 그 수의 증가율이 둔화됐을 뿐만 아니라 전체 취업인구에서 그들이 차지하는 비율 역시 감소했다. 이런 취업인구상의 구조변화는 분명히 다른 경제적 부문들에 비해 생산부문의 생산력 발전이 상대적으로 높았기 때문에 가능했다. 이것은 다른 한편으로 이제 노동생산성의 급속한 발전으로 상대적으로 적은 수의 생산적 노동자들이 사회 전구성원들에게 필요한 물질적 생산물을 확대재생산시킬 수 있음을 의미한다.

생산적 노동자의 상대적 비율이 경향적으로 감소한다면 유통부문의 '간접생산적' 노동자들의 상대적 비율은 어떤가? 유통부문의 발전은 산업자본의 확장에 달려 있다.

> 생산단계가 확장하는 만큼 끊임없이 산업자본을 유통시키는 상업적 활동, 즉 상품자본 형태로 존재하는 생산물을 판매하고 자금을 다시 생산수단으로 전화시키며, 또 전체에 대한 계산을 수행하는 활동은 증가한다. 가격계산, 부기, 금전출납, 서신교환 등의 활동은 모두 이에 속한다. 생산규모가 커지면 커질수록 산업자본의 상업적 활동은, 그리고 가치와 잉여가치 실현에 필요한 노동과 기타 유통비용은 비록 정비례하지 않는다 하더라도 그만큼 더 증가한다(*MEW* 25, 310쪽).

이 상업적 활동의 확대는 산업부문에 국한되지 않는다. 오히려 자본의 이런 '순수비용(Unkosten)'을 절약하고자 하는 필요에서 유통부문은 자본의 독자적 투자영역으로 자립화되고 산업자본의 발전과 더불어 확대된다. 유통부문의 노동자 수는 생산부문의 노동자의 수에 비해 상대적으로 증가한다. 왜냐하면 생산부문의 노동생산성이 유통부문의 그것보다 이제까지 더 높게 증가해왔기 때문이다.

따라서 자본관계 내에서 생산적 노동자 수와 간접생산적 노동자 수 간의 관계변화에 주목해야 한다. 그러나 다른 한편으로 생산적 노동자에 비해 유통부문 노동자의 '상대적' 수가 앞으로 반드시 증가하거나 또는 감소한다고 예견하기는 힘들다. 왜냐하면 유통부문의 노동생산성이 생산부문의 그것보다 더 빨리 상승할 가능성, 그리고 "재생산 과정이 더욱 빨라지고 또 화폐 지불수단으로서의 기능, 즉 신용 시스템이 더욱 발전할수록"(*MEW* 25, 290쪽) 상업자본의 상대적 크기가 그만큼 더 축소될 가능성을 배제할 수는 없기 때문이다(Hagelstange, 1988: 58).

선진자본주의 사회 계급구조의 발전에서 특히 주목할 만한 것은 자본의 생산과정과 유통과정의 외부에 있는 비생산적 노동자들의 상대적 증가이다. 자본의 생산과정과 유통과정에 있는 노동자들과 비교할 때 이 비생산적 노동자들의 주요한 특징 하나는 그들의 소득이 파생소득(Revenue)의 성격을 갖는다는 점이다.

노동을 하든 안 하든 재생산에 직접적으로 관여하지 않는 모든 사회구성원들은 매년 상품생산물에서의 그들의 몫―소비수단―을 일차적으로는 생산물이 우선적으로 배당되는 계급들, 즉 생산적 노동자, 산업자본가 그리고 토지소유자의 수중에서 빼올 수밖에 없다. 그런 한에 있어서 그들의 소득은 실제로 (생산적 노동자의) 임금, 이윤 그리고 지대로부터 도출된 것이며, 따라서 그런 본원적 소득에 비해 파생적(abgeleitete) 성격을 띤다(*MEW* 24, 372쪽).

만약에 자본의 생산과정과 유통과정의 외부에 있는 비생산적 노동자들에 초점을 맞춘다면, 위 인용문의 주장을 유추해석해 본원적 소득과 파생소득 간의 새로운 경계선을 그을 수 있을 것이다. 즉 자본가와 자본의 임노동자(생산적 노동자, 간접생산적 노동자 포함) 그리고 비자본주의적 상품생산자들이 이윤이나 임금 등의 형태로 일차적 소득과 관련을 가진다면 자본관계의 외부에 있는 비생산적 노동자의 소득은 위의 일차적 소득에서 도출된 이차적 성격을 갖는다.

이렇게 볼 때 자본관계의 외부에 있는 비생산적 노동자의 실존은 생산부문 내에서의 가치창출, 즉 자본관계 내부에 있는 임노동자의 잉여노동에 결정적으로 달려 있다. 따라서 우리는 이 비생산적 노동자 수의 증가는 생산영역에서 생산된 잉여가치의 양에 따라 영향을 받는다고 추정할 수 있다. 다시 말해 노동생산성의 증가로 잉여생산물이 증가한다면, 이로써 사회 내에 비생산적 노동자집단이 확대될 수 있는 물적 기초가 형성된다. 실제로 서비스 부문은 자본주의 생산의 발전과 더불어 증가했으며, 자본관계 외부에 있는 비생산적 노동자의 상대적 수는 자본부문의 노동자에 비해 증가했다. 이런 경향은 거의 모든 선진자본주의 사회에서 나타나고 있다.

따라서 마르크스가 『잉여가치학설사(Theorien über den Mehrwert)』에서 언급한 파생소득 또는 이차적 소득으로 특징지어지는 '중간계급'의 증가[1]는 그 이론적 핵심에 있어서 전적으로 옳은 것이다. 이 주장을 마치 비생산적 고용층의 증가가 계급의 양극화 테제와 모순되고 또 새로운 제3의 계급으로서의 '신중간계급'의 출현을 의미한다는 식으로 오해해서는 안된다.

비생산적 노동자의 상대적 증가에서 우선 중요한 것은 자본관계 내의 노동자 수와 직접적 자본 - 임노동 관계의 외곽에서 일하는 노동자 수 간의 관계변화이다. 한편 우리는 비생산적 노동자 집단 내부에서의 변화 역시 확인할 수 있다. 개인적 서비스에 종사하는 사람들의 수는 급격히 감소한 반면, 국가기관이나 기타 공공부문에 종사하는 임노동자들의 비율은 늘어났다. '서비스 계급', 즉 가사인력계급[2]은

---

1) "그[리카르도]가 잊어버리고 강조하지 않은 것은, 한편으로 노동자, 다른 한편으로는 자본가와 지주 사이의 중간에 있으면서 점점 더 큰 규모로 지속적으로 증가하는 중간계급들이다. 이들은 대부분 파생소득(Revenue)으로 직접 살아가며 기층 노동대중에게 부담을 지면서 상류사회의 사회적 안정과 권력을 더욱 보장한다"(MEW 26.2, 576쪽); MEW 26.3, 57쪽도 참조할 것.

현재 거의 의미가 없다. 왜냐하면 그들의 노동은 자본주의 상품생산
(예를 들어 가전제품들)이나 자본주의적으로 운영되는 서비스 산업에
의해 대체됐기 때문이다.[3] 이 층은 오늘날 적어도 선진자본주의 사회
에서는 상대적으로뿐만 아니라 절대적으로도 감소했다.

우리가 선진자본주의 사회에서의 계급구조의 발전경향에 대해 지금
까지 살펴본 결과를 요약해본다면 다음과 같은 세 가지 주요한 경향
—전통적 중간계급의 감소, 생산적 노동자의 상대적 감소와 자본관계
내부에서의 간접생산적 노동자의 상대적 증가, 자본 생산과정과 유통
부문의 외부에 위치한 비생산적 노동자의 상대적 증가—이 드러난다.

2) 새로운 시대로서의 서비스 사회?

계급구조 내의 임금생활자들의 변화는 공식적인 통계에서는 직업
내의 세 가지 지위들, 즉 육체노동자, 사무직, 공무원 간의 양적 관계
의 변화로 나타난다.[4] 따라서 우리가 이 범주들을 이용해 임금생활자
내의 구조변화를 설명할 경우 그 내용은 다음과 같다. 우선 노동자에
대해 사무직이 상대적으로 증가했다. 그러나 여기서 간과할 수 없는
것은 사무직의 비율이 생산부문 내에서도 상대적으로 증가했다는 것
이다. 이것은 '총노동자'가 경향적으로 '더 많은 지식'을 가지게 되며,
'블루 칼라'라고 하는 전통적인 노동자 상이 점점 사라지는 것을 의

2) *MEW* 23, 469쪽. 하인, 가정부 등을 의미한다.
3) *MEW* 26.1, 137쪽; PKA, 앞의 책, 273쪽; Thomas Hagelstange, 앞의
   책, 64쪽 참조.
4) 1990년에 서독의 노동자, 사무직 그리고 공무원의 취업인구 중의 비율은
   각각 42%, 48%, 10%로 나타났고, 1985년에는 각각 45,2%, 44,8%,
   10%로 나타났다(Statistisches Bundesamt, *Statistisches Jahrbuch für BRD
   1992*, 114쪽; 1987, 99쪽에서 재계산).

미한다.

또 하나 간과할 수 없는 측면이 있는데, 그것은 산업생산 내에서도 '3차 산업화(Tertiarisierung)'가 일어난다는 것이다. "육체노동자의 비율이 높은 전통적인 산업부문(제철, 제강, 조선, 광업 그리고 앞으로는 자동차산업 역시)에서는 눈에 띄게 고용이 감소하거나 기껏해야 정체된 상태인 반면 육체노동자가 적고 대부분이 사무직으로 구성되어 있는 산업부문(전산자료처리, 전자테크닉, 기계제작)은 점점 그 비중이 높아가고 있다. 또 예전에 산업 내에 있었던 생산관련 서비스들(광고, 마케팅, 연구와 개발, 판매, 재정)은 3차 산업부문으로 옮겨갔는데, 이로 인해 노동자와 사무직 간의 양적 관계가 변화했다."5) 사무직의 상대적 증가 외에도 국가공무원은 취업인구 중 가장 큰 증가율을 보이고 있는데, 이런 국가부문의 급속한 발전은 특히 제2차세계대전이 끝난 이래 교육, 보건 등의 복지국가적 기능들이 확대된 데에 크게 힘입은 것이다.6)

그러나 이런 계급구조 내의 구조변화는 적지 않은 사회과학자들에 의해 사회적 발전의 새로운 시대를 의미하는 것으로까지, 즉 '산업사회'에서 '서비스 사회'로의 이행으로까지 해석됐다.7) 그들에 따르면 물질적 생산에 비해 비물질적 생산이 매우 증가했으며 제3차 산업부문으로서의 서비스 부문은 물질적 재화의 생산에 관계하는 기존의 제1차, 제2차 산업부문에 비해 경제구조 내에서 더욱더 그 중요성이

5) J. Bischoff and S. Herkommer, "Die große Hoffnung und die Krise des Kapitalismus", 1988 in: F. Steinkühler and S. Bleicher(Hrsg.), *Zwischen Aufstieg und Rationalisierung: die Angestellten*, Hamburg, 1988, S.64-88, 70쪽.
6) 앞의 논문, 71쪽 참조.
7) Daniel Bell, *Die nachindustrielle Gesellschaft*, Frankfurt/M, 1975; Alain Touraine, *Die postindustrielle Gesellschaft*, Frankfurt/M, 1972.

커지고 있다고 한다. 이런 주장은 물론 경제구조와 취업구조의 실제적 변화에 근거해서 나온 것이지만 그 이론적 함의에는 몇 가지 간과하기 힘든 커다란 문제들이 있다.

우선 지적되어야 할 것은 이 세 부문 구분도식(Drei-Sektoren-Schema)에는 각 부문 생산의 소재적 성격(Stofflicher Charakter)들이 부문들 간 경계의 기준으로 사용됐다. 그러나 이런 도식은 어떻게 경제의 여러 영역들이 생산, 분배, 소비와 관련해 서로 관계를 맺고 있는가 그리고 전 사회적 재생산의 틀 내에서 발전하는가를 전혀 보여주지 않는다. 제3차 산업에는 많은 상이한 영역들-상업, 운송, 국가 서비스, 물질적 생산을 위한 서비스 등-이 함께 포함되어 있다.

따라서 서비스 영역의 발전은 산업생산 내의 구조변화, 자본주의 서비스 산업의 증가 그리고 복지국가적 발전 등 매우 상이한 요소들의 발전에 기인하고 있다(Bischoff & Herkommer, 1988: 67). 계급구조의 변화를 분석하는 데 있어서 여러 추상화의 차원들(경제적 형태 규정, 노동법적 그리고 소재적 구분)을 고려해야 한다면 경제구조의 변화를 고찰하는 데도 소재적 측면과 경제적 형태 규정적 측면이 혼동되어서는 안될 것이다.

두번째로 '서비스 사회'로의 이행을 주장하는 사람들은 물론 전체 노동인력의 모습이 변화한다는 것에 주목하고 있다. 그러나 이들은 육체노동자의 감소경향에서 노동의 의미소멸과 지식, 정보 등의 의미 증대를 단순히 대립시켜 도출하고 있다. 이들이 노동과 지식을 대립시키는 잘못된 구도를 설정한 이유는 사회적 노동의 발전을 순전히 소재적 측면에서만 고찰했기 때문이다.

세번째로 이 이론은 제3차 산업부문의 크기와 발전이 산업적 상품 생산부문의 가치창출 그리고 제1차 소득자들 간의 분배와 밀접히 관련돼 있다는 사실을 간과한다.[8] '서비스'의 미래가 '산업'과 어떤 관

련이 있는지를 연구하는 대신에 이 이론은 '서비스'와 '산업'을 대립
시키고 거기서 단순하게 '탈산업화'라는 결론을 도출한다.

이미 언급했듯이 '서비스 부문'의 팽창에서는 국가부문의 확대가
가장 두드러진다. 그리고 그것은 사회구조의 역동적 변화의 중심에
서 있다. 비생산적 노동자 수가 상대적으로 가장 빨리 증가한다면, 전
체 사회 속에서 그들의 정치적·경제적 비중 역시 커질 것이다.

그러나 국가부문의 발전과정을 그 역사적 진행 속에서 추적하면,
비록 생산력 발전이 국가부문의 확대를 위한 물적 기초를 제공했다
해도 양자간에는 하등의 자동적인 연관성은 존재하지 않는다. 국가부
문의 확대는 오히려 자본주의 사회의 계급대립이 정치적으로 매개된
결과물이다.

오늘날 국가는 자본재생산을 위한 일반적 생산조건들을 보장하고
지배특수적 기제들을 이용해 자본주의 사회질서를 유지하는 기능 외
에도 여러 사회정책적 과제들을 특징으로 하는 '복지국가적' 기능들
을 수행한다. 앞의 두 기능들이 이미 자본주의 생산의 발전과 더불어
꾸준히 확대돼왔다면 복지국가적 기능은 제2차세계대전 이후 상대적
으로 급속히 확대됐으며, 여기서 계급들 간의 정치적 대립은 하나의
주요한 역할을 했다. 이렇게 볼 때 복지국가 발전은 불가피한 것이
아니라 하나의 현실역사적 경향(real-historische Tendenz)으로 생각해
야 할 것이다.

그러나 복지국가가 여러 조치들을 가지고 사회에 역으로 개입하고
그럼으로써 많든 적든 기존의 계급관계에 영향을 준다면, 복지국가
내의 계급관계는 어떠하며 복지국가의 영향은 앞으로 자본주의 계급
사회의 발전에 어떤 의미를 지니는가? 이제 이런 질문들에 대한 답변

---

8) 앞의 논문, 73쪽.

을 시도하고자 한다.

2. 복지국가 내의 변형된 계급관계

1) '개입국가'로서의 복지국가: 복지국가이론의 검토

계급구조의 발전경향에 대한 고찰에서 우리는 국가공공부문의 노동자들이 경향적으로 증가한다는 것 그리고 이 부문의 발전은 계급들간의 세력관계에 따라 크게 좌우되기 때문에 이 경향이 불변의 법칙은 아니라는 것을 살펴보았다. 그러나 국가부문의 확대는 '순수한' 계급구조를 매우 크게 변형시켰다.

이는 비단 국가부문에 종사하는 임노동자 수가 상대적으로 늘어났기 때문만이 아니다. 무엇보다도 재분배에의 국가 개입으로 인해서 변화된, 복잡한 분배관계가 형성됐고 또 이에 따라 개인의 재생산에 일정한 변화가 왔기 때문이다. 그러나 일반적으로 복지국가로 표현되는 이런 국가개입의 성격에 대한 이해를 둘러싸고 많은 논란이 있다.

일찍이 토마스 마셜(Thomas Marshall)은 자본주의 역사에서의 시민권(Bürgerstatus, citizenship)의 발전에 주목하면서, 복지국가에서의 '시민권의 평등'은 비록 소득의 격차나 계급 시스템을 지양하지는 못하나 계급간의 격차는 줄일 수 있다고 주장했다. 즉 시민권의 일반화[이를 마셜은 유사진화적(quasi-evolutionär)과정으로 파악했다]에 의해서 계급대립은 완화되고 시민권의 사회통합적 효과는 체계내재적인 계급갈등과 조화를 이룰 수 있다는 것이다(Marshall, 1949).

마셜과 같은 비마르크스주의 학자들이 복지국가의 개입기능으로 선진자본주의 사회의 계급대립의 완화 또는 계급갈등의 제도화[9]를 증명하려 했다면 적지 않은 마르크스주의자들은 복지국가를 '노동자계급에 대한 부르주아 지배의 도구'(국가독점자본주의론) 또는 순수한 '환상'10)으로 해석했다. 그러나 마셜과 그의 추종자들의 비마르크스주의 파악이 선진자본주의 사회에서 최근 수십 년 동안 겪었던, 결코 조용하지 않았던 많은 계급갈등들에 의해 반박될 수 있다면, 복지국가에 대한 일부 마르크스주의적 해석 역시 이에 못지않게 간과할 수 없는 문제점들을 지니고 있다.

국가독점자본주의 이론가들에 의하면 오늘날의 자본주의 국가는 자본가계급(독점 부르주아지)의 지배를 정당화하고 보장하는 수단으로 보아야 한다고 한다. 그러나 이런 파악이 나오게 된 배경(즉 이러한 이론적 입장은 1945년 이후의 서구자본주의의 지속적인 경제발전을 지켜보면서 그 동안 자본주의의 지속적 발전가능성을 과소 평가했던 것에 대한 반성에서 나온 것이다)을 고려한다 해도(Wirth, 1972: 28) 이 이론은 자본주의 국가의 위기관리 능력을 과도하게 강조했고 또 '독점 부르주아지의 의식적 적응전략'이라는 자의적 가정에 너무 치우쳐 있어 그 설득력이 매우 떨어진다. 뮐러(Müller)와 노이쥐스(Neusüß)는 국가독점자본주의론의 이런 '도구주의적' 국가론을 적절하게 비판했다.

그들에 따르면 국가독점자본주의론에서는 지배계급의 조작도구로서 국가제도를 서술하고 또 비판하지만 여기에는 그 조작의 한계가 전혀 제시돼 있지 않다는 것이다. 따라서 오히려 "노동과정과 가치증식과

9) Theodor Geiger, *Die Klassengesellschaft im Schmelztiegel*, Köln und Hagen, 1949; Ralf Dahrendorf, *Class and Class Conflict in Industrial Society*, Stanford Univ. Press, 1959 참조.

10) Wolfgang Müller and Christel Neusüß, "Die Sozialstaatsillusion und der Widerspruch von Lohnarbeit und Kapital", 1970 in: *Prokla*, Sonderheft 1, 1971(vgl. Sopo II 6/7 1970), S.7-70.

정의 통일로서의 자본주의 생산과정에서 나오는 모순들로부터 국가개
입의 필연성과 한계를 각각 밝혀내는"(Müller & Neusüß, 1971: 10,
32) 새로운 분석이 이루어져야 한다는 것이다. 이런 이론적 출발에서
그들은 특히 베른슈타인에서 하버마스, 오페에 이르는 사회민주주의
적 이론가들의 이론을 비판하는데, 뮐러와 노이쥐스에 따르면 이들은
자본주의 생산과 분배 간의 연관성을 망각하고 국가를 마치 '생산관
계에 대해 자립적인 주체'인양 간주한다는 것이다(Müller & Neusüß,
1971: 15, 23).

위의 뮐러와 노이쥐스의 비판들은 타당하지만, 그들의 복지국가론
은 결함 있는 기능주의라는 비난을 피하기 어렵다고 생각된다. 왜냐
하면 그들은 복지국가를 주로 자본주의 체제의 자기적응이라는 관점
에서 다루었으며, 거기서 노동계급은 단지 체제의 희생물로만 간주됐
기 때문이다. 따라서 복지국가는 주요 계급들 간의 장기적으로 진행
되어온 계급투쟁의 결과로서 파악되지 않았다.

따라서 그들의 분석에는 노동자계급이 사회구성원으로서의 동등한
권리를 인정받기 위해 그들의 요구를 힘들게 관철시켜온 역사적 과정
과 그 결과물로 획득한 일정한 정치적·사회적 권리의 의미가 간과되
고 있다. 그리고 이런 노동자계급의 주체적 측면에 대한 간과는―그
들의 분석에서 가끔씩 계급투쟁이 강조되고 있음에도 불구하고―노동
조합운동이 사회정책적 수단을 이용해 그들의 상태의 개선을 추구하
면, 그것은 수정주의적 경향 또는 '체제유지적인' 개량주의 그리고
'복지국가적 환상'에 불과하다는 편협한 결론으로 이어졌다(PKA,
1971: 209).

그러나 복지국가는 결코 환상이 아니다. 노동자계급이 주체로서 복
지국가의 형성에 적지 않은 역할을 했고, 또 복지국가가 사회적 분배
에 개입함으로써 임금생활자와 비노동인구의 생활을 변화시켰으며,

개인성의 발전에 중요한 전제를 창출한 한에 있어서 그것은 결코 단순한 '환상'은 아니다(SOST, 1983: 106).

이 문제와 관련해 기든스는 마셜과 기능주의적 마르크스주의 입장에 공히 반대하면서 복지국가에서의 권리들은 계급투쟁의 쟁점으로 파악해야 한다고 주장했는데, 이는 전적으로 옳다고 생각한다.

나의 분석에 의하면 복지국가적 권리들 그리고 그 자체로서의 복지국가는 이것들을 부르주아지가 노동자계급의 불만을 잠재우는 데 사용하는 수단으로만 파악했던 마셜(Marshall)이나 기능주의적 마르크스주의가 가정한 것보다 훨씬 더 불안정하고 논란의 여지가 있다. 이와 반대로 우리가 복지국가적 권리들을 계급투쟁을 약화시키고 소멸시키는 단순한 수단이 아니라 계급투쟁의 쟁점으로 파악한다면, 우리는 더 많은 평등을 창출하는 데 있어서의 복지국가의 제한적 성공뿐만 아니라 현재 여러 사회들에서 복지국가에 강하게 반대하는 보수주의적 반응을 이해할 수 있다. 복지국가는 정부의 자유주의적 경향의 결과도 아니고 또 부르주아지의 계급지배의 도구(기능주의적 마르크스주의)도 아니다. 그것은 오히려 그 안에서 계급구조 내의 비대칭적 관계들과 복지국가 권리들이 서로 교차하는 하나의 모순적 구성물이다(Giddens, 1983: 28).

부시 - 글룩스만(Buci - Glucksmann)과 테르본(Therborn)은 뮐러, 노이쥐스와 마찬가지로 도구주의적 국가론과 거리를 취하는 마르크스주의 이론가들이다. 그런데 그들은 뮐러·노이쥐스의 분석과 달리 제도적 합의의 정치적·이론적 문제들에 큰 의미를 부여했다.

국가를 단지 부르주아지의 계급지배로부터 분석하는 것 대신에 노동자계급의 관점에서 그들과 제도와의 관계들 그리고 그들의 실천들로부터 분석을 출발하는 새로운 시각전환이 필요하다. … 이런 노동자계급의 전진은―이것이 설사 개량주의적·조합주의적일지라도―계급의 정치형태들

을 은폐하는 자본의 유일한 논리에 계급자율성이 통합됐다고 단순히 환
원·해석될 수는 없다(Glucksmann & Therborn, 1982: 122).

부시 - 글룩스만과 테르본이 '도구주의 국가론'과 '복지국가 환상론'
에 반대하면서 중요하게 생각하는 것은 사회화의 국가주의적 형태로
서의 복지국가이다. 그들에 의하면 1930년대 대공황 이후 케인스 정
책의 도입과 더불어 노조와 정당들, 기업과 국가 간에 역사적 타협이
이루어졌으며, 이것이 결국 '사회민주주의 국가'로 나타나게 됐다는
것이다.

밀러·노이쥐스의 이론과 비교할 때 그들은 복지국가 발전에 있어서
헤게모니를 둘러싸고 갈등하는 계급들 간의 형세를 분석하려 시도했
기 때문에 복지국가의 형성에 있어서 노동자계급의 행위를 더욱 고려
했다. 그러나 그들의 파악은 복지국가 건설에 있어서 노동자들이 능
동적으로 기여한 측면을 충분히 반영하지 못한다. 왜냐하면 그들은
그람시의 '수동적 혁명' 개념에 대해 언급하면서 이것을 능동적·민주
적 혁명에 대립시키고, 복지국가에 대한 개념적 표현으로 설명하기
때문이다.

이 과정에서 부시 - 글룩스만과 테르본에 의하면 노동운동은 국가의
개입으로 그 체제전복적·혁명적 성격을 상실했으며, 케인스주의 국가
의 제도적·조합주의적 정치체제에 통합됐다는 것이다(Glucksmann &
Therborn, 1982: 130-136).

물론 복지국가는 노동운동이 원래 그들의 목표로 설정했고 또 기대
했던 정치적 형태는 아니다. 그러나 그렇다고 부시 - 글룩스만과 테르
본이 생각하듯이 단순히 위로부터의 사회화된 형태도 아니다. 물론
우리는 계급타협에서 노동자계급의 힘이 상대적으로 약하다는 것 그
리고 노동자계급이 복지국가적 자본주의에 부분적으로 통합됐다는 것

을 부인할 수는 없다.

그럼에도 불구하고 복지국가는 노동자계급이 계급투쟁의 과정 속에서 관철한 노동자계급의 성과물이다. 이렇게 볼 때 우리는 복지국가를 사회화의 국가주의적 형태로 파악하는 입장으로부터도 일정한 거리를 두어야 할 것이다(SOST, 1983: 48; Herkommer, 1984: 142).

복지국가 발전이 상당부분 계급들 간의 대립에 달려 있다고 본다면 우리는 여기서 더 나아가 복지국가의 구체적 형태와 발전과정은 나라마다 매우 다르다는 것을 쉽게 생각해볼 수 있다. 일반적으로는 국제적 비교에서 세 가지 유형이 구분된다. 슈미트(Schmidt)에 의하면 독일 복지국가는 "스웨덴, 노르웨이, 덴마크의 복지국가와 북아메리카, 일본의 복지국가와 다르다. 독일의 사회정책은 보수적·개량주의 복지국가 모델에 가깝고 이에 반해 스칸디나비아(핀란드 제외)의 사회보장은 사회민주주의적 국가시민 부양 모델이다. 마지막으로 미국과 일본은 대략 자유주의적·선택적 복지국가 모델이라 할 수 있는 사회정책을 실시하고 있다"(Schmidt, 1990: 126). 이런 세 가지 유형 구분은 에스핑 - 안데르센의 *The Three Worlds of Welfare Capitalism*이라는 테제에 기인한 것인데, 그에 따르면 이 세계들은 각각 "계급(특히 노동자계급) 동원의 성격, 계급정치적 연합구조와 지배 제도화의 역사적 유산 정도"에 따라 서로 상이하게 발전했다는 것이다(Esping-Andersen, 1990: 26).

에스핑 - 안데르센과 코르피에 따르면, 제2차세계대전 이후의 사회정책 발전은 스칸디나비아 반도, 오스트리아와 독일처럼 겉으로는 평화적이고 안정된 민주주의를 실현하고 있는 듯 보이는 국가들에서조차도 집단 또는 계급들 간의 갈등에 의해 특징지어진다고 한다.11) 따

---

11) G. Esping-Andersen and Walter Korpi, "Social Policy as Class Politics
    in Post-War Capitalism: Scandinavia, Austria, and Germany", 1984 in:

라서 사회정책발전에서 동의와 탈정치화보다는 집단들 또는 계급들 간의 갈등을 중시해야 한다는 것이다.[12]

스칸디나비아, 오스트리아, 독일 간 발전의 차이에 대한 그들의 사례연구에는 권력자원의 분배, 특히 정치적 조직과 노동조합의 수준 및 유형이 분석의 중심에 있다. 그들에 의하면 육체노동자의 상대적 권력위치가 오스트리아와 독일에서보다는 스웨덴에서 더 유리했다. 따라서 스웨덴에서와는 달리 이들 두 나라에서는 노동자, 농민과 도시 프티부르주아지 간 계급연합이 성공하지 못했다는 것이다.

이 이유로 인해 노동자계급의 관점에서 보면 스웨덴의 사회민주주의 개혁은 여러 측면에서(예를 들어 연금수준, 사회보험에서 개인의 재정부담 정도, 소득세와 사회보험 부담금을 통한 재분배효과의 정도 등) 다른 나라들보다 더 낮게 발전했다는 것이다.[13]

J.H. Goldthorpe(Hrsg.), *Order and Conflict in Contemporary Capitalism*, Oxford, S.179-208, 205쪽.

12) 한편 구딘과 드라이젝은 "전쟁기간중의 광범위한 불확실성"과 "위험분담"이 사람들의 도덕적 지평을 넓혔다고 주장하면서 이 요인들로 "전후 복지국가의 기원과 지속 그리고 쇠퇴"를 설명했다(Robert E. Goodin and John Dryzek, "Risk-Sharing and Social Justice: The Motivational Foundations of the Post-War Welfare State", 1987 in: R.E. Goodin and Julian Le Grand, *Not Only The Poor. The Middle Classes and The Welfare State*, London, 1987, S.37-73, 45, 67쪽). 그러나 간쓰만과 베글러가 비판하듯이 모든 사람들을 재분배에로 동기유발시키는 그런 완전한 불확실성이 존재하는지는 실로 의심스럽다. 간쓰만과 베글러에 의하면 오히려 중요한 것은 부자들을 재분배에 참여하도록 강제하는 것이며 "왜 부자들은 −일례로 빈자들의 일부에게 상승이동의 기회를 제공해 자기편으로 만드는 식으로− 빈자들의 재분배 요구를 막을 수 있는 연합전선을 항상 만들 수 있는 위치에 있지 못한가?"의 문제를 생각해보는 것이다(H. Ganßmann and Rolf Weggler, "Interessen im Sozialstaat", 1991 in: *österreichische Zeitschrift für Soziologie*, 16 Jg. 1/1991, S.5-24, 8쪽).

13) Esping-Andersen and Korpi, 앞의 논문, 199쪽 이하.

여러 복지국가 형태들을 구체적으로 분석하고 서로 비교하는 것은 또 다른 본격적인 연구를 필요로 하는 것이다. 그러나 이 책의 주요 관심사는 국가개입으로 인한 계급구조의 변형을 일반적으로 파악해보는 것이기 때문에 지금부터 복지국가 기능이 계급관계에 끼치는 영향을 살펴보기로 하자.

2) 복지국가 재분배와 계급관계의 변형

국가가 존재하는 물적 토대는 세금에 있다. 본원적 소득에 대한 세금징수를 통해 국가는 사회적 부의 일부를 가지게 되고 이 기금으로 국가는 우리가 국가적 활동이라 부르는 것들을 행하게 된다. 이렇게 볼 때 국가는 비록 상부구조영역에 있는, 물질적으로 파생적인 부문이기는 하지만 세금징수뿐만 아니라 사회정책이라는 수단을 통해서 사회의 재생산과정에 개입한다. 다시 말해서 복지국가가 본원소득의 세금징수를 통해 각 계급들의 재생산과정에 개입한다면 이 국가에 의해 전유된 또는 매개된 사회적 부의 일부는 다시 여러 이전 형태들(Transfer-Formen)로 지출되면서 개인의 재생산관계·생활관계에 영향을 미친다(Alber, 1984: 225).[14]

이런 국가 개입과 더불어 무엇보다도 노동력 재생산조건에 일정한 변화가 일어난다. 여기서 중요한 것은 임금생활자들에게 직접적으로 주어지는 화폐임금 외에 소비기금에 포함되는 '사회임금(Soziallohn)'의 발전과 그 범위다(Krüger, 1986: 750). 이 '사회임금'은 화폐이전(Geld-transfer)과 실물이전(Realtransfer)의 두 가지 형태로 나누어진다.

---

14) 여러 분석들에 의하면 "독일에서 이미 개인가구들의 가용한 소득의 1/4 이상이 공식적인 이전소득에서 온다." 하지만 이전소득의 대부분은 연금생활자에게 돌아간다.

화폐이전이 화폐의 지불자와 수혜자 간의 재분배과정에 관계하고, 또이 화폐의 사용은 수혜자의 사적인 문제라면, 실물이전은 사회적·집단적으로 소비되고 사용되는 사회적 서비스와 시설물들을 그 내용으로 한다(Krüger, 1986: 752).

'사회임금'의 발전은 어느 정도는 자본주의 생산양식의 역사적 발전과 궤를 같이 해왔다. '사회임금'의 범위와 의미가 과거에는 양적으로 그리고 질적으로 매우 적었다면, 오늘날에는 최소한 선진자본주의 사회들에서만큼은 개인의 소비와 관련해 결코 무시할 수 없는 부분이 됐다. 한편 여기서 시민권의 일반화를 위한 노동운동의 투쟁과 피억압계급들의 사회적 정의에 대한 요구 증대 등이 큰 역할을 했다는 것은 간과할 수 없는 사실이다.

'사회임금'의 발전과 더불어 개인의 재생산조건들을 구성하는 부분들은 더욱더 사회화된다. 이것은 한편으로 과거의 상호부조 또는 집단 재정기금과 비교해볼 때 개인의 생활조건의 재생산이 전보다 더 효율적으로 보장됐음을 의미한다. 과거의 '사회임금' 조직체들이 빈약한 재정상태로 인해 곤경에 처한 조직회원들에게 아주 제한적인 도움밖에 줄 수가 없었다면, 이런 열악한 상황은 법률이 정한 보험기금의 도입으로 인해 결정적으로 개선됐다. 즉 이 사회보장 보험기금으로－대략 네 가지(실업보험, 연금보험, 의료보험, 산재보험)로 요약할 수있다－"자유로운 임노동자의 특수한 생활상의 불안정을 제거할 수 있는 것은 아니지만, 자본주의 재생산의 토대 위에서 적어도 완화시킬 수 있는" 가능성이 열린 것이다(Krüger, 1986: 754).

비록 사회보장기금들이 "본질적으로 임금종속자들 간의 금전적 재분배기금 또는 연대기금"이고, 따라서 원래의 국가예산과는 구분해야 하지만[15) 이것들은 [예를 들어 영세민 월세보조금(Wohngeld), 무상교육체계처럼 복지국가에 의해 직접 분배되는] 화폐이전, 실물이전과 함께 선진자본주의 사회의 계급관계에 역으로 영향을 준다. 그러나 이로 인해 다원화된 개인들의 소득원천들은 생산에서의 개인의 기여와 분배에서의 개인 몫 간의 관계를 제대로 파악하는 것을 점점 어렵게 만든다. 이런 어려움은 여러 소득관계자들이 한 가구 내에 살고 있는 경우를 고려할 때 더욱 커진다고 볼 수 있다.

국가에 의해 매개된 재분배관계에서 특히 눈에 띄는 것은 생산과정 내의 개인의 위치가 분배에서의 개인의 위치와 직접적으로가 아니라 매개된 형태로 관계한다는 것이다. 복지국가의 이런 재분배기능의 효과를 독일의 경우를 예로 들어 살펴보면 다음과 같은 몇 가지 중요한 사실이 발견된다.

1. 이전비용의 대부분(1978년도에 71,2%)은 취업인구로부터 비취업인구(예를 들어 연금생활자, 환자, 장애인 등)에게 주어졌다. 이 효과는 아주 긍정적인 것이다. 왜냐하면 노인, 장애인, 실업자와 직업훈련생 등 사회적으로 불리한 위치에 있는 집단들에게도 독자적인 소득원이 생김으로써 일정한 한계까지 자립적인 생활을 영위할 수 있는 가능성이 생겼기 때문이다.

2. 복지국가의 이전 시스템(Transfersystem)을 재정적으로 유지하는 데 있어서 육체노동자와 사무직 노동자가 주로 큰 부담을 진다. 이들은 공무원과 자영업자에 비해 평균적으로 적게 수혜를 받는데도 복지국가의 재정을 마련하는 데 상대적으로 지나친 부담 요구를 받고 있다. "사회보장 시스템의 부담금은(소득이 올라갈수록—인용자) 부담률이 점점 줄어들고, 사회보장에 대한 요구는 이에 반해 소득이 올라가면 올라갈수록 높아진다."16) 또 임금생활자 중

---

15) 앞의 책, 754쪽 이하.
16) J. Bischoff and S. Herkommer, 앞의 논문, 82쪽.

상대적으로 높은 가구소득을 가진 경우에는 세금납부시에 상대적
으로 적은 개인적 부담을 갖게 된다.

3. 현재 복지 시스템은 사회의 계급격차를 제거하지 못한다. 연금보
험의 경우에서 나타나듯 연금 수령액은 과거 취업시의 개인의 능
력에 따라 결정되기 때문에 시장법칙의 원리가 노후생활보장과 결
코 분리되지 않았다. 이런 시장법칙의 원리는 관철되는 정도가 비
록 사회보험기금의 종류에 따라 매우 다르기는 하지만[17] 기타 사
회보험들에도 기본적으로 해당된다. "개별적인 경우에 있어서는
개인이 지불한 액수와 받은 액수가 같지 않다고 해도 보험에 가입
한 임금종속계급들, 집단들 간에 이미 존재하는 시장규정적 소득
의 차이들은 우연이 아니라 체계적으로 재생산된다"(Krüger, 1986:
757).

---

[17] 이와 관련해 간쓰만과 베글러는 좀더 심층적인 파악을 하고 있는데 그
요점만 간추리면 다음과 같다(H. Ganßmann and Rolf Weggler, 앞의 논
문, 10쪽 이하). ① 영세민보조는 수요지향적 재분배원칙을 따른다. 이 보
조금은 다른 사회보험금을 전혀 받을 수 없는 경우에만 받을 자격이 있다.
이것은 언제나 일종의 사회적 낙인 그리고 일련의 통제와 구속의 의미를
지닌다. ② 연금보험은 비록 지출한 보험갹출금에 따라 연금액이 결정되
지만, 여기에는 일련의 변형이 존재한다. 우선 갹출금의 결정시에 집단마
다 평균수명이 다르다는 것이 고려되지 않고 있다. 또 연금보험의 재정은
현재 경제활동인구의 수입에서 나오는데, 이로 인해 세대에 따라 연금갹
출액과 수령액 간의 차이가 날 수 있다. ③ 의료보험은 주로 수요에 따른
재분배원칙에 근거하고 있다. 그러나 그 주요 이유는 상대적으로 낮은 임
금수준을 유지하고 또 노동시장에서의 차별적 대우를 사후적으로 보상하
기 위한 것이다. ④ 실업보험은 한편으로 시장적 보험원칙(실업자 수당)과
다른 한편으로는 수요에 따른 분배원칙(실업자 보조금)에 입각해 있다. 이
런 이중구조를 통해서 실업자들이 다시 일을 하도록 통제하고 노동을 해
야만 한다는 생각을 유지시킨다.

이외에도 복지국가에서의 이전(Transfer)은 사회계급 또는 집단들에 따라 서로 다른 의미를 지닌다. 하층계급들의 소득은 그들의 생활을 보장하는 데 충분하지 못하기 때문에 이런 이전은 하층계급들에게는 매우 필요한 반면, 다른 계급들에게 있어서는 그들의 소득 외에 추가적 권리로 얻어지는 꼭 필요하지 않은 '과잉'이전이다(SOST, 1984: 189).

위의 사실들을 종합해볼 때 계급간의 차이는 현재의 복지국가적 이전과 규제로는 제거될 수 없다. 그러면 계급간의 차이가 복지국가의 개입으로 사라지지 않고 그 기본 특징에서는 변하지 않은 채 단지 변형된 형태로 재생산된다면, 계급들 간의 '질적인' 차이는 선진자본주의 사회의 일상적 관념에서는 어떻게 나타나는가?

우리는 앞에서 소득 원천들과 소득관계들이 복지국가의 재분배기능의 확대와 더불어 더욱 복잡한 양상을 띠고 있으며, 개인의 사회적 생산 내에서의 위치가 소비영역에서의 위치와 직접 상응하지 않는다는 것을 언급했다. 이런 소득원의 복잡화, 다양화로 인해 사회적 생산과 개인적 생산 간의 연관에 대한 일상생활에서의 일반인의 이해가 점점 어려워지면서 사회적 재생산과정에서의 상이한 위치들과 이와 관련된 소득형태 간의 질적 차이들은 오히려 점점 사회불평등의 단순한 등급화로 나타나게 된다(Herkommer, 1984: 150).

즉 계급구조의 근저에 놓여 있는 생산관계와 분배관계는 복지국가에서도 임노동과 자본 간의 대립이라는 토대 위에서 지속적으로 재생산됨에도 불구하고 "적대적 계급구조는 … 등급화된 소득체계로, 단순히 양적 사회불평등인 것처럼 현상한다"(Herkommer, 1984: 151). 이렇게 볼 때 우리는 선진자본주의 사회의 계급적 성격이 상대적으로 덜 발전된 자본주의 사회들의 그것보다 더욱더 은폐된 형태를 띠고 있다고 말할 수 있을 것이다.

　현재의 이전 시스템과 복지국가가 자본주의 생산양식의 틀 내에서
계급간의 차이를 교정하고 극복할 위치에 있지 못하다면 왜 복지국가
가 이런 한계를 가지는가에 대해 우리는 질문을 던지지 않을 수 없다.
　복지국가의 한계는 우선 '현 사회의 계급적 성격'에서 찾아야 한다
(Herkommer, 1984: 152). 현재의 복지국가는 자본주의 생산관계에서
연유하는 사회적 생산, 분배구조에서의 개인들 간의 근본적 불평등을
건드리지 못하고 주로 이차적 소득의 재분배에(흡사 보상하듯이) 집중
하기 때문에 선진자본주의 사회에서 질적·양적으로 재생산되고 있는
계급간의 차이를 없앨 수 없다. 각 계급들 또는 집단들 간의 불평등
한 사회적 전제조건들은 현재의 복지국가에서는 고려되지 않은 채 그
대로 남아 있다.
　복지국가는 상부구조의 다른 영역들과 마찬가지로 물질적으로 파생
된 성격을 가진다(SOST, 1983: 90). 복지국가는 자본주의 생산 시스
템을 토대로, 이 토대 위에서만 기능한다. 따라서 복지국가의 활동범
위는 결정적으로 자본주의 시장(또는 자본축적)의 일반적 조건에 따라
좌우된다. 그런데 바로 이로 인해 종종 어려운 상황이 발생할 수밖에
없다. "사회 내의 가장 약한 자들의 생활보장을 해주어야 할 최소한
의 복지국가 기능이 절실히 요구되는" 경제적 위기 시기에 복지국가
는 특히 정치적 압박을 받는다(Herkommer, 1984: 152). 복지국가가
자본주의 생산관계와 시장원칙에 대한 근본적 질문을 던지지 않는 한
복지국가는 분배를 둘러싼 계급들 간의 첨예한 대립가능성을 배제할
수 없다.[18]

---

　18) 렙시우스는 복지국가의 발전과 더불어 새로운 사회적 갈등과 대립이 생
　　 겨난다고 주장했다. 그에 의하면, 사회적 갈등이 구조화되는 과정에서 '자
　　 산계급(Besitzklasse)'과 '영리계급(Erwerbsklasse)'의 의미는 감소하고 대신
　　 '부양계급(Versorgungsklasse)'의 의미가 커진다고 한다. 부양계급은 취업

복지국가의 한계를 살펴보면서 또 하나 확인할 수 있는 사실은 복
지국가 발전과 더불어 임금생활자의 개인성의 전개가능성이 현저히
확대됐지만, 동시에 이것이 자본주의적 한계에 부딪친다는 사실이다.
즉 많아진 사회적 부와 법치국가·복지국가적 조치들에 의해 개인성의
발전가능성이 더욱더 넓어졌다면, 이런 문명적 경향은 필요한 수단들
(돈과 시간)이 계급이나 집단간에 상이하게 또는 극단적 형태(시간은
많고 돈은 없는 경우와 정반대의 경우)로 분배되어 있는 한 일정한
한계를 갖게 된다는 것이다.

그러나 개인성의 발전이 (마르크스가 이상적 사회로 묘사한) "자유
로운 인간들의 공동체"의 결과이면서 그 중요한 전제조건이라 할 때
자본주의의 이런 문명적 측면을 단순하게 '환상' 또는 '체제 내로의
통합'이라고 간주하는 것은 너무나 안일하고 비현실적인 사고일 것이
다. 오히려 현재 절실히 필요한 것은 자본주의 계급사회에서 보여주

소득과는 무관하게 복지이전 시스템에서 특정집단이 차별화를 당할 경우
형성된다. 예를 들어 취직기간이 짧아서 실업수당 등에 대한 요구를 할
수 없는 여성이나 연금제도에서 현재 취업자와 연금혜택을 받는 비취업자
등의 경우다(Lepsius, 1979: 179). 그러나 비록 렙시우스가 복지국가제도
에서 개인의 생활상태를 규정하는 데 있어 자산과 취업소득 외에 복지이
전 소득을 고려해야 한다고 파악한 것(앞의 논문, 182쪽)은 맞지만 부양계
급들 간에 강한 갈등, 대립이 생긴다는 주장은 현재 개연성이 희박하다.
그 이유로는 첫째, 사회복지를 둘러싼 대립, 갈등은 여전히 '기존의' 결사
체들과 정당에 의해 주도되고 있다. 둘째, 복지혜택은 소득수준에 근본적
으로 달려 있고, 이것은 오히려 "복지제도에서의 불평등을 시장영역에서
의 불평등의 반영으로 정의하게 만들며, 따라서 영리계급의 이해와 부양
계급의 이해를 일치시킨다"(Alber, 1984: 245). 셋째, '복지국가의 고객들'
은 복잡다양한 프로그램에 따른 개인별 혜택의 차이 그리고 그들 간의 접
촉 결여로 인해 그들의 이해를 통일시키고 관철시킬 기회가 거의 없다(같
은 논문). 이에 비해 '복지국가의 지불자들'은 비록 잘 조직화되어 있지만,
이 조직화는 오로지 그들의 직업활동과 관련된 것이다(Ganßmann and
Weggler, 1991: 18).

는 이런 개인성 발전의 모순적 형태를 구체적으로 연구하고, 나아가 이를 토대로 '모순 없는' 개인성 발전을 위한 현실적 대안을 만들어내는 것이라고 생각한다.

3. 자본주의 생산양식의 문명적 계기들과 모순적 발전

'인격적 개인(das persönliche Individuum)'에 대해 '계급적 개인(Klassenindividuum)'이 등장하는 것은 자본주의 생산양식에서 하나의 특징이다. 이런 사회적 성격의 변화는 겉으로는 봉건적 구속에서 해방된 '자유로운 개인'이라는 환상을 가능하게 했다. 개인의 소유물에 대한 처분권은 봉건시대의 여러 제약으로부터 풀려나 개인의 자유의사에 맡겨졌으며 인신적 구속하에 있던 봉건농노들의 노동은 이제 자유로운 임노동으로 변화했다. 그러나 이미 앞에서 보았듯이 이런 '자유'는 '추상' 속에서만 존재한다. 과거의 인신적 구속관계는 물적 구속관계로 대치됐다(*MEW* 3, 76쪽 참조).

그러나 자본주의하의 노동자가 물적 강제의 틀 내에서 인신적 구속성을 탈피했다면 이들이 과거의 생산양식들에서의 노예나 농노에 비해 누리는 이런 상대적 '자유'는 개인적 소비영역에서도 나타난다. 임노동자는 그의 임금을 부의 일반적 형태인 화폐로 받기 때문에 "그는 자신의 등가물의 한계까지(즉 자기가 가지고 있는 돈의 한계만큼—인용자) 일반적 부의 공동 향유자가 된다"(*Grundrisse*, 194쪽).

즉 과거의 생산자들이 소비에서 양적인 한계뿐 아니라 신분적 구속에 따라 질적인 한계에도 부딪쳤다면 자본주의 사회의 임노동자 소비에서는 원칙적으로 양적인 한계만이 존재한다(*Grundrisse*, 194쪽 참조).

이제 우리가 이런 측면을 자본주의 생산의 거대한 생산력 발전과

관련해 고찰하면 임노동자는 실질임금 상승과 더불어—비록 노동임금
의 가치가 정체하거나 하락할 수 있다 해도—다양한 재화를 더 많이
소비할 수 있는 가능성을 가지게 됨을 알 수 있다. 여기서 일정한 한
계까지는 자신의 소비 대상을 자유로이 선택할 수 있고, 더 많아진
사회적 부에 참여할 수 있기에 노동자와 그 가족들 개인의 발전가능
성은 더욱 확대된다.

  따라서 자본주의 생산관계에서 나오는 계급간의 차이는 여전히 존
속하지만, 즉 계급들간의 질적인 차이는 제거되지 않았지만 노동시간
외부에서 개인들이 활동할 수 있는 가능성은 확대되고 다양해졌다.
마르크스는 자본주의 생산양식의 이런 문명적 계기가 개인성의 발전
에 얼마나 큰 의미를 지니는가를 너무나 잘 인식하고 있었다.

  그러나 일반적 부의 형태를 끊임없이 추구하는 것으로서의 자본은 노
  동이 그 자연적 필요의 한계를 넘도록 하고, 그럼으로써 풍요로운 개인
  성 발전에 필요한 물질적 요소들을 창출한다. 이 풍요로운 개인성 발전
  은 소비에서는 물론 생산에서도 마찬가지로 전면적이며, 따라서 노동은
  더 이상 노동이 아니라 활동 자체의 완전한 발전으로 나타나는데, 여기
  서 노동의 직접적 형태에 있었던 자연적 필요성은 사라지게 된다. 왜냐
  하면 자연적 필수욕구 대신에 역사적으로 산출된 욕구가 등장하기 때문
  이다(*Grundrisse*, 231쪽).

  그러나 이런 풍요로운 개인성 발전을 위해서는 더 많은 사회적 부
의 생산과 이 부를 향유할 수 있는 시간이 필요하다. 개인의 발전에
필요한 이 두 가지 기본적 전제들, 즉 물질적 수단과 자유로운 시간
은 서로 분리돼 있는 것이 아니라 아주 밀접한 관계 속에 있다.

  진정한 경제(절약)는 노동시간의 절약에 있다(최소의 생산비용 그리고

최소로 절감하는 것). 이 절약은 그러나 생산력의 발전과 동의어다. 따라서 결코 향유의 욕구를 억제하는 것이 아니라 힘의 발전, 즉 생산에의 능력의 발전과 향유수단을 발전시키는 그런 능력의 발전이 중요하다. 향유의 능력은 향유의 조건, 즉 향유를 위한 첫째의 수단이며, 이 능력은 개인의 재능, 생산력의 발전을 의미한다. 노동시간의 절약은 곧 자유로운 시간, 즉 개인의 완전한 발전을 위한 시간이 많아지는 것인데, 여기서 개인의 발전은 다시 가장 큰 생산력으로 노동의 생산력에 역으로 영향을 준다. … 자유로운 시간-한가로운 여가시간과 더 고차원적인 활동을 위한 시간-은 그 시간의 소유자를 당연히 전혀 달라진 주체로 변화시키며, 그는 이 달라진 주체로서 직접적 생산과정에 들어간다(Grundrisse, 599쪽).

이렇게 볼 때 자본주의 생산양식에서 생산력 발전의 역사적 의의는 사람들이 직접적·물질적 궁핍으로부터 해방되고 더 많은 재화를 사용할 수 있다는 점뿐만 아니라 개인의 진정한 발전에 필요한 가용시간이 늘어날 수 있다는 점이다. 생산력 발전, 사회적 부의 증가와 더불어 노동일이 단축될 수 있는 진정한 가능성이 생겨나는 것이다. 즉 '필연의 영역(Reich der Notwendigkeit)'이 작아지면 작아질수록 그만큼 더 '자유의 영역(Reich der Freiheit)'은 늘어나는데, 이 자유의 영역은 "원래의 물질적 생산의 영역 저편에 있으며" 바로 거기서 인간의 능력은 전면적으로 발전될 수 있다(MEW 25, 828쪽; Grundrisse, 231쪽 참조).

그러나 자본주의 사회에서 실제적인 역사적 진보로 볼 수 있는 이런 문명적 계기들의 발전은 과거의 논의에서는 종종 올바로 파악되지 못했다. 실질임금 상승과 실제적으로 확인할 수 있는 개인의 발전이 일부 마르크스주의자들에 의해 '혁명적' 노동자계급이 자본주의 체제에 완전히 통합된 징후로만 해석됐다면 보수주의자들은 개인의 발전

기회의 확대를 지나친 것으로 간주하면서, 나아가 자본주의 사회의
지속적 발전에 해가 되는 것으로 비난했다: "좌파의 문화비판이 조작
당하는 고립된 대중소비자들만을 보고 있다면, 신보수주의 이론가들
은 개인이 발달한 시대의 성과들을 개탄하고 있다"(Bischoff & Detje,
1989: 128).

그러나 중요한 것은 자본주의 사회의 개인 발전의 실제적 가능성과
한계를 분석하고, 여기서 사회변혁에 필요한 역사적 진보의 함의들을
도출해내는 일이다. 자본주의 사회의 문명적 발전이 한편으로 긍정적
으로 평가되어야 한다면, 다른 한편으로 우리는 이런 개인성의 발전
이 매우 모순적 형태를 취하고 있음을 잊어서는 안될 것이다. 여기서
특히 우선적으로 문제가 되는 것은 자유롭게 쓸 수 있는 시간과 사회
적 잉여노동 간의 적대적 발전이다.

　필요노동시간 외에 사회 일반 그리고 사회의 각 구성원들을 위한 많은
자유시간의 창출(즉 각 개인의 그리고 사회의 충분한 생산력 발전을 위
한 시간), 이런 비노동시간의 창출은 자본의 관점에서는, 이전의 모든 역
사적 단계들에서와 마찬가지로, 일부 사람들만을 위한 비노동시간, 자유
시간으로 나타난다. 자본은 나아가 기술과 과학의 모든 수단을 이용해
대중의 잉여노동시간을 증대시킨다. 왜냐하면 자본의 부는 바로 잉여노
동시간의 전유에서 나오기 때문이다. 즉 자본의 목적은 사용가치가 아니
라 바로 가치이기 때문이다. 자본은 자신의 의지에 반해서 사회적 자유
시간을 위한 수단을 창출하는데, 즉 전체사회를 위한 노동시간을 최소한
으로 줄이며 그럼으로써 모든 사람들이 자유로이 자신의 독자적 발전에
쓸 수 있는 시간을 만들어내는 데 도구적 역할을 한다. 그러나 자본의
경향은 언제나 한편으로는 자유시간을 창출하면서, 다른 한편으로는 그
것을 잉여노동으로 바꾸려고 하는 것이다(*Grundrisse*, 595쪽).

자유롭게 쓸 수 있는 시간의 창출은 자본주의 사회에서는 "오직 잉

여노동과의 대립 속에서 그리고 대립을 통해서만"(*Grundrisse*, 596쪽)
가능하기 때문에, 즉 자본은 노동시간을 최소한으로 줄이고 가능한
한 많은 양의 잉여노동을 쓰려고 하기 때문에 이런 모순적 발전에서
대량실업이 나오고 노동강도의 심화라는 결과가 나온다. 따라서 자본
주의 사회에서는 노동과 자유로운 시간이 사회구성원들 간에 공정하
게 분배돼 있다고 결코 말할 수 없다. 오히려 개인의 발전에의 참여
가능성은 일반적으로 자본주의 생산에서의 개인의 위치와 밀접한 관
계가 있다. 즉 주로 소득 정도와 생산과정에서의 노동강도에 따라 비
노동영역에서의 개인의 발전은 크게 좌우된다.

  노동의 강도와 생산성이 주어져 있다고 가정할 때, 노동이 모든 노동하
는 사회구성원들에게 더욱더 공정하게 분배되고, 한 사회계층이 노동의
자연적 필요성을 스스로 외면하고 다른 계층에게 더 부과시키지 않으면
않을수록, 물질적 생산에 필요한 사회적 노동일의 부분은 그만큼 더 줄
어들며, 개인들의 자유로운, 정신적 그리고 사회적 활동에 들어가는 시
간은 그만큼 더 늘어날 것이다. 이렇게 볼 때 노동일을 단축하는 데 있
어서의 절대적 한계는 노동의 일반화이다. 자본주의 사회에서는 한 계급
을 위한 자유시간은 대중들의 모든 생활시간을 노동시간으로 바꿈으로써
만 만들어진다(*MEW* 23, 552쪽).

  예전에는 인구의 2/3가 직접적 생산에 종사했지만 산업생산성이 증가
해 이제는 인구의 1/3이 그 일을 대신한다고 가정해보자. 예전에는 2/3
가 3/3의 생활수단들을 제공했는데, 지금은 1/3이 3/3의 생활수단을 제
공한다. 예전에는 1/3이 (노동자의 수입과 구분되는) 순수입이었다면, 지
금은 2/3가 순수입이다. 만약에 (계급)적대가 없다면, 예전에 그들 시간
의 2/3를 직접적 생산에 사용했던 국민들은 이제 직접적 생산에 1/3만
사용해도 될 것이다. 공평하게 나누었다면, 모든 국민들은 그들 시간의
2/3를 비생산적 노동과 여가시간에 쓸 수 있을 것이다. 그러나 자본주의

생산에서는 모든 것이 적대적으로 나타나며, 또 모든 것이 적대적이다
(*MEW* 26.1, 189쪽).

이외에도 진정한 자유의 영역이 존재하려면 자연적 궁핍과 외적 강
제로부터 노동이 해방되어야 할 뿐만 아니라 다른 한편으로는 필연의
영역에서의 '자유', 즉 사회적 생산과정에 대한 결합생산자들의 의식
적인 통제가 있어야만 한다(*MEW* 25, 828쪽; *MEW* 20, 264쪽 참조).
이점을 감안할 때 자본주의 생산양식이 개인의 전면적 발전을 보장해
줄 수가 없다는 것은 분명하다.[19] 자본주의 생산관계에서 개인의 자
유는 언제나 물적으로 매개된 사회적 조건들에 개인성이 종속되어 있
다는 사실과 분리시켜 생각할 수 없다. 따라서 자본주의 생산력 발전
그 자체를 계급지양의 유일한 토대로 간주하는 것은 매우 일면적 파
악이다. 오히려 개인의 발전문제를 자본주의 생산양식의 생산력과 생
산관계 간의 모순과 연관지어 고찰해, 자본주의 생산의 문명적 측면
들을 자본주의적 한계와 더불어 모순적 총체로 정확히 파악하는 것이
필요할 것이다.

이상의 논의에서 볼 때 현재 시급한 것은 사회의 경제적 재생산을
사회적·집단의식적으로 통제해 사회적 노동과 사회적으로 가용한 자
유시간을 평등하고 공정하게 조직화하고 분배하는 것이다. 실제로 잉
여노동과 비노동시간에 대한 통제의 문제는 예나 지금이나 자본주의
사회의 계급대립의 핵심적 주제다. 그러나 이에 대한 통제가 자동적

---

19) 개인성의 발전과 관련해 마르크스는 사회형태를 3단계로 나누었다. 첫째
형태는 '인신적 종속관계'로 전자본주의적 사회들이 이에 해당한다. 둘째
는 '물적 종속성에 기초한 개인적 자립성'을 특징으로 하는 사회로 자본주
의 사회를 지칭한다. 마지막 단계는 '자유로운 개인성'의 단계다(*Grun-drisse*, 75쪽). 마르크스는 또 앞의 두 단계를 '인류사회의 전사(前史)'
(*MEW* 13, 9쪽)라고 말하기도 했다.

으로 주어지는 것이 아니라 계급간의 세력관계에 따라 변하는 것이라면, 피지배계급의 지배계급에 대한 효과적인 정치적 투쟁은 앞으로도 절실히 필요한 것이다.

최근 수년 간 서구의 신보수주의자들은 복지국가 기능들을 축소시키고 '자유'시장경제에서의 개인의 능력에 따른 분배를 강화하는 데 어느 정도 성공했다.[20] 그러나 이런 복지국가의 퇴보는 사회적 잉여와 가용한 자유시간을 둘러싼 사회계급들 간의 대립을 오히려 첨예화시키고 대다수 사회구성원의 생활여건을 악화시키고 있다. 이 점에서 볼 때 신보수주의의 정책은 선진자본주의 사회의 문명적 성과물들을 부정하며 역사의 수레바퀴를 거꾸로 돌리려는 것이다. 따라서 우리에게 당장 절실한 것은 신보수주의에 맞선 새로운 대안을 개발하는 것이다.

---

20) 왜 신보수주의 복지정책이 국민의 상당수로부터 지지를 받았는가라는 문제는 매우 중요한 문제이기는 하지만, 우리는 여기서 깊이 들어갈 수는 없다. 이에 관한 자세한 분석에 대해서는 Herkommer, 1988를 참조할 것. 여기서는 단지 복지국가에서 이해관철의 한 중요한 측면을 소개하기로 한다. "수많은 조직들이 분열되어 있는 상황 그리고 재정조달방식과 복지급여 지급방식이 복잡하고 서로 다르다는 사실은 복지에 관련된 모든 사람들에게 나름대로의 이익을 추구하는 것은 고사하고, 합리적으로 계산하는 것조차 매우 어렵게 만든다. 이런 어려움은 특히 개별 복지 프로그램들과 그에 상응하는 지출액의 확대, 축소과정과 이에 따른 조세부담 또는 각출금의 부담 간의 관계가 잘 보이지 않을 때, 더욱 커진다. 이런 조직적(또는 조직화된) 불투명성은 복지국가의 지불자와 수혜자에게 자신들의 이해를 파악하는 것조차 힘들게 하는 반면, 정치적 행위자들에게는 독자적인 이해를 관철시킬 수 있는 여지를 제공한다. 그들은 경우에 따라서는 어떤 정책을 결정할 때, 그 결정으로 인해 불이익을 당하게 될 사람들의 지지까지 이끌어낼 수 있다. 물론 이와 정반대의 경우도 있을 수 있다. 장차 그 정책으로 인해 혜택을 보게 될 사람들이 잘 모르고 반대를 하기도 한다"(Ganßmann and Weggler, 1991: 21).

6
● 사회정책적 대안 ●

1. 복지 삭감이라는 신보수주의의 대안

우리는 선진자본주의 사회에서 복지국가의 이전체계와 사회보장체
계가 비록 그 현재의 형태가 자본주의적 특성을 지니는 여러 모순적
계기들을 지니고 있음에도 불구하고 개인의 자유로운 발전에 중요한
전제조건이 된다는 것을 살펴보았다. 그러나 이런 복지국가체계는 현
재 특히 신보수주의자들로부터 주요한 비판의 표적이 되고 있다. 그
들의 생각에 복지국가는 사회의 발전을 위해 옹호되고 개선되어야 할
성과물이 아니라 현재 경제위기의 주범이다.[1] 그들은 특히 현재의 경

---

[1] 신보수주의자들은 경제위기의 주범으로 복지국가를 들고 있으나 경제위기
  는 사실상 변화된 분배관계에 원인이 있는 것이 아니라 자본축적의 메커니
  즘에서 불가피하게 연유한 것이다. 투자활동은 지나친 국가의 개입으로 약
  화된 것이 아니라─ 실제로 과거보다 적지 않은 자본 투자가 계속 있었음에
  도─ 한쪽에서의 자본의 투자는 다른 곳에서의 자본의 파산을 야기했기 때
  문에 사회 전체적으로 그렇게 나타난 것이다. 수많은 자본의 도산, 경영합
  리화와 과학기술 혁신에의 요구, 세계시장에서의 경쟁의 심화 등은 바로 자

제위기의 원인으로 강력한 노동조합과 사회민주주의 복지국가의 존재를 들고 있다.[2]

신보수주의자들에 따르면 노동조합의 존재와 복지국가적 개입은 인간적 노동조건과 최소한의 소득보장이 이루어지지 않았던 과거에는 필요했을지는 몰라도 오늘날에는 더 이상 필요하지 않다고 한다. 왜냐하면 지금은 더 이상 동질적인 노동대중의 시대가 아니라 개인주의의 새로운 시대이고, 따라서 노동시장의 규제와 기타 여러 이전 시스템 같은 복지국가 조치들은 개인들이 각자의 창의성을 발전시키고 나름대로 독자적인 생활을 영위하는 데 장애가 될 뿐이라는 것이다.

신보수주의자들의 비판은 특히 복지국가에 의해 이루어지는 공공서비스에 집중되고 있다. 그들에 의하면 공공부문에서의 과도한 지출이 만성적인 국가재정 적자를 야기했고[3] '기대 인플레이션'과 '의존

본축적이 가지는 구조적 어려움을 보여준 것으로 이것이 전후 지속적인 성장의 '종말'을 가져온 것이다. 따라서 대량실업과 새로운 빈곤 등 위기의 원인은 신보수주의에서 주장하듯이 시장의 자유로운 발전을 억제한 데 있는 것이 아니라 바로 국가의 개입과 노조의 저항에도 불구하고 지금도 여전히 관철되고 있는 자본주의적 발전동력이다(S. Herkommer, "Das Dilemma der Neokonservativen-eine Chance für die Linke?" in: *Sozialismus,* 1988/5, S.25-37, 32쪽 참조).

2) 한 나라에서의 복지국가의 발전뿐만 아니라 그것의 감축은 주로 계급관계에 따라 좌우된다. "복지국가에 반대하는 운동들, 조세 저항, 그리고 복지국가의 감축은 사회적 지출의 부담이 너무 무거울 때 일어난다고 일반적으로 사람들은 믿고 있다. 그러나 역설적이게도 정반대가 사실이다. 지난 십 년 간에 걸친 반복지국가적 감정은 일반적으로 지출부담이 가장 컸던 곳에서 가장 약했으며 오히려 부담이 가장 작은 곳에서 가장 강했다. 왜 그런가? 복지국가에 대한 반발의 위험은 지출에 있는 것이 아니라 복지국가의 계급적 성격에 달려 있기 때문이다"(G. Esping-Andersen, *The Three Worlds of Welfare Capitalism,* Oxford, 1990, 32쪽).

3) 이런 주장에 대한 비판으로는 H. Ganßmann, "Der Sozialstaat als Regulationsinstanz", 1988 in: B. Mahnkopf(Hg.), *Der gewendete Kapitalismus,*

심리'의 확산을 가져왔다는 것이다.

따라서 이런 폐해를 줄이기 위해서는 개인적 능력, 창의성과 개인의 자기책임감을 일깨우고 강화하는 것이 매우 시급하다고 한다. 그러나 이런 경제적 개인주의는 '순수한' 시장관계를 다시 도입하는 것을 전제하고 있으며, 당연히 여러 사회보장제도의 해체로 이어질 수밖에 없다. 따라서 신보수주의자들의 주요한 정책 프로그램은 노동관계·노동시간의 유연화, 종업원 해고조건의 완화, 공공재정의 탈규제화와 동결, 주택시장·교통·통신 등에 걸쳐 국가가 통제하고 있는 부문의 민영화 등이 있다.

그러나 이런 신보수주의 정책은, 단기적으로는 자본축적의 가속화와 경제성장에 더 나은 조건을 제공할 수 있을지는 몰라도 결국 경쟁을 심화시키고 유효수요를 감소시킨다. 이런 상황에서 국민 대다수의 생활수준이 악화된다는 것은 자명하다. 즉 경제적 개인주의를 지나치게 강조하고 또 강화시키면, 이로 인해 자유직 종사자들 또는 기업 합리화 과정에서 득을 보는 일부 전문직 임금생활자들 같은 고소득자들은 과거보다 여러 장점을 누릴 것이다.

그러나 국민 대다수의 전반적인 생활수준은 복지국가적 혜택의 감소와 의료시장, 주택시장에 대한 탈규제화로 인해 필연적으로 하락할 것이며[4] 이로 인한 사회불평등의 격차는 더욱 벌어질 것이다.

Münster. S.74-98을 참조할 것.

4) "개별 가구들에 대한 국가의 복지혜택이 줄어드는 만큼 그에 상응해 시장경제 논리로 움직이는 서비스에 대한 수요가 증대할 것이라는 예측은 근본적으로 기대하기 어렵다. 이런 일은 일어나지 않을 것이다. 왜냐하면 많은 노동력이 필요한 서비스에서 시장 기제를 통해 수요를 충족시키려면 더욱 비싼 비용을 내야 하고 따라서 현재의 주어진 소득분배 구조하에서는 상층 소득집단만이 이런 서비스를 구매할 수 있기 때문이다"(Hans Schedl and Kurt Vogler-Ludwig, *Strukturverlagerungen zwischen sekundärem und tertiärem Sektor*, Münschen, 1987, 44쪽; J. Bischoff and S. Her-

이런 복지국가의 감축은 특히 노동시장에서—간쓰만(Ganßmann)이 '끌어당기기 효과(Sog-Effekt)'라고 부르는—아주 부정적인 결과를 야기할 수 있다. 그에 의하면 "일정한 소수집단(실업자, 공공부조 수혜자)에 대한 차별은 다른 더 많은 사회집단들의 생활수준의 하락과 밀접한 연관성"이 있다는 것이다(Ganßmann & Weggler, 1991: 22). 만약에 실업자와 공공부조 대상자 집단이 과거보다 더 열악한 조건을 제시하는 일자리와 더 낮은 임금을 받아들여야만 한다면 기존의 다른 취업자들 역시 더욱더 나쁜 노동조건과 낮은 임금을 감수해야만 한다는 것이다. "어떤 가난하지 않은 사람이 가난한 자의 상황이 악화되는 것을 감수할 경우에는 그로 인해 자신도 고통을 받아야만 한다."[5]

이렇게 볼 때 신보수주의자들이 힘주어 강조하는 개인의 '창의성'의 발전과 '자기책임'은 사회 내 대다수의 사회성원의 자유로운 발전과 아무런 관련이 없다. 오히려 신보수주의적 정책이 관철되면 될수록 자본주의하에서 개인의 발전의 모순적 성격—즉 한 개인의 발전이

---

kommer, "Zur Rolle der Dienstleistungen und des öffentlichen Sektors im Spätkapitalismus" in: Rolf Fritsch and Hans Liersch(Hrsg.), *Zukunft des öffenlichen Dienstes. Zwischen neokonservativer Systemveränderung und demokratischer Zukunftgestaltung,* Hamburg, 1989, S.61-87, 80쪽에서 재인용). 간쓰만과 베글러 역시 비슷한 맥락에서 의료보험체계의 개정 문제에 대해 매우 회의적인 견해를 표명하고 있다. "공적인 의료보험제도가 실제 의료비용의 점점 더 적은 부분만을 해결하면 할수록 피보험자들은 건강의 위험에 더욱 더 노출된다. 이런 비용부담의 변화가 실제로 의료비용의 상대적인 절감으로 이어질지 아니면 새로운 부담을 낳게 되어 이를 다시 해결해야만 하는 시도들—그것이 더 높은 소득의 형태 또는 더 높은 이전 소득의 형태이든지 간에—이 필요할지는 기다려봐야 할 것이다"(H. Ganßmann and Rolf Weggler, "Interessen im Sozialstaat" in: *österreichische Zeitschrift für Soziologie,* 16 Jg. 1/1991, S.5-24, 13쪽).

5) 앞의 논문, 23쪽. 그리고 H. Ganßmann, "Sog-Effekte durch Arbeitslosigkeit" in: *Prokla* 77, 1989, S.55-74도 참조할 것.

타인의 과도한 잉여노동과 사회적 부의 적정한 배분으로부터의 배제라는 토대 위에서 이루어지는 것—만이 두드러지게 나타날 것이다. 그러나 신보수주의 정책의 실패[6]가 자동적으로 그 반대세력의 부상을 의미하는 것이 아니라면 이런 신보수주의에 맞서 기존의 복지국가가 이룩한 성과들을 유지하고 미래지향적 개혁을 하는 것이 매우 절실하다. 하지만 현재 신보수주의에 대항할 수 있는 실질적 세력의 형성은 그리 쉽지 않게 보인다. 여기에는 물론 여러 가지 원인들이 있겠지만, 일차적으로는 설득력 있는 사회정책적 대안이 없는 데 주요 원인이 있다(Ganßmann, 1987: 149).

---

6) 주지하다시피 '더 작은 정부와 더 많은 자유시장경제'를 주장하는 복지국가의 신보수주의적 대응은 1970년대 말, 1980년대 초부터 주로 영국, 독일, 미국에서 나타났다. 그러나 이들 나라에서의 신보수주의적 재편은 단기적으로는 경기의 부양을 가져오는 듯 했으나 결과적으로 성공하지 못하고 말았다. 이것은 미국의 지속적인 국제경쟁력의 약화와 헤게모니의 쇠퇴 현상, 영국의 산업 침체와 투기사업의 확대 그리고 독일에서 특히 통일 이후—시장기제를 우선으로 한— 동독의 통합정책의 실패 등에서 명확히 드러났다. 신보수주의적 정책은 앞으로도 성공하기 힘들다고 보여지는데 그 이유는 크게 보아 다음 두 가지로 나눌 수 있겠다. 첫째, 발전된 시장경제가 효율적으로 기능하기 위해서는 사회적 조정과 개혁을 점점 더 필요로 한다. 따라서 산업의 전반적인 구조변화에 대한 적응은 시장기제를 통한 '자동적인' 개혁만으로는 불가능하고 광범위한 소득정책과 조세정책 등이 효과적으로 병행되어야만 하는데 신보수주의 정책은 이에 역행하고 있다. 둘째, 개인의 능력과 소득 그리고 오로지 이를 근거로 한 사회보장은 결코 사회 전체의 효율을 증대시키지 못한다. 신보수주의에서 출발점으로 삼고 있는 가정, 즉 개인화와 사회보장이 서로 대립된다고 하는 것은 잘못된 것이다. 선진자본주의 사회에서의 개인화 과정은 바로 개인의 능력과 창의성 신장을 수반하는 것으로서 이는 복지국가 발전에서의 사회보장과 분리시켜 생각할 수 없다. 따라서 사회보장과 유리된 '개인화에의 압력'은 결국 사회 전체의 효율성을 증가시키지 못할 것이다(Forum Gewerkschaften, *Angst vor Individuum?*, Hamburg, 1992, 59쪽 이하 참조).

사회민주주의자들은 물론 복지국가의 감축을 저지해야 한다는 것을 잘 인식하고 있다. 그러나 그들은 이런 방어전략만을 가지고 있을 뿐 그 동안 분명하게 드러난 복지국가 내의 정책상 오류 및 관료주의 문제들을 어떻게 극복할 수 있을 것인가에 대한 설득력 있는 구상은 가지고 있지 않다. 만약에 새로운 대안이 없이 기존의 복지국가 정책을 단지 고수하고 전혀 수정 없이 실행에 옮길 경우에는 이런 복지국가 정책은 방어적 위치에서 벗어나지 못할 것이며, 또 복지국가의 새로운 프로그램을 발전시킬 수 있는 적절한 수단을 찾지 못할 것이다.

사회민주주의의 케인스주의적 복지국가 모델이 사실상 실패했다면, 즉 복지국가의 현 상태를 '사회민주주의적'으로 유지하는 것이 더 이상 대안이 될 수 없다면 도대체 어떤 대안을 제시할 수 있는지 생각해보아야 한다.

새로운 대안을 만드는 작업에서 과거의 '일격의 혁명(Revolution mit einem Schlag)' 전략은 현재에는 적절하지 못한 것 같다. 이런 전략의 근저에는 복지국가 정책은 오로지 자본주의 착취체계의 유지에 기여하고 또 복지국가 정책에서 지배계급의 조작이 큰 역할을 한다는 식의 복지국가에 대한 매우 편협한 이해가 깔려 있기 때문이다.

그러나 이런 식의 이해는 틀렸을 뿐만 아니라 자본주의 발전에서 나타나는 문명적 계기들의 긍정적 측면을 이론적으로 소화해내어 복지국가가 이룩한 성과를 토대로 하면서 자본주의 사회체계를 변혁시키는 전망을 불가능하게 만든다.

2. 근본적 개혁 수단으로서 사회정책

우리는 한편으로 자본주의 사회관계를 근본적으로 바꾸는 문제와 다른 한편으로 이 관계를 특정한 전략(예를 들어 폭력적 '혁명' 또는 장기적인 '개혁')으로 청산하는 문제를 동일한 차원의 문제로 혼동해서는 안될 것이다. 전자가 자본주의 사회의 지양의 문제, 즉 목적과 관련이 있다면 후자는 이를 해결하는 데 필요한 수단에 관한 것이다. 이렇게 볼 때 자본주의 사회를 근본적으로 변혁시키기 위해서는 반드시 급진적 '혁명'이 요구된다고 가정할 필요는 없다. 그러나 이렇게 구분을 하는 목적이 자본주의 사회를 극복하는 데 있어―혁명은 전혀 쓸모없는 수단이라는 식의―혁명에 대한 무조건적인 거부는 아니다.

오히려 여기서 강조하고자 하는 것은 자본관계, 자본주의 생산양식의 지양이 핵심적 과제이며, 이를 달성하는 데 필요한 방법은 오로지 구체적으로 존재하는 사회적 관계들에 대한 고려 속에서만 발전되고 또 구해질 수 있다는 점이다.

이런 맥락에서 '개혁'과 '혁명'을 원칙적으로 구분하고 이를 두고 이론적 논쟁을 벌이는 것은 더 이상 하등의 의미를 가지지 못한다고 본다.[7] 이렇게 볼 때 계급사회의 변혁을 위한 효과적인 수단으로서 '사회정책'에 대해 비판적으로 검토하는 것은 오늘날 중대한 의미를 갖는다.

'사회정책' 그리고 자본주의 계급관계 간의 연관성에 대한 사회과학적 논의에서 마셜(Marshall)은 아주 중요한 이론가 가운데 한 사람

---

7) "어떤 개혁주의(Reformus)도 방향을 빗나가게 하고, 결정적 변화를 방해한다는 말이 틀린 말은 분명히 아니다. 그러나 다른 한편으로 필요한 것은, 정치적 그리고 특히 경제적 개혁들을 통해 자본주의로부터 사회주의로의 이행을 단계적이면서도 지속적으로 강제하려는 시도를 토대로 하는 프로그램과 전략들이다. 개혁들은 반드시 수정주의적인 것만은 아니다. 특히 그것들이 혁명의 현실적 선택인 경우에는 수정주의가 아니다"(U. Jaeggi, *Kapital und Arbeit in der Bundesrepublik*, Frankfurt/M, 1973, 369쪽).

이다. 그는 시민적 권리들이 사회불평등에 끼치는 영향을 연구했으며, 이것을 자신의 중심 테마로 다루었다. 즉 그의 문제의식은 '불평등한' 계급관계와 '평등한' 시민권의 대립이 자본주의 사회의 발전과정에서 어떻게 나타나는가 하는 것이었다.

그는 우선 시민권을 시민적 시민권, 정치적 시민권과 사회적 시민권의 세 가지로 구분한다. 시민적 시민권이 인신의 자유, 언론의 자유, 재산의 자유를 의미하고 정치적 시민권이 선거권 같은 것을 표현한다면, 사회적 시민권은 "최소한의 경제적 복지와 보장에 대한 권리, 사회적 재산에 대한 참여의 권리, 문명인으로서 해당 사회의 사회적 일정 수준에 상응하는 생활을 할 수 있는 권리까지 포괄하는 일련의 권리들"을 의미한다.

그에 의하면 계급격차는 완전히 소멸된 것은 아니지만 19세기 말 또는 20세기 초에 사회적 시민권의 도입으로 결정적으로 변했다고 한다. 즉 시민권의 도입으로 마셜은 "사회적 통합이 감정과 애국심의 영역에서 물질적 분배의 영역에까지 확대됐다"고 평가한다. 이렇게 볼 때 자본주의 발전과정에서 지위(status)의 평등성은 계급불평등과 서로 양립할 수 있다.

마셜은 물론 일반적 시민권의 도입으로 인한 어느 정도의 계급격차의 감소가 계급체계의 폐지로 이어지지는 않는다는 것을 잘 알고 있었다. 그러나 그는 다른 한편으로 이런 시민권의 확대가 결국에는 자본주의 계급체계와 갈등관계에 빠지게 될 것이라고 믿었다. 그리하여 그는 다음과 같이 결론지었다. "시민적 지위(시민권—인용자)의 지속적인 확대로 인해 경제불평등을 유지하는 것은 점점 더 힘들게 됐다. 경제적 불평등을 유지할 여지는 점점 좁아진다. 앞으로 경제적 불평등을 유지하는 것 자체가 문제시될 개연성은 더욱 커지게 될 것이다."

그러나 여기서 반드시 물어보아야 할 것은 시민권의 일반화와 확대가 과연 마셜이 가정하듯 불가역적인 것인가 하는 것이다. 마셜은 이런 시민적 권리들이 계급투쟁의 산물이라는 점을 간과하고 있다(Giddens, 1983: 19). 그리고 사회적 시민권과 다른 시민권들 간의 커다란 질적 차이를 고려한다면 사회적 시민권들이 '진화적으로' 발전하리라고 보았던 마셜의 의견에는 동조하기 힘들다.[8] 그는 실제로 사회적 시민권이 계급불평등에 미치는 영향을 과대평가하고 있는데, 어떤 조건에서 사회적 시민권이 제기되고 또 보장될 수 있는지를 분석했어야 했다.[9]

그의 논의에 따르면 계급불평등의 감소와 그것의 종국적인 폐지는 사회적 시민권의 의사 - 자동적인(quasi-automatisch) 일반화와 확대로 인해 가능하다. 그러나 이것은 소원은 될 수 있어도 과학적 대안은 될 수가 없다.

마셜이 주로 계급불평등을 제도적으로 완화하는 것으로서의 시민권이라는 관점에서 탐색을 했다면, 이미 1920년대에 하이만(Heimann)은 사회주의 이상을 실현하는 데 있어서 사회정책의 역할에 대해 연구했다. 그는 사회정책에서 오로지 체제위협적인 기능만을 보거나 또

8) "마셜의 논의는 실제로 시민적·정치적·사회적 시민권들의 유사성을 너무 강조한 데 기초하고 있다. 한편으로 그는 … 사회적 권리들이 인권이나 시민적 시민권들과 비슷한 매력과 확대의 동력을 가지고 있고, 또 시민으로서의 지위를 완성시키리라고(부르주아 계급을 넘어서 일반화된다고) 하는 가정에서 출발했다. 다른 한편 그는 인권, 시민권과 사회적 권리들 간의 결정적인 차이를 간과했다. 선거권은 가지느냐 안 가지느냐의 문제이지만, 사회적 권리에서는 누가 더 많이 가지고 또 누가 더 적게 가지는가가 관건이다. 이것은 권리 자체만으로 해결될 수 있는 문제는 아니다"(Heiner Ganßmann, "Sind soziale Rechte universalisierbar?", unveröffentliches Manuskript, Berlin, 1992, 8쪽).

9) Michael Krätke, "Klassen im Sozialstaat", 1985 in: *Prokla* 58, S.89-108, 101쪽; Joel Blau, "Theories of the Welfare State", 1989 in: *Social Service Review*, March 1989, S.26-38, 28쪽 참조.

는 오로지 체제안정적인 기능만을 확인하는 일반적인 시각에 반대하면서 사회정책을 "자본주의 체제 내의 이물체(異物體)이면서 동시에 그 구성요소"로 파악했다.[10] 그에 의하면 자본주의 체제의 변혁 또는 극복기회는 바로 사회정책의 보수적·혁명적인 양면성에 있다.

　사회정책은 사회적 요구들에 부응함으로써 사회운동이 가하는 위험으로부터 자본주의 생산의 토대를 보호한다. 사회정책은 자본주의를 조금씩 무너뜨리며, 그럼으로써 남아 있는 부분을 구제한다. 사회정책은 생산정치적 필연성에 대한 사회의 부분적 요구가 충족될 때에만 오로지 그 성공을 거둘 수 있다. 이것이 바로 사회정책의 보수적·혁명적 이중성이다(Heimann, 1929: 172).

　하이만이 보기에 사회정책은 "비록 그 자체로는 이상을 남김없이 실현하는 데는 충분하지 못하지만" "그러나 그런 목적을 달성하는 데 있어 필요하고 반드시 있어야만 하는" 것이다(Heimann, 1929: 292). 이런 사회정책을 추구하는 데 있어서 하이만에게 무엇보다 중요한 것은 사회적 자유질서를 실현하는 것이다.

　이것은 그에게 우선 사회적 기업질서를 의미한다. 왜냐하면 "기업은 노동자가 생활하고 일하며 그의 노동생활이 자신의 책임하에 이루어져야만 하는 장소"이기 때문이다. 따라서 이런 사회적 기업질서의 실현을 지향하는 사회정책은 필연적으로 자본주의에 반대할 수밖에 없다. 왜냐하면 자본주의 기업은 사적 소유와 그에 상응하는 지배적 제도로 특징지어지기 때문이다. 그러면 하이만은 소유문제를 어떻게 보았는가?

---

10) Heimann, *Soziale Theorie des Kapitalismus,* 1929 in: *Theorie der Sozial-politik,* Frankfurt/M, 1980, 167, 172쪽.

자유를 보장하기 위해서는 소유문제가 필수적이다. 사회적 자유질서를 보장하기 위해서는 사회적 소유질서가 필요하다. 그러나 소유 그 자체만으로는 아직 자유가 아니며, 소유의 사회화 역시 사회적 자유를 곧바로 의미하는 것은 아니다. 기업질서의 변화가 기업 속에서 일하는 인간들의 삶을 변화시키는데, 그것의 완성과 보장을 위해서는 소유구조의 변화가 필요하다. 그러나 단순한 소유구조의 변화는 기업 내 일하는 사람들에게 아무런 영향을 못 줄 수도 있다(Heimann, 1929: 295)

"위로부터 아래로 내려오면서 자본주의적 질서를 없애려는" 일반적으로 통용되는 소유의 사회화이론과는 정반대로 하이만은 아래로부터 시작하는 사회화를 제안했다. 그는 이것을 "개개 노동자들의 영역에서부터 점차 올라가면서 소유문제의 핵심에까지 찌르고 들어가는"것이라고 묘사했다(Heimann, 1929: 296).

이런 하이만의 주장에서 우리는 다음과 같은 중요한 교훈을 얻을 수 있다. 한편으로는 단순한 제도의 도입은 충분하지 못하며, 위로부터의 사회화는 동구사회주의의 경우에서 이미 나타났듯이 관료지배적 사회화의 위험을 안고 있다는 것이고, 다른 한편으로는 사회민주주의적 개혁정책(step by step)이 자본주의 기업 내의 기본법제와 소유문제를 건드리지 않을 경우에는 근본적 한계를 가진다는 것이다.

하이만의 주장을 적극 고려할 경우, 이제 미래지향적인 사회정책의 방향은 사회질서의 질적 변화를 실현시키는 것뿐만 아니라 동시에 개인들의 자유와 권리를 신장시키는 것이어야 한다.

3. 미래지향적인 사회주의 개념

지금까지의 논의를 통해 우리는 신보수주의 복지국가 감축 모델이 저지되어야 하는 이유 및 사회민주주의적·케인스주의 복지국가를 단지 유지시키는 것만으로는 신보수주의 공세를 효과적으로 막고 미래지향적인 대안을 제시하기에 역부족이라는 것을 확인할 수 있었다. 또 마셜과 하이만의 논의를 끌어들이면서 사회주의적 사회정책은 어떤 기본원칙들에 기초해야 하는가에 대해 비판적으로 검토했다.

그러나 이런 탐색은 상대적으로 추상적인 수준에서 이루어졌으며, 그런 한에 있어서 그것은 사회주의 대안을 구체적으로 생각하는 데 일종의 자극에 불과하다. 따라서 다음에서 우리는 어떤 사회정책 프로그램이─사회주의적 전망을 포기하지 않고도─현재 필요한지에 대해 계속 살펴보고자 한다.

만약에 미래지향적인 사회정책이 사회적 노동의 새로운 조직화, 그리고 동시에 모든 사회구성원들의 자유로운 발전을 추구해야만 한다면, 선진자본주의 사회의 사회민주주의 사회화 모델도 동유럽의 관료주의·행정적 사회화 모델도 추구해야 할 사회모델이 될 수 없다는 것은 너무나 자명하다. 과연 '제3의 길'을 찾을 수 있을 것인가?

이런 문제를 다루는 데 있어 먼저 왜 동유럽의 관료주의·행정적 사회주의가 좌초할 수밖에 없었는지 그 이유를 알아보는 것이 필요하다. 우리는 동구의 현실사회주의를 결국 몰락으로 이끌었던 많은 문제들 중에서 가장 큰 문제로서, 특히 서로 아주 밀접한 연관성을 가지는 두 가지 문제를 지적하고자 한다. 즉 한편으로 계획경제 시스템과 다른 한편으로 집단을 위해 개인의 자유로운 발전이 억압됐다는 사실이다.

첫째, 동유럽에서 시도됐고 마침내는 좌초하게 된 계획경제 시스템에서 시장 메커니즘은 완전히 무시됐다. 그러나 '시장' 개념을 이렇게 배제한 것은 현실 경제에서 그 대가가 너무나 컸다. 사회적 노동이 오직 국가의 중앙집중적 그리고 광범위한 계획과 지시에 의해서만 할

당되고 매개된 결과, 사회적 부의 정상적인 유통과 분배는 제대로 이루어지지 않았으며, 개인들의 욕구는 위로부터 거의 독재적으로 정해져 내려왔다. 계획경제 시스템의 이런 오류는 주로 상품관계, 화폐관계를 자본주의 사회구성체의 생산관계와 동일시한 데 기인한다.

다시 말해서 비록 상품생산과 상품유통 그 자체는 결코 사회구성체를 구분짓는 요인들이 아니고, 오히려 그것들의 근저에 놓인 생산관계가 사회구성체의 규정에 결정적임에도 불구하고, 이것들은 자본주의의 기본관계와 동일시됐다.[11]

재생산과정의 조절자, 유통과 교류의 매개자로서의 역할을 하는 시장 메커니즘의 긍정적 측면에 대한 이런 무시는 사회적 생산의 실제적 발전과 모순에 빠지게 됐다. 생산과 욕구가 하루하루 다양해지고 복잡해지는 현대경제 시스템에서 계획을 통해 사회적 노동을 직접 매개시킨다는 것은 점점 더 어려워지게 됐다. 사회적 생산이 시간이 흐르면서 발전하면 할수록, 국가사회주의 계획경제체제에서 경제적 위기뿐만 아니라 사회적·정치적 위기까지도 더욱 심화된 실제 역사적 과정은 사회주의에서 계획경제는 근본적으로 불가능하다는 것을 보여주고 있다.

이렇게 볼 때 계획경제 시스템이 붕괴하게 된 핵심적 원인은 잘못된 계획, 또는 관료제도의 문제가 아니라 '계획경제 시스템' 개념 자체에 있다. 이런 계획경제 시스템의 결함들은 정보 테크놀로지의 개선이나 관료들의 부정부패의 척결을 통해 피할 수 있는 성질이 결코

---

11) "그러나 상품생산과 상품유통은, 비록 그 규모와 범위가 다르기는 하지만, 여러 생산양식들에서 나타나는 현상들이다. 따라서 어떤 사람이 여러 생산양식들에 공통적으로 나타나는, 추상적인 상품유통 범주들을 알았다고 해도 각 생산양식들의 차별적 특수성(differentia spezifika)에 대해서는 아직 전혀 모르며 그에 대한 판단도 할 수 없다"(*MEW* 23, 128쪽, 각주).

아니다(Krüger, 1990: 61).

둘째, 현실사회주의에서 개인성의 발전은 장려되지 않고 오히려 집단을 위한다는 명목으로 포기됐다. 이 문제는 특히 소유형태의 문제와 밀접한 관련이 있다. 동유럽의 현실사회주의 사회들에서 국가는 모든 사회적 생산수단의 유일한 소유자였다. 국가만이 이 소유물들을 이용하고 처분할 권리가 있었으며, 따라서 국가만이 모든 생산과정, 분배과정을 주도했다. 게다가 '계획'이 일률적·중앙집중적으로 관리되고 실행에 옮겨졌기 때문에 사회 내의 여러 집단들은 위계서열적으로 짜여진 조직구조 속으로 편입될 수밖에 없었다.

그러나 이와 동시에 노동자들은 수동적 사회성원으로 머물러 있을 수밖에 없었다. 그들은 자신들의 봉급수준의 결정이나 공장, 사무실의 규칙 등에 대해 하등의 영향력을 행사할 수 없었으며, 그들의 창조적 역량과 사회에서의 주체의식은 계발, 발전되지 못하고 계속 억눌려 있었다. 이 사회들에서 실제로 관철됐던 것은, 개인들의 자유로운 전면적인 발전이 장려되는 사회주의가 아니었고, 마르크스가 이미 『경제철학 초고』에서 강하게 비판했던 모든 사회성원의 무차별적 균등화와 획일화였다.

만약에 한편으로 사회적 노동에 대한 중앙집중적 대규모의 '계획'이 더 이상 사회적 생산을 적절히 할당하고 사회성원들의 다양한 욕구들을 역동적으로 충족시켜줄 수 없다면 그리고 다른 한편으로 국가소유제가 개인들의 자유로운 발전을 보장할 수 없다면, 새로운 사회주의 개념은 시장 메커니즘의 적절한 적용과 조절에 주목하고 소유형태의 문제에 새로이 천착하는 시각을 통해서만 재구성될 수 있을 것이다.

그러므로 무엇보다 중요한 것은 직접적·중앙집중적 '계획'이 아니라 사회적 생산과 분배를 간접적·시장형태적으로(marktförmig) 조정하는 것이다. 그러나 이런 시장사회주의는 자본주의 시장경제의 완전한 승리를 인정하거나 또는 이른바 사회적 시장경제(soziale Markt-wirtschaft)의 도입을 의미하는 것은 결코 아니다.

현재의 사회적 시장경제가 자본축적의 내재적 법칙에서 나오는 문제들에 대해 무기력하다는 점을 생각한다면 '계획'이 없이 사회주의를 실현한다는 것은 상상하기 힘들다. 따라서 '계획'은 사회주의 건설에 있어서 필수불가결한 수단이다. 더구나 동유럽의 과거 계획경제가 현재 적나라한, 통제가 안되는 형태의 자본주의 시장경제로 바뀌면서 과거 사회주의 사회들의 위기를 더욱 심화시키고 있는 사실을 보면 '계획'은 더욱 필요하다.

과거 공산주의 사회는 지금 관료주의·행정적 계획경제의 실패로 인한 결과뿐만 아니라 국가 행정의 자리에 대신 들어선 적나라한 시장 메커니즘의 도입으로 인해 큰 어려움을 겪고 있다. 이렇게 볼 때 "조정적 구조정책과 시장경제적 자율조정을 통합하는 종합명제(synthe-se)"가 필요하다(Hüning, Kadler & Krüger, 1992: 24).

이 종합명제에서 '계획'이라는 것은 직접적인, 그리고 모든 것을 다 포함하는 계획이 아니라 일종의 '기본 틀을 짜는 계획'을 의미한다. 이 계획의 핵심은 시장 메커니즘의 활성화와 전사회적 차원에서의 민주적 통제를 조화시키고 또 연결하는 데 있다. 따라서 시장 메커니즘은 전사회적 생산에 대한 간접적 조정과 함께 가야만 한다. 이렇게 볼 때 특히 소득분배정책, 재정정책 그리고 복지국가적 조치들은 반드시 민주적 통제하에 있어야 한다(Krüger, 1990: 63).

이런 경제정책과 사회정책의 틀 내에서 화폐이전뿐만 아니라 많은, 확대된 사회문화적 서비스를 제공하면서 복지국가를 질적으로 변혁시키는 것은 실제로 개인들의 생활기회의 확대에 기여할 것이다. 휘닝 등에 따르면 여기서 중요한 것은 자본주의 복지국가와는 달리 "자선

적 성격을 띤 빈민구호"는 사라진다는 것이다(Hüning, Kadler & Kr-
üger, 1992: 30).

이런 빈민구호를 없앨 수 없는 자본주의 복지정책에 비해 새로운
복지정책의 사회주의적 성격은 바로 '부조원칙과의 단절(Bruch mit
dem Subsidiaritätsprinzip)'에 있는데, 여기서 수요지향적인 최저소득
보장정책이 반드시 필요하다. 이런 복지국가 제도하에서 개인은 자신
이 항상 부족함에 허덕이고 독립적이지 못한 사람이라는 수동적 자화
상을 벗어던지게 되며, 이런 사회적 안전망으로 인해 개인성의 발전
은 모순적인 자본주의 한계를 넘어설 수 있다.

그러나 시장 메커니즘과 사회적 간접조정 간의 조화라는 개념은 경
제민주주의 기업법제가 보장되지 못하거나 이와 밀접한 관련이 있는
소유형태를 변혁시키지 못한다면 내용이 없는 공허한 것이 될 것이다.
경제민주주의적 기업법제에 있어서 우선 중요한 것은 경영진과 피고
용자들 간의 '적대적' 관계를 바꾸는 일이다.

"피고용자측의 입장에서 볼 때 기업 내의 모든 중요한 업무형태들
을 공동으로 만들어나가고 기업발전에 대한 모든 것을 공동으로 결정
하는 것('어떻게' '무엇을' '누구를 위해' 생산할 것인가 하는 문제 등)
은 기업의 목표를 바꾸는 데" 있어 핵심적 과제들이다(Krüger, 1990:
18).

그러나 다시 이런 민주화는 이에 상응하는 소유형태가 개발되고 정
착되는 한에 있어서만 의미를 가지고, 또 지속적으로 유지될 수 있을
것이다. 따라서 "노동조건들을 공동으로 만드는 것" 그리고 "노동의
내용과 결과물들에 대한 공동결정" 외에도 직접적 생산자가 기업 소
유재산에 참여함으로써 "기업 내에서 창조된 가치들과 그것의 사용에
대한 사실적인 공동결정"이 확보되어야 한다.

여기서 중요한 것은 기업의 목표가 근본적으로 바뀌게 된다는 것이

다. 비록 "생산의 경제를 표현하는 형태로서의 수익성(Rentabilität)"은
계속 인정되어야 하지만 "자본주의 사회의 주체-객체의 전도관계를
극명하게 표현하는, 모든 기업활동을 수익률(이윤율) 또는 절대적 이
윤(이윤량)의 극대화에 종속시키는 일"은 없어질 것이다(Krüger, 1990:
23). 이런 경제 민주화로 나아가는 과정에서 경영진과 피고용자들 간
의 적대적 관계는 시간이 흐르면서 점점 사라지게 된다는 것을 우리
는 쉽게 상상해볼 수 있다. 그리고 경영진은-그들의 지배특수적 기능
은 없어지는 대신에-전적으로 그들의 생산지도 기능에 전념하게 되
기 때문에 과거의 적대적 관계는 진정한 '사회동반자(Sozialpartner-
schaft)' 관계로 변화할 것이다.

새로운 사회주의 개념을 개발할 때 필요한 재정수단 규모의 차이에
따라 다양한 소유형태를 생각해볼 수 있을 것이다. 생산수단의 사적
소유와 국가 소유 이외에 조합 또는 결사체의 소유 그리고 기타 자치
관리적 소유형태들을 장려해 사회재생산 과정이 다양한 소유형태들
위에서 이루어지도록 해야 한다(Bischoff & Herkommer, 1989: 84).

그러나 이 모든 대안들이 실현되기 위해서는 모든 사회적 차원에서
의 포괄적 민주화가 필요하다. 중요한 것은 자본주의의 '문명적' 측면
을 간과하면서 "모든 사회성원들을 매우 낮은 수준으로 같게 만드는
획일적 평등화"가 아니다. 정말로 중요한 과제는 자본주의가 이룩한
성과를 토대로 해 사회적 생산에 대한 의식적 통제와 개인들의 자유
로운 발전이 이루어지는 방향으로 사회적 기본조건들을 건설해나가는
일이다.12)

---

12) "모든 사람들에게 아주 동일한 생활조건을 만드는 것이 중요한 게 아니
라 공동체적 기본 조건들을 만드는 것이 중요하다. 그 조건들이 더 많은
개인적 선택을 가능하게 하면 할수록 그것은 더욱 효율적인 것이다"
(Bischoff and Herkommer, 1989: 85).

4. 노동조합 정책의 과제

선진자본주의 역사에서 노동운동은 임금생활자들의 생활조건 개선과 사회의 민주화에 커다란 역할을 해왔다. 이런 노동운동이 주로 노동조합에 의해 이끌어져 왔으며, 또 발전해왔다는 사실을 부인할 수는 없다. 마르크스는 일찍이 노동조합의 엄청난 중요성에 대해 언급한 바 있다. 그는 노동조합의 두 가지 기능을 구분했으나 양자간의 변증법적 연관성을 강조했다. 우선 첫번째 기능으로 자본주의 체제 안에서의 기능이 있다. 노동조합은 자본주의적 착취, 임금의 하락 그리고 노동시간의 연장 등을 막을 수 있다. 이 과정에서 노동자들 간의 경쟁이 줄어들 뿐만 아니라 노동력의 재생산조건이 악화되는 것을 방지할 수 있다.

노동조합의 두번째 기능은 반자본주의적 기능이다. 노동조합은 "노동자계급의 조직중심부"(*MEW* 16, 197쪽)로서 노동자들에게 그들이 사회 내에서 공동으로 차지하는 위치와 이해에 대해 알려주고 나아가 계급의식의 형성을 촉진시키며, 마침내는 "전 노동자계급을 선도하는 투사이며 대표"[13]로서 자본주의적 노자관계에 반대하는 정치투쟁을 이끌 수 있다.[14]

노동조합이 가지는 두 가지 기능과 관련해 마르크스는 노동조합의 자본주의 체제 내적 기능이 단선적으로 혹은 자동적으로 반자본주의 기능으로 발전하지 않는다는 것을 잘 알고 있었으며, 일부 지역에서의 직접적인 반자본주의 투쟁이 일정한 한계를 가진다는 점도 인식하

---

13) 앞의 책, 같은 부분.
14) W. Müller-Jentsch, "Gewerkschaften in der dritten industriellen Revolution, Streikfähigkeit und sozialstruktureller Wandel", 1989 in: K. Bierback and L. Zechlin(Hrsg.), *Ende des Arbeitskampfes?*, Hamburg, 1989, S.59-76, 55쪽 이하 참조.

고 있었다. 그러나 그는 노동조합의 반자본주의적·정치적 운동은 노동조합의 경제적 방어기능과 완전히 분리시켜서는 생각할 수도 없고, 또 발전될 수도 없다는 입장을 항상 견지했다.

그런데 최근 수십 년 전부터 노동운동진영의 안팎에서 노동조합의 반자본주의적 기능에 대한 회의의 목소리가 강하게 터져나오고 있다. 제2차세계대전부터 1970년대 중반까지 오래 지속된 자본주의의 경제적 번영과 안정의 시기를 거치면서 노동조합운동은 그 반자본주의적 성격을 상실했다는 것이다. 즉 실질임금의 상승, 노동시간의 단축 그리고 복지국가적 제도의 확대 등으로 인해 과거 노동조합의 과제들이 상당부분 달성됐으며 노동조합은 이 과정에서 선진자본주의의 '조합주의' 체제 속으로 통합됐다는 것이다.

이 외에도 노동계급 내의 내부분화가 심화되면서 이해도 다양화되어 노동조합이 노동자계급 전체를 위한 공통의 정책을 펼치기가 점점 어려워졌다는 것이다. 따라서 오늘날의 노동조합은 조합에 가입된 노동자들만을 위한 이익단체이며, 자본주의 사회관계의 대안을 모색하는 운동의 중심지로 더 이상 볼 수가 없다는 것이다. 노동조합의 반자본주의적 기능은 이젠 없어졌다고 하는 주장들은 '현실사회주의'의 위기와 붕괴로 인해 그 강도가 더욱 세지고 있다. 예를 들어 분더 (Wunder) 같은 사람은 다음과 같이 주장하고 있다.

과거를 둘러보나 현재를 보나, 또 이념을 보나 실천을 보아도 사회주의에 대한 이제까지의 생각을 견지할 근거는 하나도 없다. 노동조합들이 무언가를 결정하는 데 있어 대안적 사회질서에 관한 구상을 고려할 이유는 더 이상 없다. 현 시점에서는 어떤 바람직한 대안에 대한 현실적인 구상도 없다. 지금은 강점들과 약점들을 가지고 있는 자본주의만이 있을 뿐이며, 따라서 그것에 대한 비판과 어느 방향으로 자본주의 사회가 변화해야 할 것인가에 대한 약간의 지침적 생각들만이 있을 뿐이다.[15]

분더의 말처럼 마침내 대안적 체제를 지향하는 노동조합운동과는 작별을 고해야만 하는가? 위의 주장은 그러나 왜 노동조합이 생겨날 수밖에 없었으며, 오늘날도 존재할 수밖에 없는 이유를 망각하고 있다. 노동운동과 노동조합은 자본주의 착취와 억압에 대항해 자신들의 이해를 옹호하고 관철시키고자 했던 노동자들의 저항이 역사적으로 형성된 결과물들이다. 따라서 노동운동과 노동조합은 그 탄생 초기부터 자본주의 사회체제의 사회경제 모순들과 밀접하게 관련되어 있다. 이 과정에서 사회주의는 노동운동의 주요 이념으로 자리잡을 수 있었다. 그러나 이런 모순들은 선진자본주의 사회에서도 없어지지 않고, 이미 앞에서 보았듯이 기껏해야 변형되거나 또는 은폐된 형태로 재생산되기 때문에 노동운동과 노동조합 역시 계속 필요하고 또 재생산될 것이다.

따라서 임노동 - 자본관계가 자본주의 사회의 적대적 기본관계로서 존재하는 한 노동운동 속에서 반자본주의 대안의 필요성을 부정하는 것은 지나치게 성급한 것이다. 노동운동이 자본주의 이외의 어떤 다른 사회관계도 상상할 수 없다는 식의 이런 비관적 주장의 근저에는 '현실사회주의'와 자본주의의 현재적 형태에 대한 이중적 오해가 깔려 있다.

우선 이런 주장들은 사회주의 하면, 결국 몰락한 '현실사회주의' 형태만을 떠올린다. 그러나 "사회주의의 역사는 결코 일차원적인 연속성이 아니라 여러 방향들과 중심들 그리고 극도로 비동시적이며 다양하게 분화된 운동구조를 보여주고 있다"(Deppe, 1990: 32). 이렇게 볼 때 '현실사회주의'가 붕괴했다고 해서—물론 이로 인해 사회주의에 대

---

15) Dieter Wunder, "Der Zusammenbruch des realen Sozialismus und das Selbstverständnis der Gewerkschaften", 1989 in: *Gewerkschaftliche Mona-tshefte*, 12/1989, S.714-718, 716쪽.

해 이미 가지고 있던 기존의 편견들이 더욱 심해지고 고착되긴 했지만―자본주의의 대안으로서의 사회주의를 포기하고 자본주의의 사실상의 완전한 승리를 인정할 근거는 없다. 오히려 필요한 것은 앞에서 언급했듯이 현재 선진자본주의의 산업사회와 서비스 사회에 존재하는 구조를 직접적으로 대체할 수 있는 새로운 사회주의 개념을 냉정하고 차분하게 개발하는 것이다(Hüning, Kadler & Krüger, 1992: 32).

그러나 '대안적 사회질서 없는 노동조합정책'을 주장하는 입장은 사회주의를 '현실사회주의'로 오해하는 것만이 아니라 선진자본주의의 현재 형태에 대해서도 일면적인 이해를 보이고 있다. 이들에 따르면 현재의 자본주의는 높은 안정성이라는 특징을 보이고 있으며, 노동조합의 선진자본주의 체계로의 통합은 사실상 '완결됐다'는 것이다. 그러나 지난 수십 년 간의 자본주의의 발전을 살펴보면 그들이 주장하는 것만큼 선진자본주의 발전유형도 사회민주주의·케인스주의적 통합모델도 그다지 안정적이지 못하다는 것을 알 수 있다.

1970년대 중반 이래로 세계시장에서 격화된 자본축적의 조건들과 이와 관련된 사회의 광범위한 변화들(예를 들어 대량실업, 신보수주의의 복지국가 감축 등)은 차라리 자본주의가 오늘날에도 역시 결국 자본축적이라는 내적 강제에서 연유하는 모순들과 불안정성을 특징으로 하고 있다는 사실을 극명하게 드러내고 있다.

이렇게 전망할 때 노동조합운동의 강화는 오히려 절실히 필요하다고 할 수 있다. 민주적이고 자유로운 사회관계를 창출하는 데 있어서 산업 내 노자관계 변화가 얼마나 중요한 의미를 지니는지 생각해본다면 노동운동과 그 운동의 중심지로서의 노동조합이 가지는 역할을 새삼 강조할 필요가 있다. 물론 노동조합이 오늘날 자신들의 과제를 충분히 수행하지 못하고 오히려 위기 속에 빠져 있는 것이 사실이다.16)

그러나 그렇다고 해서 노동운동과 노동조합이 앞으로 영원히 대안

적 운동으로서의 의미를 가질 수 없다고 말하는 것은 잘못이다. 노동
조합의 역할을 자본의 공세에 대해 단순히 방어하는 기능으로 성급하
게 스스로 축소시킬 경우, 이것은 자본과의 싸움에서 노동조합의 강
화로 이어지지 못하고 오히려 노동조합의 지속적인 약화로(그리고 노
동자계급에 불리한 노자간 세력관계의 변화로) 귀결될 것이다.

이제 중요한 것은 노동조합을 단순한 하나의 이익단체로 폄하시키
는 것이 아니라 노동자계급의 생활조건을 보호하는 기능을 넘어서서
능동적이고 포괄적인 변혁정책을 지향하는 노동조합의 기능을 현재화
시키는 일이다. 그러나 우리는 미래지향적인 노동조합정책에 대한 논
의에 들어가기 전에 우선 현재 노동조합이 안고 있는 문제들을 비판
적으로 검토하고 토론할 필요가 있을 것이다. 그것들은 크게 보아 다
음 세 가지로 요약될 수 있다.

첫째, 노동조합 내의 회원구조와 취업구조 간의 불일치이다.[17] 그
동안 취업구조 내에서 사무직 노동자가 차지하는 비율이 크게 늘어났
음에도 특히 사무직 노동자의 노동조합 가입률은 거의 증가하지 않았
다.[18] 이런 조직률의 문제는 기업 내에서 사무직 노동자가 더 나은

---

16) 한편 서유럽의 노동운동이 어떻게 여러 상이한 단계들을 거쳐 오늘에 이
르렀는가에 대해서는 F. Deppe, "Arbeiterbewegung in Westeuropa 1945-
1985. Von der Bewegung zur Stagnation?", 1985 in: Marxistische Studien,
Jahrbuch des IMSF 8, Frankfurt/M, 58-91쪽을 참조할 것.

17) 1990년 현재 독일노동조합연맹(DGB)의 회원구조는 40년 전의 취업구조
에 상응하는 것이었다. "1990년에 (서독지역의) 독일노동조합연맹(DGB)
의 회원 중 23%가 사무직 노동자, 67%가 육체 노동자 그리고 10%가 공
무원이었다. 1950년의 취업구조를 보면 23%가 사무직 노동자, 71%가 육
체 노동자, 6%가 공무원이다"(Heiner Stück, "Arbeiter, Angestellte und
Gewerkschaften. Eine sozialstatistische Analyse des gewerkschaftlichen Or-
ganisationsgrades", 1992 in: S. Bleicher and E. Fehrmann(Hrsg.), *Autono-
mie und Organisation. Die neuen ArbeitnehmerInnen,* Hamburg, S.89-116, 96
쪽).

위치를 점하고 있다거나 또는 그들의 '소시민적' 성향 때문이라고 간단하게 생각해서는 안된다. 왜냐하면 이런 식의 파악으로는 왜 오늘날 사무직 노동자의 조직률이 1950년대와 비슷하게 낮은지가 설명이 안되기 때문이다.

즉 당시에는 취업구조 내의 사무직 노동자의 비율이 더 낮았으며, 그들이 노동자에 비해 가지는 상대적인 사회경제적 지위 또한 오늘날보다 높았기 때문이다. 그러므로 사무직 노동자의 조직화의 문제는 단순히 노동조합의 대(對) 사무직 노동자정책의 문제가 아니라 노동조합의 생사가 걸린 중요한 문제다(Bleicher, 1991: 41). 이외에도 여성들과 청년들의 노조가입률이 저조한 것 역시 노동조합의 전망을 흐리게 하고 있다.[19]

둘째, 조직화의 문제와 관련해 현 노동조합의 무능력이 지적되어야 한다. 즉 사회적 노동의 지속적인 분화에 직면해 노동인구 내의 여러 집단들의 다양한 이해와 욕구들을 고려하고 이를 노동조합정책에 반영해야 하는데 그렇지 못했다. 사무직 노동자, 여성, 청년들이 특히 노동조합정책으로부터 가장 멀리 떨어져 있다. 이들 집단들 중의 상당수는 그들의 이해가 노동조합을 통해서 대변되고 또 지켜질 수 있는지에 대해서 회의를 가지고 있다. 이들은 스스로 커다란 노동조합 조직과 거리를 취하고 있다. 왜냐하면 노동조합이 조합원들과 관계하

---

18) 스퇵에 의하면 1990년 독일노동조합연맹의 사무직 노동자의 조직률은 1950년과 비교할 때 거의 비슷하게 낮은 수준(16%)에 머물렀다. 반면에 육체노동자 조직률은 1950년의 40%에서 1990년 47%로 증가했다(Stück, 앞의 논문, 91쪽 참조).

19) 사무직에 여성들의 비율이 점점 늘어나는 것과 관련해 스퇵은 블라이허처럼 "조직정치상의 사무직 부족(사무직 노동자의 낮은 조직률 문제)을 아킬레스건으로" 확인하는 것만으로는 충분치 않다고 주장한다. 그에 따르면 더 나아가 "이중적인 조직정치상의 사무직 부족"을 문제삼아야 한다(Stück, 앞의 논문, 97쪽).

는 방식이 민주적이 아니라 관료적이며, 또 여기서 주로 공장노동자, 남성노동자, 비청년노동자들의 이해만이 고려되기 때문이다.

셋째, 자본이 그 안에서 새로운 축적조건들에 적응하기 위해 시도하는 구조변화는 노동조합의 세력을 더욱더 약화시켰다. 생산의 합리화, 새로운 테크닉의 도입으로 대량 실업문제는 더욱 커졌다. 그러나 이로 인해 이미 존재했던 노동자계급 내의 균열, 즉 취업노동자와 실업자들 간의 갈등은 더욱 극복하기가 어려워졌을 뿐만 아니라 취업노동자들 간의 분절화(Segmentierung) 역시 가속화되어 경영방식의 급격한 변화 속에서 "(기업)합리화 과정에서 이득을 보는 자"만이 장점을 누릴 수 있게 됐다.

이런 과정에서 노동조합이 노동자들의 다양한 이해를 대변하고 동시에 이들을 통합시키는 작업은 더욱더 어렵게 됐다. 노동자계급의 균열과 분절화 이외에 신보수주의 복지국가제도의 감축은 각 개인의 생활의 재생산조건을 위협하고 있으며, 이런 개인화 경향 속에서 노동조합의 연대적 행동을 위한 여지는 더욱 좁아지고 있다.

이 모든 것은 노동조합이 사회적 생산과 산업관계의 조건들이 변화하는 것을 따라잡지 못하고, 이런 변화에 상응해 자신들의 조직과 작업을 재편성하지 못했다는 것을 보여준다. 이런 진단을 토대로 우리는 이제 미래지향적인 노동조합의 정책에 대해 생각해보자. 그 정책은 앞서 언급했듯이 노동자계급의 자기방어를 넘어서 자본주의 사회관계를 근본적으로 개혁시키는 데 적극적으로 참여할 수 있는 것이어야 한다.

우선 매우 시급한 일은 노조조직의 관료주의, 중앙집중적 행정을 조직과 조직원 간의 민주적 협동작업으로 바꾸는 것이다. 그리하여 노동의 분화와 여러 상이한 이해들과 욕구들이 노동조합정책에 반영되도록 노력하는 것이다. 그러나 어려운 것은 여러 집단들의 서로 다

른 처지와 이해들을 고려해야 한다는 점뿐만이 아니라 공동의 목표를
명확하게 설정해내고 이를 관철시켜야 한다는 점이다.

여기서 중요한 것은 노동자들의 '양적' 욕구들이 '질적' 욕구들-물
론 이런 요구들이 현재 고용집단에 따라 매우 서로 다르게 구성되어
있긴 하지만-과 서로 대립(예를 들어 임금인상 요구 대 재교육, 자율
성에 대한 요구)되지 않도록 하는 것이다. 자본주의 생산과정이 동시
에 노동과정과 가치증식과정인 한 노동자들의 복잡한 욕구들을 그 내
적 연관성 속에서 파악하고 충족시키는 것이 더 바람직스러울 것이다.

이런 맥락 속에서 노동조합은 '취업노동의 중심성'이라는 원칙을
고수해야 할 것이다. 왜냐하면 노동시간의 단축이 진행됨에도 불구하
고 취업노동은 대다수의 사람들에게 여전히 생활유지의 토대로 남아
있을 것이며, 일과가 없을 때 각 개인들이 생활을 어떻게 하는가 역
시 취업노동에 결정적으로 달려 있기 때문이다. 만약에 어떤 사람의
노동강도가 세다면, 그 사람은 자신의 노동력을 재생산하는 데 과거
보다 더 많은 시간을 필요로 할 것이다. 그리고 만약에 어떤 사람이
낮은 임금을 받는다면, 그 사람은 자신의 인격의 발전과 여가시간의
향유에 필요한 수단(돈)을 거의 가지지 못할 것이다.

따라서 취업노동을 변혁시키는 것이야말로 노동조합정책의 첫번째
이자 가장 중요한 과제이다. 우리는 사회적 노동의 근본적 개혁이 자
동적으로 모든 사회문제를 해결해줄 수 있다고 믿지는 않는다. 그러
나 우리는 이런 개혁이 없이는 어떤 지속적인 사회개혁 정책도 계속
유지될 수 없고, 또 효과를 볼 수 없으리라고 생각한다.

노동조합정책을 새로 설정하는 데 있어 노동자들의 주관적 가치지
향과 관련된 중요한 문제가 있다. '현대화이론가'들에 따르면 과거부
터 내려온 노동자들의 노동지향성은 탈물질적 가치들 그리고 여가시
간과 소비에의 지향성으로 대체됐다고 한다. 이런 주장이 가정하는

것은 노동영역과 비노동영역의 실질적인 분리인데, 여기서 노동은 오
로지 '도구적' 의미만을 지니게 된다. 그러나 우리가 산업관계의 변화
를 생각한다면 이런 주장은 더욱더 의심스러울 수밖에 없다.

히르쉬와 로트처럼 새로이 생겨나는 경영방식들을 과거의 축적전략
과의 완전한 단절이라고 그리고 자본주의 생산양식의 새로운 단계라
고 이해하기에는 아직 너무 이르지만,[20] 이런 새로운 경영방식이 주
관적 가치지향에 크든 작든 영향을 끼친 것만은 의심의 여지가 없다.
새로운 경영방식은 유연화와 합리화, 즉 테크닉과 노동조직 간의 재
구성으로 특징지어지는데, 과거보다 훨씬 더 노동력의 자질에 크게
의존한다.

이런 경영방식의 도입은 더욱더 향상된 노동력 자질을 필요로 하기
때문에 자질의 고도화경향과 더 나은 생활기회에 대한 기대와 더불어
노동에 대한 노동자들의 욕구는 작아지기보다는 차라리 커지게 된다.
대부분의 임금종속자들은 노동에 대한 도구적 생각 대신에 노동의 내
용, 노동과정에서의 자율성, 중요한 결정 등에의 참여 그리고 자신의
노동이 생태계에 끼치는 측면 등에 대해 커다란 의미를 부여하게 된
다(Bischoff & Herkommer, 1992: 40).

이런 경영방식은 노동자와 경영진 간의 한층 높은 수준의 협력을
요구하게 된다. 이런 측면과 관련해 뮐러 - 옌트취는 다음과 같이 말
했다.

노동조합 및 사용자 단체들은 양자가 협력으로부터 이득을 볼 수 있다
는 사실을 점점 더 깨닫기 시작한다. 양자간의 이해의 대립이 제로섬 게
임(zero-sum game)이 아니라 차라리 포지티브섬 게임(positive-sum game)

20) J. Bischoff and Richard Detje, *Massengesellschaft und Individualität. Krise des 'Fordismus' und die Strategie der Linken*, Hamburg, 1989 참조.

이거나 네거티브섬 게임(negative-sum game)이라는 공동의 인식은 자본과 노동 간의 이해갈등에 있어 새로운 합리화 단계로 평가될 수 있을 것이다(Müller-Jentsch, 1989: 74).

그러나 이런 협력적 계기는 양면성을 가지고 있다. 기업 내 중요한 문제들을 결정하는 데 종업원들의 능동적 참여가 보장되고 산업관계의 민주적 변혁이 이루어지는 한에 있어서 그것은 기회이며 희망이다. 그러나 노동조합이 협력관계에서 하등의 주도권을 가지지 못하거나 약간의 주도권만 가질 경우에는 자본과 노동 간의 현재의 비대칭적 세력관계에서의 협력은 단순한 형식적 민주화와 거짓 파트너십으로 귀결될 수 있기 때문에 그것은 위험한 것이다(Bischoff & Herkommer, 1992: 43). 이렇게 볼 때 노동조합의 정책은 이런 '적대적 협력'에서 항상 기업 내의 세력관계를 고려해야만 할 것이다.

그러나 노동조합정책은 기업 내의 개혁에 국한해서는 안된다. 노동자들의 균열과 분절화는 오직 사회적 노동의 민주적 변혁과 통제를 통해서 장기간에 걸쳐 극복될 수 있기 때문에 노동조합정책은 언제나 사회정책을 포함해야 한다. 그렇지 않으면 개별 기업이나 한 산업부문에서의 개혁은 일시적이고 제한적인 성격을 넘어서지 못할 것이다.

바로 이 문제와 관련해 그리고 가속화되는 '개인화 경향'에 직면해 복지국가의 민주화와 연대적인 사회정책은 매우 큰 현실성을 가진다. 이미 위에서 보았듯이 자유롭고 민주적인 사회관계들은 개인화와 사회적 보장체계 간의 대립에서가 아니라 양자간의 상호보완에서 발전될 수 있다.[21]

---

21) "사회정책은 개인들의 창의력이 꽃필 수 있도록 사회적 안전망을 보장해야 한다. 만약에 개인화를 … 가족과 가구라는 사회집단들에 속한 시민들이 창의성, 자기책임 의식, 문제해결 능력에 대해 가지는 욕구가 증대된 결과라고 이해한다면, 개인화와 보장이라는 겉으로 모순적으로 보이는 양

이렇게 볼 때 노동조합은 기업 내부의 관심사를 넘어 지역의 정책 그리고 모든 사회정책에 적극 참여해야만 한다. 그러나 노동조합이 얼마나 성공적으로 그들의 개혁정책을 관철시키고, 또 사회관계의 변혁에 있어서 주요한 담지자로 등장할 수 있는가 하는 문제는 사회 내에서 노동운동 또는 노동조합운동이 헤게모니를 쥘 수 있는가 하는 문제에 달려 있다. 그런데 이런 노동운동의 헤게모니 문제가 현재 적지 않은 비판자들에 의해 시대착오적인 것으로 간주되고 있기 때문에 우리는 이 헤게모니 문제를 논의하지 않을 수 없다.

5. 노동운동 대 신사회운동?

우리는 앞에서 대안적 사회주의 개념을 발전시키는 것이 매우 필요하고, 또 이런 새로운 개념을 현실화시킬 수 있는 것은 오로지 노동 문제를 중심으로 한 포괄적인 사회정책에 의해서만 가능하다는 것을 확인했다. 그러나 현재 민주적 개혁세력들에게는 미래지향적인 대안뿐만 아니라 정치적 영향력 역시 매우 부족한 실정이다. 바로 이런 상황에서 좌파진영의 적지 않은 이론가들은 이미 수십 년 전부터 노동운동의 사실상의 종말을 주장하고 대신 '신사회운동'을 대안으로 내세우고 있다.

하버마스는 '체계통합'과 '사회통합'이라는 이원론적 파악에 기초해 자본주의 사회의 발전과정을 합리화과정으로 보면서 체계와 생활세계의 분리(Entkoppelung von System und Lebenswelt)를 주장했다.22)

자간의 관계는 사라지게 된다"(Zapf, 1987: 3; Bischoff and Detje, 1989: 171에서 재인용).

22) 하버마스가 이런 이원론적 구분을 하게 된 데는 그의 노동에 대한 일면

그는 합리화과정으로서의 자본주의 발전과정에서 체계에 의한 생활세계의 식민화가 위험수위에 달했다고 보고 새로운 정치에서는 더 이상 물질적 재생산영역에서의 문제가 아니라 문화적 재생산 그리고 사회적 통합의 영역에서의 문제들이 중요하다는 전략적 결론에 다다랐다: "새로운 갈등들은 분배문제가 아니라 생활형태의 문법문제(Fragen der Grammatik)를 둘러싸고 불이 붙는다"(Habermas, 1981: 576).

하버마스에 의하면 이 '새로운 정치'의 주역들은 젊은 세대들과 '고등교육을 받은 신중간층'인데, 이들은 "분배문제에만 관심을 쏟는 노동자나 자본가와는 달리 생활의 질, 평등한 권리, 개인의 자아실현, 참여, 인권에 관심을 가지고" 있다(Habermas, 1981: 577). 따라서 이제는 무엇보다 초계급적인 저항과 경제성장에 대한 비판을 그 주요 특징으로 하는 신사회운동이 새로운 정치에서 중요하다는 것이다.

히르쉬와 로트는 하버마스의 이원론적 파악뿐만 아니라 복지국가에서 계급갈등이 사라졌다는 그의 주장을 비판했다. 그들에 따르면 하버마스에게 생활세계가 어떻게 시스템과 구분되는지는 매우 불분명하고, 또 복지국가에서 계급갈등은 하버마스가 주장하듯이 정지한 것이 아니라 변형됐다는 것이다(Hirsch & Roth, 1986: 28). 게다가 하버마스는 마치 사회가 단선적인 합리화경향을 가지는 것처럼 가정하는데, 이 또한 수용하기 힘들다는 것이다.

그럼에도 불구하고 히르쉬와 로트는 하버마스처럼 신사회운동 속에 사회변혁의 희망을 걸고 있다. 그들에 의하면 "역사의 계급주체로서 노동계급은 거의 국가주의적·사민주의적으로 매개된 포드주의의 사회

적인 파악이 그 근저에 깔려 있다. 하버마스의 노동 개념에 대한 비판으로는 H. Ganßmann, "Kommunikation und Arbeit. Zum Arbeitsbegriff bei Habermas", 1990 in: Helmut König u.a.(Hrsg.), *Sozialphilosophie der industriellen Arbeit. Leviathan Sonderheft* 11, S.227-239를 참조할 것.

화 연관구조 속에 포섭됐다"는 것이다(Hirsch & Roth, 1986: 76). 게다가 당과 노조의 관료화와 '준국가기관화'는 더욱 심화되어 이제 노동운동은 더 이상 미래가 없다는 것이다. 즉 오늘날 노동운동은 사회운동의 성격을 상실한 이익대표운동에 지나지 않는다는 것이다(Hirsch & Roth, 1986: 175).

> 좌파정치의 조건들은 변했다. 전통적 정치형태들은 오늘날 더 이상 효력을 발휘할 수 없기 때문에 해방적 변화는 현재 오로지 신사회운동에 의해서만 가능하다. 물론 노동조합은 예전과 마찬가지로 중요하다. 그리고 자본주의가 존재하는 한 계속 중요하게 남을 것이다. 그러나 노동조합은 오늘날 더 이상 좌파정치의 중심장소가 될 수 없다(Hirsch & Roth, 1987: 46).

히르쉬와 로트는 바로 신사회운동이 노동운동과는 달리 협소한 계급이해에 구애받지 않고 대신에 '보편적 가치'와 요구들로 지배질서에 저항할 수 있기 때문에 신사회운동이 노동운동에 비해 역사적 우월성을 가진다고 보고 있다.

그러나 히르쉬와 로트의 이런 주장 속에서 그들 역시 하버마스처럼 현재의 사회적 관계들에 대한 이원론적 설명에 빠졌다는 것을 발견할 수 있다. 그들은 비록 한편으로는 현재의 사회가 여전히 계급관계와 계급갈등으로 특징지어진다고 말하면서도, 다른 한편으로는 "객관적 계급구조와 정치사회운동 또는 사회갈등 간의 연관성은 계속 약해져"간다고 주장한다(Hirsch, 1990: 132).

그러면 이런 연관성의 해체 속에서 그들이 강조하는 '계급사회' '계급갈등'이라는 범주는 도대체 무슨 의미가 있는가라고 질문하지 않을 수 없다. 히르쉬와 로트는 기본 계급구조는 순수하게 '객관적인 것'으로, 개인의 행위는 순수하게 '주관적인 것'으로 분리시키면서 양자간의 내적 연관성을 전혀 분석하지 않고 있다.

이 점에서 그들의 주장은 체계통합과 사회통합이라는 기계적 구분에 기초하고 있는 하버마스의 이원론적 파악과 별로 다르지 않다. 따라서 히르쉬와 로트가 파악하는 선진자본주의는 계급관계가 비록 사회적 기본관계로 존재하기는 하지만, 사회갈등의 형성에는 하등의 영향을 주지 못하는 '이상한' 자본주의다(Wagner, 1990: 52).

히르쉬와 로트가 대안적 운동의 변화된 조건들로 제시하는 것은 다음과 같다. 첫째, 과거에 노동계급은 내부적으로 동질적이었으나 오늘날은 이질적이다. 둘째, 과거 노동운동은 반자본투쟁의 성격을 띠었으나 오늘날에는 체제 내로 통합됐다. 셋째, 과거 사회적 갈등은 분배문제를 중심으로 일어났으나 오늘날에는 새로운 탈물질적 문제가 중요하다.

아마 일정 정도 이런 변화가 있다는 사실에 대해 반대할 사람은 없을 것이다. 다만 여기서 이상한 것은 그들이 모든 변화를 오로지 과거와의 대립 또는 대체 속에서만 파악하고 있다는 것이다. 그들은 성급히 과거와 현재의 차이와 대립만을 강조할 뿐 양자가 어떤 관계 속에 있는가 하는 문제(예를 들어 분배문제와 탈물질적이라고 하는 문제들이 어떤 연관성을 가지는가 하는 문제 등)에 대해서는 규명할 생각을 전혀 하지 않고 있다. 그러나 계급구조의 변화와 이에 따른 노동운동의 조건의 변화를 생각하는 것과 노동운동의 무의미성을 주장하는 것은 엄격히 구분할 필요가 있다.

물론 히르쉬의 말처럼 이론과 실천에서 계급환원주의가 가지는 위험은 조심할 필요가 있다. 그러나 '계급 없는 계급사회' 그리고 '노동운동의 종말'을 단언할 만한 충분한 이유도 우리는 발견할 수 없다. 오히려 신사회운동 이론가들은 '보편적 가치' 대 '계급환원주의' 간의 대립이라는 잘못된 대립구도 속에서 개인의 삶의 재생산에 있어서 노동이 가지는 의의를 회석시키고 있다. 오히려 '낡은' 운동 대 '새로운' 운동이라는 그릇된 대립설정은 사회변혁을 위한 민주적 제세력의 효과적인 결집을 방해할 위험이 있다.

한편 마이어와 뮐러는 신사회운동을 분석하면서 일부 이론가들이 가정하듯이 신사회운동의 현실적 실천력은 그리 희망적이지 못하다고 지적하고 있다. 그들은 신사회운동의 불안정한 집단정체성 그리고 노동운동과의 지나친 차별성의 강조는 "사회변혁을 향한 능동적·건설적 개혁정책"을 방해한다고 본다. 오히려 이런 문제들이 "자기파멸, 근본주의, 편협한 집단이기주의"로 흐를 가능성도 배제할 수 없다고 진단한다(Meier & Müller, 1989: 365).

또 일부 신사회운동에서 보여지듯이 산업'체계'를 적으로 간주할 경우 일정한 탈정치화라는 부정적 결과를 초래할 것이라고 본다. 왜냐하면 "의사소통·생활세계적 저항에서는 '체계'와 싸우는 것이 아니라 오로지 생활세계를 '체계'로부터 방어하려고만 하기 때문이다."[23]

앞에서 후기산업사회론 또는 서비스사회론이 사회적 노동의 분화와 복잡화로부터 '노동사회의 종말'을 이끌어낸 것은 잘못이라는 지적을 한 바 있다. 마찬가지로 신사회운동이 사회적 노동과 개혁정책 간의 연관성을 무시하고 하등의 변혁 전망을 보여주지도 못한다면, 그 운동의 전략에 대해서도 우리는 일정한 거리를 취하지 않으면 안될 것이다.

여기서 우리는 사회운동의 다양성과 다차원성을 부인하려는 것이

---

23) 앞의 논문, 366쪽. 마이어와 뮐러는 일부에서의 비역사적 시각이 갖는 위험도 언급하고 있는데, 예를 들어 사회적 권력과 지배를 구조적 연관 속에서 보지 못하고 그것이 드러나는 현상형태, 가령 '국가' '남성' 자체에 대해 저항할 경우, 점진적인 사회적 변혁과 좀더 건전한 발전의 길에 장애가 될 수 있다는 것이다.

아니다. 이제껏 노동운동이 상대적으로 사회문화적 생활형태, 노조의 관료화문제 그리고 환경문제 등에 소홀했기 때문에 오늘날 이런 측면에 대한 고려는 오히려 매우 필요하다. 그리고 모든 자발적인 운동들을 노동운동의 휘하에 직접 복속시키는 것은 효율적인 정치적 작업을 위해서는 바람직하지도 않을 뿐만 아니라 또 현실성도 없다. 그러나 신사회운동은 이 사회의 핵심관계로서의 노자관계를 간과할 경우 또는 말로만 그 중요성을 인정할 경우에는 기존의 노동운동이 "개혁정책의 발전 개념을 경제주의적으로 협소화시켰던 오류를 다시 사회적 대립의 문제를 문화적으로 협소화시키는 오류로 대체할 위험성"이 있다(Meyer & Müller, 1989: 367). 비록 노동운동과 신사회운동들이 지배와 억압 그리고 환경문제에 공동으로 대처한다는 것이 현실에서 쉬운 일은 아니지만 적어도 양자간의 잘못된 대립구도만큼은 지양해야 할 것이다.

실제로 투쟁의 다차원성을 인정하는 것과 노동운동의 중심성을 주장하는 것은 모순되지 않는다. 개인의 발전이 사회적 보장과 모순관계에 있는 것이 아니듯이 신사회운동의 다원화와 자율성은 노동운동의 헤게모니와 대립관계에 있지 않다. "노동해방을 위한 투쟁에서 헤게모니를 인정하는 것은 결코 개인의 자율성과 자기실현을 무시하는 것을 의미하지는 않는다"(Bischoff, 1982: 204).

따라서 오늘날 필요한 것은 신사회운동과 지배질서에 대한 그들의 비판을 연대적 차원에서 지지하되 동시에 신사회운동의 보편적 이상주의를 비판하는 것이다. 왜냐하면 이것은 현대자본주의의 생산관계, 계급관계를 경시하는 데서 운동의 중요한 이유를 찾으며, 이 관계들의 근본적 변혁(그리고 이에 필요한 대중적 토대)에 대한 전망과 유리되어 있기 때문이다(Deppe, 1984: 174). 한편 우리가 신사회운동과 노동운동의 주체들이 서로 상당 부분 중복되어 있다는 점을 생각하면 신사회운동을 노동운동의 대안으로 간주하는 것은 현실과는 거리가 먼 생각이라는 것을 알 수 있다.

사회적 갈등들의 단면만을 보면서 노동운동과 서둘러 작별하고 신사회운동으로 넘어갈 것이 아니라 더 근대화된 노동운동을 중심으로 해 자본주의 사회의 인간관계를 의식적으로 변혁하는 것이 필요하며, 이 과정에서 인간들 간의 대립뿐만 아니라 인간과 자연 간의 대립도 극복될 수 있다고 생각한다.

●

맺음말

　이 책을 시작하면서 우리는 과연 계급이론이 여전히 현실성을 가질
수 있는가 하는 질문을 던졌다. 이 질문에 답하기 위해 우선 계급이
론에 대한 최근의 비판들을 검토했으며, 중요하면서도 동시에 많은
사회과학자들에게 오해받고 있는 계급이론의 기본명제들을 살펴보았
다(1장 참조). 또 계급이론의 과학적 기초를 보여주기 위해 물질적 생
산과 계급관계 간의 연관성을 분석했고(2장 참조) 이어서 마르크스
계급이론의 정치경제학적 토대를 서술했다(3장 참조).

　이런 분석들을 통해 우리는 계급관계라는 것이 결코 사회과학자들
의 순수한 이론적 '추상물'이 아니라 오히려 인간사회의 실제·역사적
과정들과 관계들에서 도출된 범주라는 점, 그리고 마르크스의 계급이
론은 계급이론에 대한 비판자들이 흔히 가정하듯이 결코 도덕적 믿음
이나 단순한 이원론에 기초하고 있는 것이 아니라 '정치경제학 비판'
에 그 과학적 토대를 두고 있다는 것을 살펴보았다.

　이런 연구결과에 접목해 우리는 마르크스주의 계급이론을 둘러싼
쟁점들을 비판적으로 검토했다(4장 참조). 여기서 제기된 중요한 질문
은 '경제의 선차성'이라는 마르크스의 원칙을 지키면서 얼마나 계급

규정, 계급위치와 생활양식 간의 연관성이라는 어려운 문제들을 해결
할 수 있는가 하는 것이었다. 이 장에서 우리는 비록 명확한 해답을
발견하지는 못했지만, 그럼에도 불구하고 계급분석의 심화를 위해 필
요한 연구상의 몇 가지 시사점을 얻을 수 있었다.

우선 계급규정에 있어서 경제적 형태 규정과 노동의 소재 성격 간
의 혼동은 피해야 하며, IMSF, 풀란차스, 라이트에서 나타나는 경제
적 차원과 정치, 이데올로기적 차원 간의 동일시는 논란의 여지가 있
다는 것을 살펴보았다. 그러나 역으로 PKA에서 나타나듯이 경제적
형태 규정에 대한 강조가 지나쳐 도식적인 계급규정(예를 들어 PKA
의 '임금종속적 중간계급')으로 빠져서도 안된다는 것을 확인할 수 있
었다. 나아가 임노동이라는 동일한 형태 규정 속에 숨어 있는 사회의
재생산과정에서의 다양한 의미들(예를 들어 사적·공적 영역의 비생산
노동자, 법조계, 경찰, 군대 종사자 등)을 고려하고 구별해내야 한다.

또 계급위치와 생활양식 간의 연관성과 관련해서 마르크스의 계급
이론은 비록 일차적으로는 경제적 기본범주에 중점을 두지만, 이런
방법적·내용적 토대 위에서 여러 '사회적' 영역들 간의 감추어진 연
관성을 규명할 수 있는 가능성을 배제하지는 않는다는 것이다.

여기서 '체계통합'과 '사회통합'의 구분에 입각해 '경제적' 영역과
유리된 '사회적' 영역을 연구한다는 주장은 전혀 설득력이 없어보인
다. 비록 이런 주장이 경제주의적 설명의 오류를 피하기 위한 것이었
다 해도 이런 시도는 일관되지 못하거나 절충주의적인 설명만을 발견
할 수 있을 뿐이다. 이 문제와 관련해서는 베버, 기든스, 리처르트의
이론보다도 오히려 부르디외의 '아비투스' 개념이 계급이론에 일정한
기여를 한 것으로 평가된다.

한편 계급이론의 현실성을 둘러싼 논의에서 중요한 쟁점 중의 하나
가 복지국가 발전에 대한 평가에 있기 때문에 우리는 선진자본주의

계급구조의 발전경향을 살펴보았으며, 계급관계와 복지국가 발전 사이의 관계에 대해서 추적을 했다(5장 참조). 여기서 얻은 주요한 성과들은 다음과 같다.

1. 계급구조의 발전경향에서 주요한 특징들은 세 가지다. 첫째, 전통적 중간계급은 감소한다. 둘째, 자본관계 내의 노동자 중에서 생산적 노동자의 비율은 감소하고 비생산적 노동자의 비율이 증가한다. 셋째, 자본관계 내의 노동자에 비해 자본관계 외부의 비생산적 노동자의 비율이 증가한다. 특히 주목할 것은 '서비스 부문'의 증가에 있어 국가부문의 확대가 가장 크다는 것이다. 그러나 국가부문의 이런 발전은 생산력이 발전한다고 해서 자동적으로 이루어지는 관계는 결코 아니다. 그것은 오히려 정치적으로 매개된, 계급대립 또는 계급타협의 결과물로 보아야 한다. 따라서 복지국가의 확대는 현실역사적 경향인 것이지 자동적인 과정이 아니다.

2. 복지국가는 마셜이 주장하듯이 유사 - 진화적 과정도 아니고 국가독점자본주의론이 강조하는 '지배계급의 조작도구'도 아니다. 복지국가는 '환상'도 아니고 '국가주의적' 사회화 형태도 아니다. 비록 복지국가 자본주의하에서 비대칭적인 계급타협과 노동자들의 부분적인 체제 내 통합을 간과할 수는 없지만, 복지국가는 오히려 노동자계급이 계급간의 대립 속에서 싸워 관철시켜온 노동자계급의 성과물이다.

3. 복지국가의 발전과 더불어 개인의 재생산 조건들을 구성하는 부분들은 더욱 사회화된다. 이런 발전은 선진자본주의 사회의 계급구조에 역으로 영향을 미친다. 복지국가 내에서 개인들의 소득원, 소득관계가 다양화됐다는 것은 사회적 분배에서 차지하는 개인의 위치가 과거처럼 생산에서의 위치와 직접적으로 관계되는 것이 아

니라 간접적으로 관계된다는 것을 의미한다. 그러나 이런 생산과 분배 간의 연관성이 복잡해짐으로 해서 적대적 계급구조와 질적인 계급 차이는 단순한 양적인 사회불평등으로 현상하게 된다. 따라서 선진자본주의 사회의 계급성격은 상대적으로 덜 발전된 자본주의 사회보다도 더 은폐되고 매개된 형태를 취하게 된다. 복지국가는 근본적인 자본주의적 생산관계를 전제하고, 또 자신의 활동공간이 결정적으로 자본주의 시장의 일반적 조건들에 따라 제약되기 때문에 계급차이를 없앨 수도 복지국가 분배를 둘러싼 계급대립도 배제할 수도 없다.

4. 복지국가의 발전과 더불어 비록 과거에 비해 개인들의 삶의 발전가능성 또는 개인성의 발현가능성이 상당히 높아졌지만, 동시에 그 발전가능성은 여전히 자본주의 한계에 부딪치고 있다. 개인성의 발전에 필수적인 수단들(돈과 시간)은 집단들, 계급들 간에 차별적으로 또는 모순적인 방식으로 분배되어 있다. 그러나 복지국가가 자본주의의 이런 '문명적' 측면들을 드러내는 한 '복지국가'라는 문제 틀에 천착하면서 자본주의 계급사회에 대한 현실적 대안들을 강구하는 것이 필요하다.

6장에서 우리는 자본주의 계급관계들에 대해 어떤 사회주의적 대안들이 나올 수 있는지에 대해 비판적으로 검토했다. 여기서의 중점은 한편으로 현실사회주의의 역사적 좌초를 비판적으로 평가하고, 다른 한편으로 현재의 사회관계들을 고려한 새로운 사회주의 개념을 발전시키는 것이었다. 우리가 특히 강조하고 했던 것은, 비록 사회적 노동의 근본적 개혁이 곧바로 모든 사회문제의 해결을 가져다주지는 않지만 그 어떤 것보다 핵심적 의의를 가지며, 이것은 지속적인 사회적 개혁정책을 위해서도 필수불가결하다는 점이었다.

우리는 지금까지 이 책의 주요내용을 거칠게 정리해보았다. 이제 이 책이 어떤 한계들을 가지고 있는지 언급할 차례이다. 첫째, 이 책의 중요한 목표 중의 하나는 계급관계와 복지국가 발전 간의 내적 연관성을 밝히는 것이다. 그러나 이 책에서는 선진자본주의 국가들의 경험적 분석, 비교분석을 거의 다루지 않았다. 이런 약점으로 인해 이 책의 '일반이론'으로서의 의의가 완전히 문제시된다고는 생각하지는 않지만, 각국의 실제적 발전을 이해하기 위해서는 구체적인 작업과 연관성에 대한 추가적인 설명이 필요하다고 판단된다.

둘째, 이 책에서는 다른 중요한 사회불평등들(성차별, 종족차별 등)은 다루지 않았다. 비록 계급관계가 우리들의 중심주제이긴 했지만, 계급이론은 결국 사회적 총체를 설명해내야 된다는 당위적 요구에 부응하고자 한다면 계급관계들과 다른 중요한 사회적 불평등들 간의 관계들에 대해서도 연구가 있어야 했다. 이런 분석이 매우 필요하다는 것은 분명한 사실이다. 왜냐하면 수많은 사회적 갈등들은 계급경계선을 따라 그대로 일어나는 것이 아니라, 이른바 계급구조를 '가로질러' 일어나기 때문이다. 그러나 여기서도 '사회적 노동'이 출발점이라는 것을 확인하면서, 전통적 또는 새로운 사회적 불평등들이 특정한 사회구성체, 특정한 시기에 어떤 형태를 취하는지, 그리고 어떻게 변화하는지를 연구하는 것이 중요하다고 생각된다.

셋째, 우리는 계급관계에 대한 논의를 일국적 틀 내로 한정했다. 그러나 자본주의는 자본들 간의 국제적 교류의 확대, 상호종속성 또는 상호착종의 심화라는 특징을 보이고 있다. 따라서 계급분석에 있어서 세계자본주의 차원에서의 계급관계에 대한 고려가 필요하다. 하지만 다른 한편으로 간과해서는 안될 점은 국제적 차원의 계급관계가 '개별'사회의 계급관계와 독립해 존재하는 것이 아니라 그것에 기초하고 변형되어 현상한다는 사실이다. 이 문제와 관련해 선진자본주의 사회의 계급관계는 아주 중요한 의미를 지니고 있다. 왜냐하면 자본주의 중심국가들에서의 계급관계의 구조가 변화하고 경향적으로 계급관계 지양의 단초가 보인다면, 이것은 세계의 다른 나라들의 계급관계에 커다란 영향을 미칠 것이기 때문이다. 그런 한에 있어서 자본주의 중심국에서의 변혁조건들을 보지 못하고 '혁명적' 잠재력을 오로지 자본주의 '주변국'에서만 찾는 시각은 문제가 있다고 생각한다.

이미 보았듯이 이 책에서는 무엇보다 계급이론의 현실성이 화두였다. 자본주의 생산관계와 분배관계가 자신들의 모순적 성격을 계속 지니고, 그 근본적 특징들에 있어서 변화한 것 없이 재생산되는 한 '노동사회의 종말' 또는 '계급사회의 종말' 운운할 수는 없으며, 계급이론은 오늘날에도 여전히 현실성을 가진다고 할 수 있다.

최근 우리 학계에서도 많은 연구자들이 계급이론이 완벽하지 못하다고 해서 그 결점을 보완해줄 듯한 다른 패러다임으로 갑자기 대거 이동했는데, 이는 어쩌면 우리 학계 일각의 조급성을 드러내는 것에 지나지 않는다고 여겨진다. 자칫 잘못하면 새로운 패러다임에 대한 끊임없는 선호 속에서 중심을 잃은 성찰 없는 학문적 노력이 계속되고, 또 접하고 다루는 지식의 양은 폭발적으로 늘어나는데 체계적으로 축적된 지식은 상대적으로 빈약해지는 불행한 결과를 초래할 수도 있다.

계급이론은 완벽하다거나 더 이상 보완될 부분이 없다고 주장할 수는 없다. 너무나 당연한 이야기지만 계급이론의 현실성을 더 구체적으로 보여주기 위해서는 지속적인 이론적 작업과 노력들이 필요하다. 이런 노력과 함께 계급이론의 현실성을 위해서는 이론적 증명만이 아니라 실제 사회적 대립 속에서 계급이론을 현실화시키는 것도 또한 중요하다.

참고문헌

Alber, Jens. 1984, "Versorgungsklassen im Wohlfahrtsstaat" in *Kölner Zeitschrift für Soziologie und Sozialpsychologie*, Jg.36, 1/1984. S.225-251.

Armanski, Gerhard. 1974, "Staatliche Lohnarbeiter im Kapitalismus" in *Prokla*, Nr.4/1974. S.1-16.

_____. 1972, "Zur Kritik der Theorie der neuen Mittelklasse" in *Prokla*, Nr.3/1972, S.41-78.

Autorenkollektiv am Institut für Weltwirtschaft und internationale Beziehungen der Akademie der Wissenschaften der UdSSR. 1972, *Politische ökonomie des heutigen Monopolkapitalismus*, Berlin.

Beckenbach, Niels u.a.(Autorenkollektiv an der FU). 1973, *Klassenlage und Bewußtseinsformen technisch-wissenschaftlicher Lohnarbeiter*, Frankfurt/M.

Backhaus, Hans-Georg. 1969, "Zur Dialektik der Wertform" in A. Schmidt(Hg.), *Beiträge zur marxistischen Erkenntnistheorie*, Frankfurt/M, S.128-152.

Bader, Veit Michael, J. Berger, H. Ganßmann, J. Knesebeck. 1976, *Einführung in die Gesellschaftstheorie*, Frankfurt/New York.

Bader, V.M., J. Berger, H. Ganßmann, T. Hagelstange u.a. 1975, *Krise und Kapitalismus bei Marx*, Frankfurt/M.

Beck, Ulrich. 1986, *Risikogesellschaft*, Frankfurt/M.

_____. 1983, "Jenseits von Stand und Klasse? Soziale Ungleichheiten, gesellschaftliche Individualisierungsprozesse und die Entstehung neuer sozialer Formationen und Identitäten" in R. Kreckel, *Soziale*

Ungleichheiten, Sonderband 2 der Sozialen Welt, Göttigen, S.35-74.

Bell, Daniel. 1975, *Die nachindustrielle Gesellschaft*, Frankfurt/M.

Berger, Peter A. 1987, "Klassen und Klassifikationen: Zur 'neuen Unübersichtlichkeit' in der soziologischen Ungleichheitsdiskussion" in *Kölner Zeitschrift für Soziologie und Sozialpsychologie*, Jg.39, H.1. 1987, S. 59-85.

Berger, P. A. 1986, *Entstrukturierte Klassengesellschaft?*, Opladen.

Berger, P. A. and S. Hradil(Hrsg.). 1990, *Lebenslagen, Lebensläufe, Lebensstile*, Göttingen.

Bischoff, Joachim. 1988, "Dienstleistungsgesellschaft: Ende des Industriezeitalters?" in *Sozialismus* 9/1988, S.31-44.

Bischoff, J(Hrsg.). 1976, *Die Klassenstruktur der BRD*, Westberlin.

Bischoff, J. u.a. 1982, *Jenseits der Klassen?: Gesellschaft und Staat im Spätkapitalismus*, Hamburg.

Bischoff, J. and R. Detje. 1989, *Massengesellschaft und Individualität. Krise des 'Fordismus' und die Strategie der Linken*, Hamburg.

Bischoff, J. and S. Herkommer. 1992, "Herausforderungen durch lean production" in Siegfried Bleicher and E. Fehrmann(Hrsg.), *Autonomie und Organisation. Die neuen ArbeitnehmerInnen*, Hamburg, S.33-53.

_____. 1990, "Von der Klassentheorie zur Ungleichheitsforschung?" in IMSF, *Gewerkschaften, Klassentheorie und Subjektfrage*, Frankfurt/M, S. 71-92.

_____. 1989, "Zur Rolle der Dienstleistungen und des äffentlichen Sektors im Spätkapitalismus" in Rolf Fritsch and H. Liersch (Hrsg.), *Zukunft des öffenlichen Dienstes. Zwischen neokonservativer Systemveränderung und demokratischer Zukunftgestaltung*, Hamburg, S.61-87.

_____. 1988, "Die große Hoffnung und die Krise des Kapitalismus" in F. Steinkühler and S. Bleicher(Hrsg.), *Zwischen Aufstieg und Rationalisierung: die Angestellten*, Hamburg, 1988, S.64-88.

_____. 1985, "Von der kapitalistischen Industrigesellschaft zur postindustriellen Dienstleistungsgesellschaft?" in *Arbeit 2000*, Hamburg, S.178-195.

216 계급이여 안녕?

Blau, Joel. 1989, "Theories of the Welfare State" in *Social Service Review*, March 1989, S.26-38.

Bleicher, Siegfried. 1991, "Ein Bilck in die Zukunft. Diskussion mit Siegfried Bleicher über die Notwendigkeit der Erneuerung gewerkschaftlicher Politik" in *Sozialismus* 4/91, S.41-45.

Boccara, Paul u.a. 1973, *Der staatmonopolistische Kapitalismus,* Frankfurt/M.

Bourdieu, Pierre. 1982, *Die feinen Unterschiede. Kritik der gesellschaftlichen Urteilskraft,* Frankfurt/M.

_____. 1985, *Sozialer Raum und Klassen. Leçon sur la Leçon,* Frankfurt/M.

_____. 1974, *Zur Soziologie der symbolischen Formen,* Frankfurt/M.

Bourdieu, P. u.a. 1981, *Titel und Stelle, über die Reproduktion sozialer Macht,* Frankfurt/M.

Buci Glucksmann, Christine and G. Therborn. 1982, *Der sozial-demokratische Staat. Die 'Keynesianisierung' der Geselllschaft,* Hamburg.

Dahrendorf, Ralf. 1959, *Class and Class Conflict in Industrial Society,* Stanford Univ. Press.

Deppe, Frank. 1984, *Ende oder Zufunft der Arbeiterbewegung,* Köln.

_____. 1985, "Arbeiterbewegung in Westeuropa 1945-1985. Von der Bewegung zur Stagnation?" in Marxistische Studien, *Jahrbuch des IMSF* 8. Frankfurt/M, S.58-91.

Deppe, F. u.a.(Hrsg.). 1970, *Die neue Arbeiterklasse. Technische Intelligenz und Gewerkschaften im organisierten Kapitalismus,* Frankfurt/M.

Deppe, F. and S. Kebir u.a. 1991, *Eckpunkte moderner Kapitalismuskritik,* Hamburg.

Eder, Klaus(Hrsg.). 1989, *Klassenlage, Lebensstil und kulturelle Praxis. Theoretische und empirische Beiträge zur Auseinandersetzung mit Pierre Bourdieus Klassentheorie,* Frankfurt/M.

Esping-Anderson, Gösta. 1990, *The Three Worlds of Welfare Capitalism,* Oxford.

Esping-Anderson, G. and W. Korpi. 1984, "Social Policy as Class Politics in Post-War Capitalism: Scandinavia, Austria, and Germany" in J.H. Goldthorpe(Hrsg.), *Order and Conflict in Contemporary Capitalism,* Oxford, S.179-208.

Fritsch, Rolf and H. Liersch(Hrsg.). 1989, *Zukunft des öffentlichen Dienstes,* Hamburg.

Ganßmann, Heiner. 1992, "Sind soziale Rechte universalisierbar?" unveröffentliches Manuskript, Berlin.

_____. 1990, "Kommunikation und Arbeit. Zum Arbeitsbegriff bei Habermas" in Helmut König, u.a.(Hrsg.), "Sozialphilosophie der industriellen Arbeit", *Leviathan Sonderheft 11,* S.227-239.

_____. 1989, "Sog-Effekte durch Arbeitslosigkeit" in *Prokla* 77, S.55-74.

_____. 1988, "Der Sozialstaat als Regulationsinstanz" in Birgit Mahnkopf(Hrsg.), *Der gewendete Kapitalismus,* Münster, S.74-98.

Ganßmann, H. and R. Weggler. 1991, "Interessen im Sozialstaat" in *Österreichische Zeitschrift für Soziologie,* 16 Jg. 1/1991, S.5-24.

Ganßmann, H. u.a. 1987, "Krise des Sozialstaates: Krise für wen?" in *Prokla* 67, S.135-152.

Geiger, Theodor. 1949, *Die Klassengesellschaft im Schmelztiegel,* Köln und Hagen.

Giddens, Anthony. 1983, "Klassenspaltung, Klassenkonflikt und Bürgerrechte: Gesellschaft im Europa der achtziger Jahre" in R. Kreckel (hrsg.), *Soziale Ungleichheiten,* Soziale Welt Sonderband 2, Göttingen, S.15-33.

_____. 1979, *Die Klassenstruktur fortgeschrittener Gesellschaften,* Frankfurt /M.

Giddens, A. and D. Held(Hrsg.). 1982, *Classes, Power and Conflict.* Berkeley and Los Angeles.

Goodin, Robert E. and J. Dryzek. 1987, "Risk-Sharing and Social Justice: The Motivational Foundations of the Post-War Welfare State" in R. E. Goodin and J. Le Grand, 1987, *Not Only The Poor. The Middle Classes and The Welfare State,* London, S.37-73.

Habermas, Jürgen. 1981, *Theorie des kommunikativen Handelns,* 2 Bde, Frankfurt/M.

Hagelstange, Thomas. 1988, *Die Entwicklung von Klassenstrukturen in der EG und in Nordamerika,* Frankfurt/M, New York.

Hall, Stuart. 1989, "Das 'Politische' und das 'ökonomische' in der Marx schen Klassentheorie" in Ders., *Ausgewählte Schriften,* Hamburg/Berlin. S.11-55.

Heimann, Eduard. 1929, *Soziale Theorie des Kapitalismus. Theorie der Sozialpolitik,* Frankfurt/M, 1980.

Herkommer, Sebastian. 1991a, "Individualisierung und Klassenverhältnis" in F. Deppe u.a., *Eckpunkte moderner Kapitalismuskritik,* Hamburg, S. 122-147.

_____. 1991b, "Klassen und Lebensstile. Pierre Bourdieus Beitrag zur Klassenanalyse" ein Sonderdruck aus: Soziologen-Tag, Leipzig 1991, S.535-547.

_____. 1989, "Pfade ins Ungewisse, oder brauchen wir wirklich eine Marxistische Soziologie. Replik auf Lothar Peter in Sozialismus" 3-1989 in *Sozialismus* 4/1989, S.38-40.

_____. 1988, "Das Dilemma der Neokonservativen-Eine Chance für die Linke?" in *Sozialismus* 5/1988, S.25-37.

_____. 1985, *Einführung Ideologie,* Hamburg.

_____. 1984, *Alltag, Bewußtsein, Klassen,* Hamburg.

_____. 1975, "Soziologie der Sozialstruktur. Historisch-materialistische Kritikpunkte zu 'Klasse' und 'Schicht'" in H.J. Krysmanski, u.a. (Hrsg.), *Die Krise in der Soziologie,* Ein kritischer Reader zum 17. Deutschen Soziologentag, Köln, 1975, S.122-139.

Hirsch, Joachim. 1990, *Kapitalismus ohne Alternative? Postfordismus und Möglichkeiten sozialistischer Politik heute,* Hamburg.

Hirsch, J. and R. Roth. 1986, *Das neue Gesicht des Kapitalismus. Vom Fordismus zum Post-fordismus,* Hamburg.

_____. 1987, "Der Kapitalismus ist enorm anfassungsfähig," Diskussion mit Hirsch und Roth in *Sozialismus* 5/1987, S.40-46.

Hradil, Stefan. 1987, *Sozialstrukturanalyse in einer fortgeschrittenen Gesellschaft,* Opladen.

_____. 1985, "Die 'neuen' sozialen Ungleichheiten: Was man von der Industriegesellschaft erwartete und was sie gebracht hat" in S. Hradil(Hrsg.), *Sozialstruktur im Umbruch,* Opladen, S.51-68.

Hüning, H., A. Kadler and S. Krüger. 1992, *Meklenburg-Vorpommern: We-*

ge aus der Krise? wirtschaftliche Rekonstruktion und Strukturgestaltung, Hamburg.

IMSF. 1973, *Klassen und Sozialstruktur der BRD, 1950-1970; Theorie, Diskussion, Sozialstatistische Analyse; Teil 1*, Frankfurt/M.

Jaeggi, Urs(Hrsg.). 1976, *Sozialstruktur und politische Systeme*, Gütersloh.

Jaeggi, U. 1973, *Kapital und Arbeit in der Bundesrepublik*, Frankfurt/M.

Johnson, Terry. 1977, "What is to be known? the structural determination of social class" in *Economy and Society*, Vol.6, 1977. S.194-233.

Jung, Heinz. 1986, *Deformierte Vergesellschaftung*, Frankfurt/M.

_____. 1971, "Marxistische Klassentheorie und die Ideologie der 'neuen Arbeiterklasse'" in IMSF(Hrsg.), *ökonomische Theorie, politische Strategie und Gewerkschaften: Auseinandersetzung mit neoreformistischen und neosyndikalistischen Anschauungen*, Frankfurt/M, S.32-55.

Koch, Max. 1990, "Klasse und Geschmack. Zum Verhältnis von sozialen Strukturen und individuellem Handeln in bürgerlichen Gesellschaften" Freie Uni. Berlin Diplom-Arbeit am Soziologieinstitut, Berlin, 1990.

Kostede, Norbert. 1976, "Kritik neuerer Analysen zur Klassenstruktur der BRD" in *Gesellschaft, Beiträge zur Marxschen Theorie* 7, Frankfurt/M, S.119-132.

_____. 1974, "Akkumulation und Mittelklassen. Zur Diskussion über die Theorien der neuen Mittelklassen" in *Prokla*, Heft 13, Nr.2/1974, S.1-49.

Krais, Beate. 1989, "Soziales Feld, Macht und kulturelle Praxis. Die Untersuchungen Bourdieus über die verschiedenen Fraktionen der 'herrschenden Klasse' in Frankreich" in K. Eder(Hrsg.), *a.a.O.*, Frankfurt/M. S.47-70.

Krätke, Michael. 1985, "Klassen im Sozialstaat" in *Prokla* 58, S.89-108.

Kreckel, Reinhard. 1989, "Klasse und Geschlecht" in *Leviathan* 3/1989, S.305-321.

_____. 1985, "Zentrum und Peripherie. 'Alte' und 'neue' Ungleichheiten in Weltgesellschaftlicher Perspektive" in H. Strasser and J.H. Goldthorpe(Hrsg.), *Die Analyse sozialer Ungleichheit,* Opladen, 1985, S.307-323.

_____. 1983, "Theorien sozialer Ungleichheiten im übergang" in Ders. (Hrsg.), *Soziale Ungleichheiten,* Sonderband 2 der Sozialen Welt, Güttigen, 1983, S.3-14.

_____. 1980, "Klassenstrukturanalyse zwischen Marx und Weber. über Anthony Giddens, Die Klassenstruktur fortgeschrittener Gesellschaften" in *Soziologische Revue,* Jg.3/1980, S.251-259.

Krüger, Stephan. 1986, *Allgemeine Theorie der Kapitalakkumulation,* Hamburg.

_____. 1990, "Marktsozialismus-eine moderne Sozialismus-Konzeption für entwickelte Länder" in M. Heine u.a.(Hrsg.), *Die Zukunft der DDR -Wirtschaft,* Hamburg, S.56-66.

Krysmanski, H. J. 1989, "Entwicklung und Stand der Klassentheoretischen Diskussion" in *Kölner Zeitschrift für Soziologie und Sozialpsyologie,* 1/1989, S.149-167.

Lenin, V. I., *Lenin-Werke,* Bd.29.

Lepsius, M. Rainer. 1979, "Soziale Ungleichheit und Klassenstrukturen in der Bundesrepublik Deutschland. Lebenslagen, Interessenvermittung und Wertorientierungen" in H.U. Wehler(Hrsg.), *Klassen in der europälschen Sozialgeschichte,* Göttingen, 1979, S.166-209.

Lockwood, David. 1985, "Das schwächste Glied in der Kette? Einige Anmerkungen zur marxistischen Handlungstheorie" in *Prokla.* 58, Nr.1/1985, S.5-33.

Loop, Ludger. 1991, "Buchbesprechung von: Jürgen Ritsert, Der Kampf um das Surplusarbeit" in *Sozialismus* 7/8, 1991, S.39-41.

Mallet, Serge. 1972, *Die neue Arbeiterklasse,* Neuwied/Berlin.

Marshall, Thomas. 1949, *Bürgerrechte und soziale Klassen,* Frankfurt/M, 1992.

Marx, K. *Grundrisse der Kritik der politischen ökonomie.*

_____. *Resultate des unmittelbaren Produktionsprozesses,* Frankfurt/M, 1969.

Marx, K. and F. Engels. *Marx-Engels-Werke.*

Mauke, Michael. 1970, *Die Klassentheorie von Marx und Engels,* Frankfurt/

M.

Mayer, Karl Ulrich. 1977, "Ungleiche Chancen und Klassenbildung" in *Soziale Welt,* Jg.28, 1977, S.466-493.

Meier, Thomas and M. Müller. 1989, "Individualismus und neue soziale Bewegungen" in *Leviathan* 3/1989, S.357-369.

Mooser, Josef. 1984, *Arbeiterleben in Deutschland 1900-1970,* Frankfurt/M.

_____. 1983, "Auflösung der proletarischen Milieus. Klassenbindung und Individualisierung in der Arbeiterschaft von Kaiserreich bis in die Bundesrepublik Deutschland" in *Soziale Welt* 3/1983, S.270-306.

Müller, Hans-Peter. 1986, "Kultur, Geschmack und Distinktion. Grundzüge der Kultursoziologie Pierre Bourdieus" in N. Friedhelm and M.R. Lepsius(Hg.), *Kultur und Gesellschaft,* Kölner Zeitschrift für Soziologie und Sozialpsychologie Sonderheft 27, 1986, S.162-190.

Müller, Wolfgang and C. Neusüß. 1970, "Die Sozialstaatsillusion und der Widerspruch von Lohnarbeit und Kapital" in *Prokla.* Sonderheft 1, 1971(vgl. Sopo II 6/7 1970), S.7-70.

Müller-Jentsch, Walther. 1986, *Soziologie der industriellen Beziehungen,* Frankfurt/M.

_____. 1989, "Gewerkschaften in der dritten industriellen Revolution. Streikfähigkeit und sozialstruktureller Wandel" in K. Bierback and L. Zechlin(Hrsg.), *Ende des Arbeitskampfes?,* Hamburg, 1989. S.59-76.

Offe, Claus. 1984, "Arbeit als soziologische Schlüsselkategorie?" in Ders, *Arbeitsgesellschaft,* Strukturprobleme und Zukunftsperspektiven, Frankfurt/M, S.13-43.

_____. 1985, "Bemerkungen zur spieltheoretischen Neufassung des Klassenbegriffs bei Wright und Elster" in *Prokla.* 58, Nr.1/1985, S.83-88.

Peter, Lothar. 1989, "Marxistische Soziologie" in *Sozialismus* 3/1989, S. 30-36.

Poulantzas, Nicos. 1975, *Klassen im Kapitalismus-heute,* Westberlin.

_____. 1973, Zum marxistischen Klassenbegriff, Berlin.

PKA(Projekt Klassenanalyse). 1971, "Zur Kritik der 'Sozialstaatsillusion'" in *SOPO* 14/15, S.193-209.

_____. 1972, *Zur Taktik der proletarischen Partei: Marxsche Klassenanalyse Frankreichs von 1848 bis 1871,* Westberlin.

_____. 1973, *Materialien zur Klassenstruktur der BRD. Erster Teil, Theoretische Grundlagen und Kritiken,* Westberlin.

_____. 1974, *Materialien zur Klassenstruktur der BRD. Zweiter Teil, Grundriss der Klassenverhältnisse,* Westberlin.

_____. 1977, "Klassentheorie und Klassenvorurteile. Zur Klassenanalyse von Poulantzas" in *Beiträge zum wissenschaftlichen Sozialismus* 11/1977, Nr.2/1977(?), S.177-193.

Projektgruppe Entwicklung des Marxschen Systems. 1973, *Das Kapitel vom Geld,* Westberlin.

Redaktionskollektiv Klassenanalyse. 1975, "Notizen zur Klassenanalyse der BRD durch das PKA" in *Prokla.* Nr.1/1975, S.147-160.

Ritsert, Jürgen. 1989, "Produktionsparadigma, Kulturkampfthese und neue soziale Bewegungen" in *Leviathan* 3/1989, S.337-356.

_____. 1988, *Der Kampf um das Surplusprodukt. Einführung in den klassischen Klassenbegriff,* Frankfurt/M.

_____. 1987, "Braucht die Soziologie noch den Begriff der Klasse?: über Max Webers Klassentheorie und neuere Versuche, sie loszuwerden" in *Leviathan,* Nr.1/1987, S.4-38.

Schedl, Hans and K. Vogler-Ludwig. 1987, *Strukturverlagerungen zwischen sekundärem und tertiärem Sektor,* Münschen.

Schmidt, Manfred G. 1990, "Sozialpolitik" in U. Beyme and M.G. Schmidt, *Politik in der Bundesrepublik Deutschland,* Opladen, S.126-149.

Semjenow, W. S. 1972, *Kapitalismus und Klassen,* Köln.

Seppmann, Werner. 1989 "Alltag-Raxis-Utopie. Plädoyer für eine Neuorientierung der marxistischen Linken" in *Sozialismus,* 9/1989, S.41-46.

SOST(Sozialistische Studiengruppen). 1987, "Risikogesellschaft ohne Risiko, Thesen zu U. Beck" in *Sozialismus* 7/8, 1987, S.39-46.

_____. 1986, "Der Habitus. Zur Vermittlung von Klassenstruktur und individuellem Alltagsleben" in *Sozialismus,* 3/1986, S.29-36.

_____. 1984, "Brauchen wir den Sozialstaat?" in Michael Opielka, M. Schmolliger and A. Fohmann-Ritter(Hrsg.), *Die Zufunft des Sozialstaates,* Band 1: Sozialstaatskrise und Umbaupläne, Stuttgart, S.171-195.

_____. 1983, *Einführung Staatstheorie; Marxistische Analyse des Sozialstaats,* Hamburg.

Statisches, Bundesamt. 1987, 1992, *Statistisches Jahrbuch für BRD 1987* u. 1992.

Strasser, Hermann and J.H. Goldthorpe(Hrsg). 1985, *Die Analyse sozialer Ungleichheit. Kontinuität, Erneuerung, Innovation,* Opladen.

Stück, Heiner. 1992, "Arbeiter, Angestellte und Gewerkschaften. Eine sozialstatistische Analyse des gewerkschaftlichen Organisationsgrades" in S. Bleicher and E. Fehrmann(Hrsg.), *Autonomie und Organisation,* Die neuen ArbeitnehmerInnen, Hamburg, S.89-116.

Teschner, Manfred. 1989, "Was ist Klassenanalyse? über Klassenverhältnis, Ausbeutung und Macht" in *Leviathan,* 1/1989, S.1-14.

Touraine, Alain. 1972, *Die postindustrielle Gesellschaft,* Frankfurt/M.

Wagner, Hilde. 1990, "Aktualität der Klassenanalyse. Eine Leerstelle in der Fordismustheorie" in *Sozialismus,* 10/1990, S.49-55.

Weber, Max. 1988, "Die 'Objektivität' sozialwissenschaftlicher und sozial-politischer Erkenntnis" in J. Wickelmann(Hrsg.), *Max Weber, Gesammelte Aufsätze zur Wissenschaftslehre,* Tübingen, S.146-214.

_____. 1985, *Wirtschaft und Gesellschaft,* Tübingen.

Wirth, Margaret. 1972, *Kapitalismustheorie in der DDR,* Frankfurt/M.

Wright, Erik Olin. 1985a, "Wo liegt die Mitte der Mittelklasse?" in *Prokla* 58, Nr.1/1985, S.35-62.

_____. 1985b, "Was bedeutet neo und was heißt marxistisch in der neo-marxistischen Klassenanalyse?" in H. Strasser and J.H. Goldthorpe(Hrsg.), *Die Analyse sozialer Ungleichheit,* Opladen, S.238-266.

_____. 1985c, *Classes,* London

_____. 1978, *Class, Crisis and the State,* London.

Wunder, Dieter. 1989, "Der Zusammenbruch des realen Sozialismus und das Selbstverständnis der Gewerkschaften" in *Gewerkschaftliche Monatshefte*, 12/1989, S.714-718.

Zapf, Wolfgang. 1987, *Individualisierung und Sicherheit. Untersuchungen zur Lebensqualität in der Bundesrepublik*, München.

찾아보기

윤도현

한국외국어대 독일어과 졸업
서울대 대학원 사회학과 석사
독일 베를린 자유대 사회학 박사
한양대, 한림대, 서울대, 동국대, 건국대, 성공회대 등 강사
국회 정책연구위원
現 꽃동네 현도사회복지대학교 복지행정학과 조교수

논문: 「독일사회과학계의 마르크스주의 연구동향」
　　　「복지국가적 대안의 고찰」
　　　「계급 패러다임의 종말?」
　　　「독일 지방자치에서의 선거정치」
역서: 『이데올로기와 상부구조』(1987, 한마당)
　　　『소련과 중국』(공역, 1990, 한길사)

한울아카데미 355

계급이여 안녕?
선진자본주의 사회의 계급과 복지국가

ⓒ 윤도현, 2000

지은이／윤도현
펴낸이／김종수
펴낸곳／도서출판 한울

편집／채은해

초판 1쇄 인쇄／2000년 10월 16일
초판 1쇄 발행／2000년 10월 23일

주소／120-180 서울시 서대문구 창천동 503-24 휴암빌딩 3층
전화／영업 326-0095(대표), 편집 336-6183(대표)
팩스／333-7543
전자우편／newhanul@nuri.net
등록／1980년 3월 13일, 제14-19호

Printed in Korea.
ISBN 89-460-2790-8 94330

* 가격은 겉표지에 있습니다.